U0453354

全面推进政务公开的贵州实践

主　编　田　禾　张　平　吕艳滨
副主编　田茂松　李先进　栗燕杰

中国社会科学出版社

图书在版编目(CIP)数据

全面推进政务公开的贵州实践/田禾，张平，吕艳滨主编.—北京：中国社会科学出版社，2020.8

（地方智库报告）

ISBN 978-7-5203-6982-4

Ⅰ.①全… Ⅱ.①田…②张…③吕… Ⅲ.①地方政府—行政管理—研究—贵州 Ⅳ.①D625.73

中国版本图书馆CIP数据核字（2020）第145624号

出 版 人	赵剑英
责任编辑	马　明
责任校对	任晓晓
责任印制	王　超
出　　版	中国社会科学出版社
社　　址	北京鼓楼西大街甲158号
邮　　编	100720
网　　址	http://www.csspw.cn
发 行 部	010-84083685
门 市 部	010-84029450
经　　销	新华书店及其他书店
印刷装订	北京君升印刷有限公司
版　　次	2020年8月第1版
印　　次	2020年8月第1次印刷
开　　本	787×1092　1/16
印　　张	19.25
插　　页	2
字　　数	298千字
定　　价	108.00元

凡购买中国社会科学出版社图书，如有质量问题请与本社营销中心联系调换
电话：010-84083683
版权所有　侵权必究

主　　编：田　禾　张　平　吕艳滨
副主编：田茂松　李先进　栗燕杰

项目组成员：（按照姓氏汉字笔画为序）

王小梅　栗燕杰　刘文国　刘雁鹏　金元哲
胡昌明　王祎茗

撰稿人：（按照姓氏汉字笔画为序）

万　键	王小梅	王丛虎	王　红	王明英
王祎茗	王剑波	王　博	王　韬	车文博
毛　峰	方　华	尹静珏	叶　栋	田　禾
冯迎迎	吕艳滨	刘文国	刘会海	刘桂桂
刘雁鹏	关志华	米晓敏	许俊松	杜　丹
杜建军	李先进	李杨洋	李明心	李　波
李亮亮	李洪浩	李　超	李　斌	杨　庆
杨启梅	杨　雪	杨　鹏	肖　鸿	邱中慧
邹志嘉	宋万贵	宋　爽	张　弛	张青锋
张　静	陈　池	陈　晨	罗宗瀚	罗燚堃
金元哲	周乐职	庞正娟	郑传彬	赵文献
赵　煦	胡万刚	胡　丹	胡　玮	胡昌明
段忠贤	段细建	侯　刚	饶明杰	施　萍
洪　梅	贺锋铖	秦海峰	袁世为	袁　涛
栗燕杰	徐国骏	徐　韬	唐　瑜	黄　欢
黄　青	梁　坤	彭　云	彭玉新	彭江颖画
董平永	程世奇	曾　伟	管新文	熊穗平
缪光宇	颜　波	潘胜荣	魏天浩	

摘　　要

公开透明是法治政府的基本特征，也是现代政府的基本要求。近年来，贵州在政务公开制度机制不断健全完善，成效显著。《全面推进政务公开的贵州实践》立足一线实践经验，使用一手数据材料，对贵州全面推进政务公开的做法和探索，经验和创新进行了客观梳理和客观总结。

总报告围绕政务公开的"贵州现象"，从时代背景切入，就贵州在组织领导、双目录源头管理、重点领域公开、依申请公开规范化、公开平台渠道建设、互动交流回应关切、考核监督等方面的做法实践展开，通过全面推进政务公开，不仅满足了社会各界的政府信息需求，使得公众更好参与治理、参与决策、参与监管，促进法治政府和服务型政府建设，起到改善政府形象、和谐政民关系、提升政府公信力的效果。总体上，贵州经验包括重视标准化规范化建设、制度先行强化刚性约束、需求本位以人民为中心、着力抓重点攻难点、依托信息化等方面。今后，贵州还应进一步提升公开主动性，摸清家底提升精细化和可操作性，提升平台友好性促进智慧化，加强机构队伍建设。贵州全面推进政务公开的做法，为其他地方乃至全国层面以更高质量公开，助力治理现代化提供了重要的参考和样本。

本书围绕重点领域政务公开实践、政务公开效能发挥、政务公开平台与保障等板块予以展开，选取卫生健康公开、征地信息公开、国有资产监管信息公开、建议提案办理结果公开、财政预决算及"三公"经费信息公开、警务公开、政务新媒体、门户网站建设等与社会公众切身利益密切相关、社会高度关注的领域事项进行调研和总结。本书还选择了贵阳市、遵义市、六盘水市、黔南州等有代表性的市州，对政务公开工作中的创新措施和经验做法进行了专题研究。

Abstract

Openness and transparencyare a fundamental characteristic of a law-based government, as well as a basic requirement of modern governance. In recent years, the Government of Guizhou Province has made continuous efforts and achieved marked results in improving the institutions and mechanisms of open government. Based on frontline practices and experiences and relying on first-hand data and materials, this book objectively reviews and summarizes the explorations and innovations made by the Government of Guizhou Province in advancing the open government work in an all-round way.

The General Report, which is centered around the "Guizhou phenomenon" of openness of government affairs and takes the historical background as the entry point, introduces such aspects of the open government practice of Guizhou Province as organization and leadership, double catalog source management, openness in key fields, standardization of disclosure of government information upon application, construction of platforms and channels of openness, interaction with the public and response to public concerns, and performance evaluation and work supervision. It shows that, through the advancement of the open government work in an all-round way, the Government of Guizhou Province has satisfied the demands of all sectors of society for government information, enabled the public to better participate in governance, decision-making and supervision, and promoted the building of a law-based and service-oriented government, thereby improving the image of the government, harmonizing the relationship between the government and the people and enhancing the government credibility. Generally speaking, the "Guizhou experience" in the open government work includes attaching importance to standardization and regularization, establishing institutions in advance and strengthening rigid constrains, being demand-oriented and people-centered, focusing on key and difficult points, and relying on informatization. In the future, the Government of Guizhou Province will further enhance the initiatives of government organs in the open government work, try to get a full picture of local conditions and make the open government work more elaborate and operable, increase the user-friendliness and the intelligence of platforms, and strengthen the institutional building and team construction. The practice of Guizhou Province in advancing the open government work in an all-round way provides an important reference and example for promoting the modernization of governance with better quality openness in other provinces and in the whole country.

Centered around such modules as the open government practice in key fields, elaboration of the efficacy ofthe open government work, and platforms and guarantees of the open government work, this book investigates and summarizes the open government work in fields and matters that are closely related to the vital interest of the public and of great public concern, such as disclosures of government information in the fields public health, land requisition, supervision over the management of state assets, results of the handling of suggestions and proposals, fiscal budgets and final accounts, the spending on official overseas visits, official vehicles, and official hospitality, openness of police affairs, new media of government affairs and construction of government web portals. The book also contains monographic studies on the innovations, experiences and practices of some representative cities and prefectures in the province, including Guiyang, Zunyi, Liupanshui and Qiannan, in the field of openness of government affairs.

目　录

Ⅰ　总报告

贵州全面推进政务公开的做法、成效与展望
　　　　　　　　中国社会科学院国家法治指数研究中心
………中国社会科学院法学研究所法治指数创新工程项目组（3）

Ⅱ　重点领域政务公开实践

运用大数据打造卫生健康阳光政务的贵州实践
　　　………张青锋　李　斌　毛　峰　肖　鸿　杨　庆（65）
征地信息公开的贵州探索与经验
　　　　　　　　………颜　波　刘会海　罗宗瀚（76）
国有资产监管信息公开的贵州实践与展望
　　　　　　　　　　　　　　………陈　晨（88）
贵州建议提案办理结果公开的探索与创新
　　　………贵州建议提案办理结果公开研究项目组（96）
财政预决算及"三公"经费信息公开的贵州实践
　　　………董平永　叶　栋　庞正娟　罗燚堃（106）
大数据引领公共资源交易阳光透明运行
　　——贵州省公共资源交易大数据应用调研报告
　　　　　　　　　　………赵　煦　王丛虎（114）
建设公安大数据助推警务大公开的贵州实践
　　　　　　　　　　　　　　………李杨洋（130）
打造公开透明营商环境的六盘水实践
　　………六盘水以政务公开推动营商环境优化研究项目组（139）

Ⅲ 政务公开效能发挥

政务公开与政务服务融合的贵州实践
　　……………………………………………………李　超　段忠贤（153）
政务公开促进诚信贵州建设
　　…………………………贵州省发展和改革委员会诚信贵州研究项目组（166）
政务公开推进贵州法治政府建设
　　………………………………贵州政务公开助推法治政府研究项目组（178）
信息公开促进贵州省电梯安全有效监管
　　………………………………贵州省电梯安全监管信息化建设项目组（194）
政务公开推动农业农村发展的贵州实践
　　………………………………贵州省农业农村厅政务公开研究课题组（205）
贵阳市探索构建"数据铁笼"规范制约公权力运行
　　……………………………………………………贵阳市政务公开课题组（214）
创新推进政务公开　打造良好营商环境的遵义实践
　　……………………………………………………遵义营商环境研究课题组（226）
黔南州龙里县政务公开促服务型政府建设的探索实践
　　……………………………………………………………………张　静（239）

Ⅳ 政务公开平台与保障

贵州省政府网站集约化建设调研报告
　　………………………………李先进　王　红　彭玉新　段细建（251）
贵州省政府系统政务新媒体发展报告
　　……李先进　刘文国　杨　雪　金元哲　杜　丹　张　弛（259）
贵州省能源局门户网站建设调研报告
　　………………………………………………万　键　魏天浩　李明心（271）
优化管理打造黔南政务公开新样板
　　……………………………………………………………………黄　青（280）

参考文献 ……………………………………………………………（294）

后　记 ………………………………………………………………（298）

Ⅰ 总报告

贵州全面推进政务公开的做法、成效与展望

中国社会科学院国家法治指数研究中心
中国社会科学院法学研究所法治指数
创新工程项目组*

摘　要：公开透明是法治政府的基本特征，也是现代政府的基本要求。近年来，在中央强力推进下，贵州在政务公开方面用力多而持续久，相关制度机制不断健全完善，通过政务公开推进政务服务优化，全面改革得到深化，监管执法大幅改善，人民群众满意度不断提升。其做法值得关注、总结和提炼，为其他地方提升政务公开水平、以公开促进政府治理现代化提供重要参考和样本。

关键词：贵州；政务公开；政府透明度；主动公开；依申请公开

贵州在政务公开方面用力多而持续久，配套机制不断健全完善，政府透明度日渐改善，政务服务再上台阶，全面改革得到深化，监管水平大幅提升，经济发展注入新动能，人民群众获得感满意度显著提升。其做法值得关注，其经验值得总结，其创新值得推广。在新时代背景下，以习近平新时代中国特色社会主义思想为指导，全面贯彻党的十九大和

---

* 项目组负责人：田禾，中国社会科学院国家法治指数研究中心主任、法学研究所研究员；吕艳滨，中国社会科学院法学研究所法治国情调研室主任、研究员。项目组成员：王小梅、王祎茗、车文博、冯迎迎、刘文国、刘雁鹏、米晓敏、金元哲、胡昌明、洪梅、栗燕杰（按照姓氏笔画排序）。执笔人：栗燕杰，中国社会科学院法学研究所副研究员；刘雁鹏，中国社会科学院法学研究所助理研究员；田禾；吕艳滨。

十九届二中、三中、四中全会精神,贵州应根据《政府信息公开条例》(以下简称《条例》)的修订,坚持权责透明,推动用权公开和各领域办事公开,政务公开工作再接再厉更上一层楼。

一 宏观背景

观察贵州政务公开的发展、成效及其前景,离不开其所处的时代背景。在中国社会科学院法学研究所发布的《中国政府透明度指数报告(2017)》中,贵州省在全国各省、自治区、直辖市中,名列第一,此后多次评估中,贵州省均名列前茅,2020年被国办信息公开办评为政务公开先进单位。这打破了经济社会发展程度决定政府透明度的假设,可以称之为政务公开的"贵州现象"。其背后是深刻领会中央精神,坚持以人民为中心的发展思想,积极顺应时代变化,主动服务社会需求,紧扣发展战略目标,促进政务公开与经济社会发展和民生改善良性互动,有力助推政府自身建设和治理能力提升,为经济高质量发展、决战决胜脱贫攻坚营造了良好环境。可以说,贵州省全面推进政务公开的一系列经验做法,充分体现了对时代精神的领会,凸显了对时代要求的顺应,彰显了与时代脉动的契合。

(一)新时代迎来新要求

随着中国特色社会主义进入新时代,以习近平同志为核心的党中央对政务公开工作作出全面部署,中共中央办公厅、国务院办公厅印发《关于全面推进政务公开工作的意见》,确立了新时代政务公开工作的指导思想、基本原则和工作目标,赋予了新时代中国特色政务公开新的历史定位,政务公开进一步成为"发展社会主义民主政治,提升国家治理能力,增强政府公信力执行力,保障人民群众知情权、参与权、表达权、监督权"的制度保障。政务公开进入全面推进阶段,这是中国政务公开继《条例》颁布以来的一个重要里程碑。

近年来,国务院办公厅制定的政务公开工作要点,不断对政务公开提出新要求、作出新部署。2019年,新修订的《条例》正式施行,着眼于回应人民群众对政府信息公开的需求、解决实践中遇到的新情况新问题，进一步加大政府信息公开力度，既提升了公开数量，又优化了公开质量，标志着中国的公开制度体系更加成熟定型。

新时代全面推进政务公开，已不再是简单地对外公开信息，而是以公开为基石、以公开为抓手，一方面助力打造法治政府、创新政府、廉洁政府和服务型政府，推进"放管服"改革，激发市场活力和社会创造力；另一方面以公开稳预期、强监督、促落实、优服务，切实增强人民群众满意度、获得感、安全感。聚焦新时代政务公开部署要求，贵州各级行政机关坚持以"公开为常态、不公开为例外"，以政务公开制度机制和平台基础建设为抓手，以推进政务公开标准化规范化为路径，切实将政务公开融入权力运行全流程、政务服务全过程，实现政府工作更加阳光透明。

（二）公众诉求前所未有

在新时代，法治供需的新问题、新矛盾需要给予足够重视。一方面供给不足且存在偏差，另一方面则是需求旺盛且需要内容不断升级。可以说，公众诉求的不断升级、提升是贵州推进政务公开的重要背景与考虑因素。

在打造法治政府、创新政府、廉洁政府和服务型政府的进程中，贵州各级行政机关意识到，一方面，全面推进政务公开对于保障人民群众知情权、参与权、表达权、监督权具有重要意义；另一方面，新时期人民群众对政务公开的期待、需求空前高涨。政务公开不仅仅是贯彻《条例》和一系列政策文件的要求，也是满足人民群众日益增长的美好生活需要的重要内容，是新时代主要矛盾化解的关键抓手。

以公开满足知情关切需要。满足人民的知情需要和知情权利，回应人民群众对政府信息的需求，是政府信息公开制度的起点。发展至今，如何克服误解误读，如何通过公开消除谣言传播，良法美意让人民群众看得到、听得懂、用得上，成为政务公开的重要功能定位。相应地，政策解读、回应关切等已成为政务公开制度的有机组成部分。

以公开畅通表达参与渠道。时至今日，政务公开已不再是单向的、静态的信息发布。通过公开征求意见，畅通问政渠道，在行政立法、重大决策、民生保障等领域正在发挥越来越重要的作用。通过公开让社会各界广泛参与进来，搭建政民互动平台，政府问政于民、问需于民、问计于民，公众积极表达需求、参与决策、实施监督，进而提升政务服务的响应速度与质量，促进公众参与的有序和有效，成为新时代政务公开的重要任务和使命。

以公开促进人民群众参政议政。新时代全面推进政务公开，包含决策、执行、管理、服务、结果全程公开，要求在决策运行的整个生命周期引入公众参与，广泛听取民意，充分汇聚民智。以决策公开为例，已不仅仅是决策结果的公开，还延伸到议程确定、方案选择、执行效果等全流程，走向"开放式决策"，不仅有利于提高决策质量，增强其科学性；也有利于普通公众在事前知情，事中参与决策的制定、调整和完善，事后监督决策实施执行。

以公开改善营商环境。政务公开作为政府基础性工作之一，是营商环境的重要组成部分，对于优化营商环境至关重要。通过深化"放管服"改革信息公开，运用公开手段提升市场监管能力，更好发挥助推政府职能转变的作用，同时对一些涉及面广、社会关注度高、实施难度大、专业性强的政策文件进行解读，做好政府与市场、与公众之间的沟通工作，清晰传递政策意图、准确释放政策信号，有利于营造稳定公开、透明、可预期的制度环境，助力打造便利化、市场化、法治化、国际化的营商环境，进一步激发市场活力。

以公开监督公权力行使。从20世纪80年代起，村务公开就定位于"接受村民和本村经济组织的监督"。随着公众对公权力运行的监督意识不断增强，对政务公开的要求随之增加。党的十九届四中全会决定以专门板块要求"坚持和完善党和国家监督体系，强化对权力运行的制约和监督"，其中以用权公开作为重要支撑，这为以公开强监督、保障公众监督权实施提供了直接依据，同时也提出了更高要求。贵州省旗帜鲜明地提出："凡是需要社会监督的，一律予以公开。"以公开倒逼政府活动规范、履职到位，成为贵州各级政府的共识。通过阳光政府建设，特别是办事指南、执法结果等管理和服务信息公开，有利于强化权力运行的公众监督，构建起防止公权力滥用、克服乱作为与不作为的制度保障。

（三）地方特色与本地需求

近年来，贵州省先后获批设立国家大数据综合试验区、内陆开放型经济试验区、生态文明试验区。新的时代背景和国家定位，既为贵州经济社会发展注入更多动力，也对当地治理体系、治理能力提出更高要求。贵州政务公开的推进，既注重全力贯彻中央部署要求，又注重凸显本地特色需求高效推进。比如，作为全国贫困人口最多、贫困面最大、贫困程度最深的省份，如何满足深度贫困地区困难群众对政府信息需求，发挥政务公开对脱贫攻坚的助推作用，成为贵州政务公开的重点与难点所在。按照国务院办公厅每年印发的政务公开工作要点，结合贵州省"大扶贫、大数据、大生态"三大战略行动，连续9年出台全省政务公开工作要点，形成年初印发要点明确任务分解职责、年中逐项推进落实、年底开展督查评估的工作格局和落实闭环；先后出台《关于全面推进政务公开工作的实施意见》《贵州省开展基层政务公开标准化规范化试点实施方案》《贵州省公共企事业单位办事公开指导意见》《贵州省政府部门办事公开办法》等一系列政策措施，建立健全依申请公开办理、政务新媒体健康有序发展等制度规范，在全省范围内形成了推动政务公开工作的政策支撑体系。

人民群众对高质量的政务公开有新期盼。政务公开是政府与公众交流沟通的桥梁和纽带，一头连着行政机关，一头连着人民群众。进入新时代，中国社会主要矛盾发生了历史性变化，人民对美好生活的需要也日益广泛，不仅对物质文化生活提出了更高要求，而且在民主、法治、公平、正义、安全、环境等方面的要求也日益增长。与全国其他省（区、市）一样，近年来，随着贵州交通、通信、水利、城市公共交通等基础设施大幅改善，群众生产、生活水平快速提高，部分群众的公民意识、环境保护意识、社会治理意识等在逐步增强，对美好生活的向往和追求也更加强烈。比如，2019年1月，有网民通过微博等新媒体发布虚假信息，称贵州省各地酒席泛滥，严重扰乱百姓生活秩序，众多百姓上书政府，省政府专门为此下发"紧急通知"，表示将对乱办酒席者取消国家给予的各项优惠政策，就受到社会公众广泛关注。由于回应及时，处置得当，该谣言未进一步扩散，未引发重大政务舆情，但从中反映出公众对于公共事务的关注和参与愿望越发强烈，如果不能及时妥善处置，极易给社会稳定等带来不良影响，甚至损害政府公信力。

信息技术发展对政务公开带来新挑战。当前，移动互联网和智能手机日渐普及，信息技术迅猛发展，为信息的发布传播提供了更快速便捷的技术支撑，大大加速了政务公开的信息化进程。与此同时，自媒体、新媒体快速迭代，线上与线下相互影响，虚拟与现实相互交织，各类社会风险日渐向网络空间传导，同样身处这个舆论场中的贵州，政务公开工作也迎来了新挑战。贵州省通信管理局2020年5月发布的《2019年贵州互联网发展报告》显示，2019年贵州网民规模达2178万人，移动电话用户数达4386.2万户，网民整体规模多年持续增长，互联网已成为群众学习、工作及生活的新空间。贵州是全国重大自然灾害多发省份之一，也是全国舆情多发省，因自然灾害和社会安全事件等引发的重大舆情基本每年都会发生，相关信息通过"朋友圈"等新媒体形成"裂变式"传播，给后续引导处置工作带来了很大困难。应对信息技术带来的新挑战，急需更加权威有效的政务公开。

深化"放管服"改革赋予政务公开新使命。近年来，贵州坚决贯彻落实党中央、国务院决策部署，大力推进"放管服"改革，有力助推高质量发展和民生改善，深受企业和群众欢迎。与此同时，贵州作为全国脱贫攻坚主战场，脱贫攻坚任务十分繁重，各种风险挑战还很多，要确保按时打赢脱贫攻坚战，做好"六稳"工作，继续保持经济持续健康发展，有效应对各种风险挑战，都需要进一步深化"放管服"改革，营造良好营商环境，激发市场主体活力、释放市场潜力、顶住下行压力。作为"放管服"改革的重要"助推器"，随着"放管服"改革持续向纵深推进，社会各界对政务公开的深度和广度也提出了新要求。比如，在简政放权方面，要求对权责清单进行及时调整公开，促进行政机关严格照单行使权力、履行责任，切实做到"法无授权不可为、法定职责必须为"；在放管结合方面，要求推行"双随机一公开"制度，加强事中事后监管信息公开，提高监管透明度，减少监管中的重复、烦苛，压缩自由裁量空间；在政务服务方面，要求全面公开办事指南、办事流程、办事结果等信息，推进政务服务全过程公开，提升服务效率和办事体验。

二 实践做法

贵州各级行政机关高度重视政务公开工作，不断规范公开内容、完善公开制度、优化公开平台、增强公开实效，持续提升全省政务公开标准化规范化水平，努力让公开成为常态、透明成为自觉，充分发挥政务公开稳预期、强监督、促落实、优服务的积极作用，有效助推政府治理能力提升、助力全省经济社会持续健康发展，既深入贯彻落实党中央、国务院关于全面推进政务公开的决策部署，又立足贵州省情、符合贵州实际、体现贵州特色，形成了政务公开的"贵州现象"。

（一）强化组织领导高位推动

早在2000年，贵州就成立了由省政府领导担任组长的政务公开工作领导小组，形成了一级抓一级、层层抓落实的政务公开工作格局。政务公开进入全面推进阶段以后，省政府明确常务副省长分管政务公开工作，同时担任省政务公开领导小组组长，政务公开写入省政府领导分工并向社会公布，政务公开重要文件均由领导小组组长亲自签发，省政府常务会多次研究部署政务公开工作。省政府各部门相应成立了政务公开领导机构，高位推进政务公开工作落地落实。如贵州省投资促进局由局党组书记、局长担任组长，领导班子成员担任副组长，办公室主任担任领导小组办公室主任，且每个处室、专班均确定一名政务公开工作联络员。贵州省卫生健康委也成立以委主要领导为组长，委领导班子成员为副组长，委机关各处室、直属事业单位主要负责人为成员的政务公开工作领导小组，领导协调卫生健康系统政务公开各项工作。

市、县两级同样把强化组织领导作为推进政务公开的重要基础性工作。如贵阳市把政务公开与安全生产、信访维稳摆在同样重要的位置上，在政务公开领域实行"一岗双责"，将政务公开工作写入市政府领导分工，将政务公开工作分解到政府班子成员。黔西南州成立州政务公开暨政务服务工作领导小组，全州八个县（市）、义龙新区全部对应成立政务公开暨政务服务工作领导小组，在政务服务中心或行政审批局下设办公室，形成了政务公开与政务服务通盘兼顾、统筹推进的体制机制与工作格局。铜仁市江口县成立了政务公开监督领导小组，由县人大、政协、纪检监察等有关部门负责人作为成员，负责对政务公开工作进行监督检查；全县各乡镇、街道也成立了相应的监督小组，通过强化监督检查，有力推进政务公开各项工作任务落地落实。

（二）运用双目录强化源头管理

2016年，贵州省在部分省直部门创新试点"非公开信息目录管理"。2017年，贵州省人民政府工作报告提出"省直机关要全部实行不公开事项目录管理"，随后贵州省政府办公厅下发《关于进一步做好非公开信息目录管理工作的通知》，要求各地区、各部门建立主动公开信息目录和非公开信息目录。对政务公开重点领域和关键环节的信息集中梳理，归入综合政务、国民经济管理、财政金融等21个专题目录，分门别类列出主动公开的目录清单；对涉密信息、过程性信息、内部工作信息等不予公开的信息建立"负面清单"，清单之外的政府信息全部主动公开。

在目录清单编制过程中，贵州省要求主动公开信息目录要依据权责清单和公共服务事项清单，对履行行政管理和公共服务职责中可能产生的信息进行无遗漏梳理，明确每个公开事项的事项名称、公开内容、公开主体、公开平台（或载体）、公开方式、公开时限、咨询渠道等，尽可能做到分类科学、名称规范、指向明确。对纳入非公开信息目录管理的信息，要求依法依规逐条说明不予公开的理由依据，认真开展保密审查和合法性审核，提交部门办公会议审议同意后方可生效执行。为确保"双目录"管理真正落地，成为行政机关信息公开的刚性约束，贵州省要求各单位在门户网站显著位置和"两微一端"等政务新媒体上，公开发布本单位的非公开信息目录；并要求在政府信息公开专栏添加非公开信息目录作为二级栏目，予以长期公开，接受公众监督。"双目录"还要根据法律法规和职能职责调整情况，及时调整更新。

"双目录"管理机制的建立，进一步明确了政府信息的公开属性，厘清了政府信息公开边界，规范了行政机关政府信息公开的自由裁量权。如原贵州省食药监局将食品安全监督抽检和风险监测计划、食品安全风险监测数据、食品药品行政处罚、行政强制案件的立案、调查和取证阶段的材料，以及依照法律法规和国家、省有关规定不予公开的内容纳入非公开目录管理，不在目录之内的信息都依法依规向社会公开，不仅为公众获取食品药品领域的政府信息提供了清晰指引，又对部门自身不折不扣公开目录之外的信息形成了倒逼机制，客观上也减少了因政府信息公开引发的复议诉讼风险。

（三）积极扩大主动公开范围

相对于依申请公开而言，行政机关主动、全面地公开政府信息，有利于降低公众获取政府信息的成本，更好发挥政府信息对人民群众生产、生活和经济社会活动的服务作用。《条例》、国务院办公厅历年公开要点等政策文件，均选择了主动公开主导的政务公开推进模式。贵州也将主动公开作为政务公开的重头戏，以更大力度的主动公开满足民众需求，促进"放管服"改革，提升政府治理效能，增强人民群众获得感和满意度。

法定主动公开信息应公开尽公开。根据2019年新修订的《条例》第20条、第21条明确的法定主动公开内容，贵州省以规范政府信息公开专栏设置为抓手，统一组织开发了包含全部法定主动公开信息的专栏模板，供全省行政机关调用，确保了自上而下法定主动公开信息栏目建设的统一性、信息公开的规范性。比如，新一轮机构改革后，各级行政机关按照统一标准，及时公开单位基本信息、法定职责、领导简历、内设机构、下属单位等信息，包含20余个具体公开事项。2019年，全省各级行政机关主动公开政府信息218.8万条，其中省级公开19.5万条，市、县、乡三级公开199.3万条。

决策文件信息全方位公开。贵州建立公文公开属性源头认定机制，将政务公开相关要求融入办文流程，推进决策文件信息公开属性认定关口前移，凡是拟以省政府或省政府办公厅名义印发的文件，在办理环节一律注明是否公开，不予公开的要充分说明理由，能够公开的在印发后1个工作日内上网公开。在全面公开省政府令、黔府发、黔府办发文件基础上，贵州将主动公开范围进一步扩大至黔府函、黔府办函、黔府发电、黔府办发电等各类政策文件，持续拓展公开范围。2019年，全省新增公开规章25件、规范性文件1282件，累计公开规章362件、规范性文件7564件。

办事服务信息全要素公开。依托全省统一的"贵州政务服务网"，全面公开各类行政许可、行政处罚、行政强制等事项的基本信息、设定依据、办理条件、所需材料、办理流程、经办人员等信息。如贵安新区全面公开了领导班子成员分工，各处室办公电话及所负责办理的审批业务和监督职能，窗口人员和咨询服务人员基本信息、职责、图片、办公电话等具体信息，权力清单、责任清单、标准清单和权力运行流程图、廉政风险防控图"三单两图"；同步公开局（中心）办公地址、办公时间、公交运行线路、服务热线电话、办理事项及调整情况、办理过程中的"查漏补缺"、办理结果及申请行政复议、提起行政诉讼、进行投诉举报的渠道及相关要求。

公众关切信息持续深化公开。比如，省住建厅建立房地产交易信息日报制度，对库存量、销售面积、销售价格等房地产市场数据进行监测分析，每月制作统计表格、分析报告共享给省统计局，向社会发布房地产数据。又如，校务公开、村（居）务公开、医疗机构院务公开等，成为贵州政务公开新的增长点。毕节市探索建立教育收费"三公开"（公开收费项目和收费标准、公开国家收费政策、公开中小学收费监督举报电话）和招生工作"五公开"（招生政策公开、招生计划公开、规定办法公开、录取分数线公开、录取结果公开）制度，校务公开全程置于社会公众监督之下。卫生健康部门将卫生系统事业单位办事公开纳入政务公开范畴，全面推行医院院务公开，并列入考核检查内容；各医疗机构通过自身门户网站、宣传栏、LED屏、大型电子滚动显示屏、医院导医系统触摸屏、发布器、短信平台、院刊、宣传资料、橱窗等载体，全面公开医院基本信息、医疗服务信息、专家信息和常规医疗服务价格、常用药品及主要医用耗材价格信息。

（四）持续深化重点领域公开

近年来，国家层面相继对重大建设项目、社会公益事业和公共资源配置、财政预决算等重点领域信息公开作出部署，贵州先后出台《省人民政府办公厅关于推进重大建设项目批准和实施领域政府信息公开的实施意见》《省人民政府办公厅关于推进社会公益事业建设领域政府信息公开的实施意见》《省人民政府办公厅关于推进公共资源配置领域政府信息公开的实施意见》等一系列政策文件，创造性抓好贯彻落实，将重点领域信息公开不断推向深入。

推进重大建设项目信息公开。为促进重大建设项目批准和实施更加规范、透明、高效，贵州进一步细化明确了公开重点，涉及批准服务信息、批准结果信息、招标投标信息、征收土地信息、重大设计变更信息、施工有关信息、质量安全监督信息、竣工有关信息、重点行业项目审批和核准信息、政府和社会资本合作（PPP）项目信息等重大建设项目批准和实施的各环节各领域；要求重大建设项目相关的行政许可、行政处罚决定，应自作出决定之日起7个工作日内通过政府网站、"信用中国（贵州）"网站或政府指定的媒体进行公示。对于法律、法规、规章未明确规定是否公开的项目信息，鼓励项目法人单位主动公开。贵州省生态环境厅立足自身职责，在门户网站主动公开建设项目环境影响评价信息，实行受理公示、审批公示和批后公告全过程的"三公开"；除涉密项目外，按照国家要求全文公开环境影响评价报告书（表）。贵州省发展改革委将重大建设项目公开细化为项目名单、项目审批、项目核准、项目备案、项目进展等几类信息进行公开，方便群众查询。

推进公共资源交易信息公开。从全国来看，公共资源交易领域向来是监管的重点与难点所在。为促进公共资源交易更加透明、更加阳光、更加公平，贵州省印发《贵州省公共资源交易信息公开目录》，明确了公共资源交易领域的公开事项、公开类别、公开内容、公开方式、责任主体和监督部门，实现公共资源交易的全程公开、全程留痕、可溯可查。同时运用信息化、大数据手段公开公示，形成"互联网+公共资源交易"的服务模式。贵州省在完成省、市、县三级公共资源交易平台整合的基础上，组建并启动全国首个覆盖全省的公共资源交易公共服务平台，横向与各行业主管部门联动，纵向与全省各级公共资源交易平台联通，汇集共享并集中公开全省公共资源交易信息，包括全面公开国家、省有关法律法规和规章文件，对全省各类招标、采购、挂牌和拍卖进行公告公示；全面展示所有入场交易项目的全过程、全节点工作进度及风险点位信息；全面公布平台管理规则、交易流程、服务承诺、工作标准；全面公示交易企业诚信信息、评标专家、交易中心工作人员工作履职信息等信息。

推进生态环境保护信息公开。优良的生态环境是贵州最大的发展优势和竞争优势。贵州紧紧围绕生态环境质量改善和公众关切，大力推进生态环境相关信息公开，以公开助力打好污染防治攻坚战，推进中央生态环境保护督查整改，加快建设国家生态文明试验区。贵州省生态环境厅通过"贵州省公共资源交易公共服务平台"公开排污权交易公告、流拍公告、成交公告等交易信息，逐步实现全流程透明化。及时发布全省中心城市环境空气质量日报和实时报，公开环境空气质量区域预报和城市预报结果，按月发布9个中心城市和88个县（市、区）环境空气质量状况并进行排名。定期发布全省县城所在城镇集中式生活饮用水源地水质月报、全省主要河流跨市（州）界断面水质月报、贵州省重点流域水质月报。抓好环境监管执法和处罚信息公开，全面公开全省环境行政处罚的案件办理情况，对各级环境保护部门的处罚决定进行集中公开；除公开个案处罚决定之外，省级环境保护部门还以季度、半年度为单位，公开全省的环境行政处罚工作情况的统计总结，内容包括查办案件数量，罚款总金额，各市州、地区的案件数量和罚款金额等信息。

推进社会公益事业信息公开。聚焦社会关注度高、公益色彩浓厚的社会公益事业，持续加大有关领域的政府信息公开力度。教育公开方面，将义务教育、学前教育、特殊教育、职业教育、高等教育等方面的信息公开作为重点。对于涉及教职工切身利益的事项，在方案制定、修改过程中，要求必须经过教职工代表大会研究讨论；要求乡镇教育管理中心、中小学校将重大决策过程中的各类文件、记录及重要资料归入案卷，决策结果、决策实施情况以适当形式公开。医疗卫生方面，主动公开健康扶贫、医疗服务、卫生执法监管、疾病预防控制、食品安全标准等信息，按季度发布药品监管统计报告，集中公开药品、医疗器械、化妆品相关行政受理、审批、监管情况，细化公开定点医疗机构管理、跨省异地就医结算等相关信息。住房保障方面，强化城镇保障性安居工程信息公开，全省所有已开工项目、竣工项目信息均在项目地采用公告栏现场公开，9个市（州）、贵安新区、88个县（市、区、特区）均在政府网站公开城镇保障性安居工程建设、分配及退出信息，先后印发包含监督联系电话、农户危房改造情况等信息的25万份标识标牌，细化公开农村危房改造、透风漏雨老旧房整治等信息。劳动就业方面，把稳就业作为重中之重，突出做好面向高校毕业生、退役军人、下岗职工、农民工等重点群体的就业信息公开，实时公开群众关注的就业培训、劳动关系、职称评定、调解仲裁、社会保险等重点信息，按月细化公开全省就业和社会保险主要指标。

推进建议提案办理信息公开。做好建议和提案办理结果的公开，对于接受人大及其常委会依法监督和政协民主监督，改善政府和群众关系，具有重要意义。2014年，国务院办公厅发布《关于做好全国人大代表建议和全国政协委员提案办理结果公开工作的通知》，要求逐步推进建议和提案办理复文的摘要公开直至全文公开，对于涉及公共利益、公众权益、社会关切及需要社会广泛知晓的建议和提案办理复文，原则上都应全文公开。贵州省高度重视建议提案的公开工作，建立健全了办理复文与公开同步审查机制，对不予公开的办理复文，要求相关承办单位书面说明理由和依据，对涉及公共利益、公众权益、社会关切及需要广泛知晓的建议提案，在办理复文形成之日起10个工作日内全文公开。依托贵州省人民政府网站"建议提案专栏""贵州建议提案办理"微信公众号等渠道，及时主动公开建议办理总体情况、意见建议吸收采纳情况、办理工作动态等信息，2019年公开建议提案办理信息696条。同时，进一步创新公开方式，2018年6月"贵州建议提案办理"微信公众号推出了"听，建议提案！"栏目，以音频和图文并茂的形式，向社会公众讲述建议提案办理情况，增强了建议提案办理信息公开效果。

推进财政预决算信息公开。贵州省委办公厅、省政府办公厅出台《关于进一步推进预决算公开工作的实施意见》，对预决算公开作出统一部署；在贵州省人民政府网开设全省统一的财政资金信息公开专栏，集中公开省级财政拨款单位的预决算和"三公"经费信息，整合公开9个市（州）财政预决算及"三公"经费公开信息，省级公开对象从2012年的43家增加到2020年的106家，实现所有不涉密的省级部门财政预算和"三公"经费信息100%公开。与此同时，各级行政机关相应通过自身网站，及时规范公开年度预决算相关信息，无论在公开率还是公开及时性方面，都表现良好。

(五) 规范政府信息公开申请办理

与主动公开相比，依申请公开属于"被动型"公开方式。作为主动公开的重要制度补充，依申请公开的积极意义也不容低估。一方面，通过依申请公开，有利于满足人民群众的个性化特殊需求，更加凸显需求导向；另一方面，依申请公开制度有利于拓展政府信息公开的边界和深度，通过建立依申请公开向主动公开的转化机制，促进政府信息公开的范围不断拓展延伸。贵州将依申请公开作为提升政府透明度的重要抓手，其典型做法如下。

提升依申请公开工作制度化水平。2015年，贵州省人民政府办公厅出台了加强和规范政府信息依申请公开的专门文件，规范依申请公开受理、答复的各个环节，制定出12类依申请公开的答复模板。2019年《条例》修订后，贵州深入贯彻落实新精神新要求，及时修订完善政府信息公开指南和依申请公开说明，建立健全政府信息公开申请登记、审核、办理、答复、归档工作制度，完善政府信息公开申请提出、补正申请内容、规范答复形式、征求意见程序、答复时间起算等工作要求，确保全部政府信息公开申请都按照法定时限规范答复。目前，贵州正在就依申请公开工作制定规范性文件，为各级行政机关办理答复信息公开申请提供更加清晰的指引。2019年，贵州省因政府信息公开引发行政诉讼481件，同比减少33.47%，反映出行政机关依申请公开办理规范性有所提升。

加强申请渠道管理和内部流程建设。为确保受理渠道畅通、答复及时，贵州省要求政府信息公开工作机构指定专人于每个工作日查看各受理渠道的申请情况，第一时间以规范格式进行登记并进行必要审核。加强依申请公开的档案管理，做到一案一号一档的管理。安顺市国土资源局参照法院卷宗模式，对每件政府信息公开依申请公开办理件建立独立卷宗，固化每个流程环节的证据，既促进依申请公开办理的规范性，也大大减少了复议诉讼的风险点，有效杜绝了不答复、乱答复的问题。六盘水市明确由各级各部门的政府信息公开工作机构负责本机关的政府信息公开申请受理、回复工作，禁止委托事业单位、网站管理公司、外聘人员等代办受理和回复，坚决杜绝不予理睬、不予答复和不经调查核实轻率答复等现象。

建立依申请公开定期分析机制。贵州在全省推行依申请公开工作定期分析工作机制，要求各级行政机关按季度对办理答复政府信息公开申请情况进行分析，撰写分析报告，总结依申请公开工作呈现的特点、存在的问题，有针对性地加以解决。对大量、集中、频繁申请的事项，要求承办单位及时研判，能够转为主动公开的一律转为主动公开，最大限度方便公众获取，以更充分的主动公开减少依申请公开压力。

（六）注重渠道建设提升传播力

政府信息不仅应当公开，而且应当以公众看得到、听得懂、喜闻乐见的方式公开。因此，既要用好政务公开的传统平台，比如明白卡、公开栏、查阅点、村村通大喇叭等基层群众最容易获取的渠道，使之发挥实实在在的作用；又要充分运用互联网、大数据等技术手段，通过政府网站、政务新媒体等新平台新渠道公开政府信息，让公众更为方便快捷地获取信息。贵州省坚持传统方式与现代方式相结合，政务公开与信息共享相结合，不断拓展信息公开渠道，统筹运用政府网站、新闻发布会、政府公报、报刊、广播、电视、移动终端、自助终端、热线电话等方式，以不同渠道面向不同受众，增强政务公开的达到率、知晓率，提升政府信息的传播力、影响力，达到了让更多市场主体知晓政策、用好政策、享受实惠的预期目标。

加快建设全省统一的政务公开平台。贵州省抢抓全国政府网站集约化建设试点机遇，充分运用"一云一网一平台"政务数据和政务服务建设成果，加快打造覆盖省、市、县、乡四级政府部门和与民生密切相关的公共企事业单位的政务公开平台，构建基于集约化平台的统一政府信息资源库，实现不同层级、不同领域、不同部门公开的信息"一池共享、一网通查"，已实现全省政府网站100%整合迁移上线、100%域名集中解析、100%数据资源归集。加大政府信息系统互联共享力度，有序推进全省统一的政务公开平台与"贵州政务服务网""贵州省公共资源交易平台""贵州省惠民政策项目资金信息公开平台""信用中国（贵州）""国家企业信用信息公示系统（贵州）""贵州省政府采购网"等公开公示平台互联互通。坚持"建管办"一体发力，连续10年开展全省政府系统门户网站绩效评估，探索开展了创新案例评选；按季度对全省政府网站进行抽查通报，抽查对象覆盖100%的政府网站。

贵州在充分发挥政府门户网站主阵地作用的同时，着力打造多维度、立体化的政务公开平台模式。加强与主要新闻媒体的沟通联系，积极发掘广播、电视、报刊、新闻网站的优势，加大对改革举措、工作成效的宣传推广力度。比如，贵州省食品药品监管部门通过与《贵州日报》、《贵州都市报》、贵州广播电视台、《当代贵州》等建立专访宣传机制，进行食品药品安全及其监管政策的解读、宣传，公告全省各级食药监管部门开展的执法检查情况，打击制售假劣药械的动态。充分利用便民服务站点、政务公开栏、信息查询点等贴近群众的公开渠道，方便公众就近就地查阅所需信息。又如，为确保健康扶贫政策宣传到位，发挥预期功效，贵州要求各级新农合定点医疗机构结算窗口张贴"一站式"即时结报、"先诊疗后付费"的提示信息；要求将健康扶贫政策有关材料送达贫困户家庭，装入扶贫"连心袋"，深入讲解国家医疗保障、慢性病管理、大病管理、家庭医生签约等健康扶贫政策；在县、乡、村各级医疗机构的政策宣传栏中公示"四重医疗保障制度"等健康扶贫政策，在乡镇、村居人流密集的公开栏上张贴公开健康扶贫相关信息，并依托设置在便民服务点、办事大厅、农家书屋、档案馆、图书馆等地的3000多个政府信息公开查阅点公开健康扶贫信息。

贵州省广泛应用"两微一端"等政务新媒体开展公开，制定了推进全省政务新媒体健康有序发展的实施意见，充分发挥政务新媒体在推进政务公开、优化政务服务、凝聚社会共识、创新社会治理等领域的重要作用，持续提升政府网上履职能力，加快建设利企便民、亮点纷呈、人民满意的"指尖上的网上政府"。贵州省已完成"贵州省人民政府网"政务微信二级栏目设置，全新上线"政务矩阵""指尖政府"等栏目，贵州省政府系统共开设各类政务新媒体3976个。从2019年4月起，贵州省政府办公厅委托第三方机构对省直部门和市县政府"两微一端"运行情况进行监测。各地各部门将政务新媒体作为公开平台体系的重要组成部分，形成了信息传播的乘数效应。比如，贵安新区构建政务信息体系、三级政务服务体系、信息传播体系三个体系，形成融审批服务、网上办事大厅和新区官网、手机App、宣传手册等为一体的"2+N"

的公开发布体系，通过各种不同渠道向社会公开政务信息，为办事企业群众提供权威、准确、全面的行政审批办事服务信息。

在运用信息化手段开展政务公开的同时，贵州各级行政机关结合地区、部门和行业实际，创新推出了一批群众喜闻乐见的公开渠道。黔东南州丹寨县注重村级终端查询平台的建设，部署"民生资金云"大数据查询平台，分为"补贴补助、扶贫开发、项目建设、政策法规、贵州移民"五大板块，为公众提供便利的查询和监督服务。黔南州通过"黔南州扶贫济困爱心联谊"网络信息平台，及时公开企业、院校开展对口帮扶情况，以及定点扶贫和结对帮扶项目的进展情况，"扶贫日"活动受赠款物情况，既提升了社会力量参与的积极性，又增强了扶贫项目运行效能。黔南州独山县民政局开通民生热线，安排专门办公场地，配齐办公设施，严格接话、登记建档、批办、转办、催报、督办、办结等程序流程，规范接线员的接待程序和礼仪用语，方便群众通过电话咨询或求助。安顺市镇宁县通过高音大喇叭对惠民政策进行汉、苗、布依"三语"广播，通过镇村"背包干部"的随身小喇叭到田间地头宣讲帮扶政策，受到基层群众普遍欢迎。毕节市纳雍县在少数民族聚居的姑开乡等，通过大喇叭，每天定时让民间政策宣讲员用群众听得懂的"地方话"对脱贫攻坚政策等进行讲解，确保文化程度不高的群众对于政策入脑入心。

（七）突出互动交流增强公开实效

政府信息在传播中体现价值。政务公开已不再是单向度、灌输式的信息发布，而是了解民情民意、提升治理效能的重要制度机制。贵州省将互动交流作为政务公开的重要延伸和组成部分，通过搭建政民互动平台，强化互动交流，增进了社会认同和公众支持。

畅通政府与群众直通交流网络平台。贵州一直把办理网民群众留言作为了解群众诉求、倾听群众呼声、切实为群众解决民生问题的重要载体，积极适应互联网时代下国家治理的新要求、群众工作的新形势、广大人民群众的新期待，在省人民政府网设置"互动交流"板块，下设"省长—群众直通交流台"、省长信箱、网上调查、智能问政、意见征集等栏目，提供人民网书记省长留言板的留言入口，分别交给省政府办公厅、省信访局等部门,由相应部门建立"专人办理、台账管理、跟踪调度、回访督查、积分通报"的办理机制。2013年以来,仅贵州省政府办公厅办理的网民群众给省长的留言就超过7000条,大量群众反映的基础设施建设、环境保护、脱贫攻坚、精准扶贫、农危房改造、九年制义务教育、医疗卫生、社会保障、城市管理、公共安全、交通营运、企业发展、拖欠农民工工资等问题得到妥善解决。由于在网民留言办理工作中成效突出,贵州省政府办公厅连续9年被人民网评为"全国网民留言办理工作先进单位"。

全省9个市(州)、贵安新区及省直有关部门均已建立健全了市(州)人民政府主要领导与群众直通交流网络平台;88个县(区、市)也在本级政府网站建立群众直通交流台进行互动交流。比如,2018年7月3日,贵阳市一网民群众反映"贵阳市社会保障热线12333形同虚设",省政府办公厅转交贵阳市人民政府办理后,贵阳市立即调查并采取措施迅速处理:一是在高峰时段安排后台管理人员参与对外接电话;二是及时招聘人员,从根本上解决"人少事多"的问题。又如,2018年5月21日,毕节市威宁县哈喇河镇闸塘村王家沟组一村民反映"给一包农用肥就被强制脱贫是否符合国家精准扶贫",威宁县政府调查核实并认真进行说明解释后,该村民留言:"感谢党和政府的关照!愿正义的阳光普照每一个处于社会最底层最无助的人民!"同时,对涉及经济社会发展的一些建议,各市(州)政府和省有关部门也积极吸纳并实施,促进了广大群众参与经济社会发展、建言献策的热情,有力推动了政民互动和网络问政。

创新举办省政府开放日活动。随着政务公开工作不断深入,公众公开意识不断提升,群众不再满足于政府"推送"的信息,更想亲自感受政府决策运行,了解政策文件出台的背景,以政府为本位的公开理念和公开模式已不适应政务公开的新形势。自2014年起,贵州省政府坚持每年举办1—2次省政府开放日活动,邀请公众走进省政府,了解政府日常工作运转,积极为公众了解监督政府工作搭建平台、创造条件。为方便公众代表参与,贵州省灵活采取了"志愿报名""定向邀请"等方式。如果"志愿报名",则通过省人民政府网发布活动公告及接受公众网上报名,同时通过《贵州日报》、贵州广播电视台等媒体发布活动公告，群众可根据实际情况主动报名，省政府办公厅根据群众报名情况，确定最终代表名单；如果是"定向邀请"，则围绕开放日活动的主题，请各地政府和相关部门结合不同地区、行业、职业特点邀请公众代表，使活动的主题更为集中，公众代表的意见也更为集中。如第四次省政府开放日活动，主要围绕精准扶贫主题开展，共邀请了基层扶贫工作人员、精准扶贫对象、参与扶贫企业代表等30多人参与。截至2019年底，贵州省政府已举办7次政府开放日活动，先后邀请200余名公众代表走进省政府大院及部分省直机关，通过有效的政民互动和新闻媒体同步跟进报道，大大拉近了政民距离、密切了干群关系，赢得了群众更多理解、信任和支持。

以"扶贫专线"搭建联系群众的桥梁和纽带。作为全国脱贫攻坚主战场，扶贫信息是与民生关系最密切、社会关注度最高的领域之一。为助推全省脱贫攻坚工作，主动接受广大人民群众对脱贫攻坚工作的监督，2015年11月，贵州省政府常务会议研究决定开通"省政府扶贫专线"（号码为0851-86833668）。2017年8月，为适应新形势下脱贫攻坚工作需要，"省政府扶贫专线"更名为"省委省政府扶贫专线"，成为全国第一条省级党委政府扶贫专线电话，负责受理扶贫开发方面政策咨询、困难诉求、投诉举报、意见建议和联系捐赠5类事项。该专线实行24小时值守，按照即时答复、分类转办、限时办理、全程监督、跟踪问效等工作流程，确保群众反映事项"事事有回音、件件有落实"。专线开通以来，累计接收群众来电40000余个，覆盖贵州88个县区、1300多个乡镇，为群众解决实际困难和问题超过6000个。

以"服务民营企业省长直通车"促进营商环境优化。为了支持民营企业发展，精准帮助民营企业破解发展难题，2018年12月1日，贵州省正式开通"服务民营企业省长直通车"，设在贵州省政府总值班室，平台设固定电话（0851-86894627），同时在贵州省政府门户网站开设了"服务民营企业省长直通车"在线平台，专门受理全省民营企业经营者、员工及相关人员来电来信，内容主要包括政策咨询、情况反映、建议意见等三类。直通车开通以来，专注于民营经济发展的"痛点""难事"，畅通了民营企业咨询政策、反映问题、投诉举报的渠道，为优化全省营商环境发挥了重要作用，搭建了政府联系企业的重要桥梁。

直通车开通以后,对企业诉求构建了整理录入立档、专报相关领导、反映事项转办、领导批示督办、办理情况反馈、办理情况分析等六个步骤的办理流程,办理时限原则上为10个工作日,特殊情况根据实际延长办理时间,并坚持对于每一个诉求,能办的马上就办、不能办的明白告知,极大压缩了企业诉求的办理时间,确保民营企业投诉有门、维权有路。同时,为更好发挥直通车桥梁纽带作用,有效解决好企业的烦心事,让企业安心谋发展,贵州省政府办公厅与省促进中小企业发展工作领导小组办公室协同配合,对各地各部门办理企业反映事项情况进行动态回访、专项督查、定期通报,保障直通车高质量运行。截至2020年4月30日,直通车共接收全省各地民营企业相关人员来电来信4789件,其中一般咨询类3452件,占72.08%;情况反映类1281件,占26.75%;政策咨询类42件,占0.88%;意见建议类14件,占0.29%。群众对直通车办件的满意度一直超过90%。

充分发挥新闻发布会政民互动作用。贵州省把政府新闻发布会作为推行政务公开、加强政民互动、公示政策举措的重要方式,2016年在全国省级政府中率先制定出台《贵州省人民政府新闻发布工作办法》,明确了新闻发布的主体、时限、内容、程序等要素,并对突发事件信息发布以专章规范,新闻发布的规范性、权威性和专业性得到有效提升。同时注意发挥单位主要负责人的"第一新闻发言人"作用,遇有重大突发事件、社会关切等,要求主要负责人带头接受采访,主动表明立场态度,发出权威声音。2019年,贵州省共以省政府新闻办名义举办新闻发布会73场,其中42场为重大活动、重要开放平台发布,29场为重要政策、重要工作发布;45个省直部门289人(次)负责同志出席省政府新闻办举行的发布会,其中部门主要负责同志38人(次),形成了部门负责人踊跃参与、积极发声的良好局面。

探索多种渠道机制作用增强互动效果。贵州省网上办事大厅的投诉服务板块,设置了"是否愿意公开"的选项,用户投诉如选择公开,则在网上公示投诉内容和处理结果。[①]贵阳市等地针对公众咨询的高频事项,打造了互动答问库、智能机器人等便民设施,对公众提交的咨询

---

① 为保护投诉人隐私,对于投诉用户的个人信息予以遮蔽处理。

类问题基本能够做到当日提交、当日答复，有的事项做到了即时回复，大幅提升了政民互动的体验度和好感度。贵州省食品药品监管部门通过省人民政府网"在线访谈"、省广播电视台"阳光946"等栏目，就食品药品安全的热点难点问题进行连线交流，受到群众关注追捧。凯里市注重互动公开交流，对于心动930微信公众号上网友提出的诉求予以及时解答，在FM930语音播报互动、"帮忙找平台"、"心动930微信公众平台"栏目，有问必答、有帖必回，且均在7个工作日内予以回复，既为网友答疑解惑，也增强了平台的吸引力。

危房改造作为实现脱贫攻坚"两不愁三保障"的关键举措，其信息公开对于这项制度的顺利规范推行，具有重要意义。贵州省通过全国扩大农村危房改造试点农户档案管理信息系统，将改造农户的信息档案予以公开，农危改户基本情况和获得补助资金数量做到实时查询。贵州省住建厅会同省电信局，将贵州省农村危房改造监督举报电话（0551-85360637）通过手机短信的方式发送给全省群众，对来电予以类型化处置。对于政策咨询类的立即给予答复，对属于权益诉求类的及时转发各地核实处理并督查办结。为提升公示的达到率和有效性，省住建厅专门制定《贵州省农村危房改造工作规程》，对农危改对象评定实施村、乡（镇）、县三级三榜公示；在厅门户网站公开了相关政策文件和技术资料，并将工作进度实时向社会公布。

（八）及时主动回应社会关切

要提升回应关切的针对性和有效性，首先要了解群众真正关心的是什么。为此，贵州省以制度建设为抓手，不断健全政务舆情收集、会商、研判、回应、评估机制，对于公众普遍关切的民生问题，特别是上学就医、住房保障、安全生产、防灾减灾救灾、食品药品安全、养老服务等民生领域的热点舆情，按照第一时间捕捉、第一时间研判、第一时间回应的要求，主动讲清楚问题成因、解决方案和制约因素，确保公众情绪得到及时有效疏解。贵州省还要求各级行政机关前移政务舆情回应关口，在出台重要改革措施和涉及公众切身利益、容易引发社会公众关注的政策文件时，认真做好舆情风险评估研判，提前制定应对处置预案。

着力增强舆情回应意识。贵州省通过组织培训、制发文件、目标考核等办法，不断提升各级行政机关对公众关切的回应意识。如贵州省生态环境厅委托第三方单位开展日常监测、提供网络舆情日报，安排专人担任生态环境舆情管理工作信息员，各市（州）生态环境部门明确一名负责环境舆情应对处置工作的领导同志，具体负责日常对接和紧急联络。贵州省文化旅游厅制定了网络舆情处置办法，组建了贵州重点旅游景区网络舆情处置群，加强对旅游新业态、新媒体、新情况的研判和运行监测，组织专门人员加强文化旅游市场舆情监测和回应工作。贵州省住建厅对政务舆情工作实施制度化安排，建立完善网络舆情监测、预警、研判、应对及应急保障工作机制，安排专人负责监测与本行业、本系统、本单位有关的各类网络信息，及时有效回应。

着力增强舆情回应时效。贵州省要求，在重大政务舆情发生时，由事发地区或部门负责组织起草新闻稿按程序送审，原则上1小时内在属地官方媒体发布首条信息；符合信息公开要求的重特大突发事件，2小时内在广播电视播报，次日见报，24小时内召开新闻发布会。通过强化制度约束，政务舆情回应的时效性明显增强。比如，2019年6月26日，有网民反映，疑似在贵州省毕节市、凯里市等地，福利院幼童和留守儿童遭到性侵。6月27日，在天津公安机关的支持下，贵州公安机关初步查明网上传播的所谓"毕节、凯里有未成年儿童被性侵"照片，均为发帖人从网上收集，并非在贵州毕节市、凯里市拍摄，信息系其编造。之后，贵州公安机关对发帖人依法采取强制措施，贵州省公安厅、民政厅及时将相关信息向社会发布，取得了较好的传播效果。

着力构建协调联动的工作机制。针对政务舆情回应专业力量不足的问题，各级行政机关主动与宣传、网信等部门联络沟通，完善重大政务舆情信息共享、协同联动、快速反应机制，依托专业队伍构建回应关切的整体合力。同时，政务舆情分办督办催办机制进一步完善，省政府各部门基本都拟定了内部舆情办理回应制度，省政府办公厅还对监测到的舆情如何转相关部门关注回应拟定了流程办法。比如，贵州省生态环境厅对于监测收集到的生态环境网络热点问题，以通报表形式转涉事生态环境部门，要求其迅速进行核实，根据需要采取有效措施加以处置，并在2个工作日内报送处置情况，相关市（州）生态环境部门对于接收到的生态环境网络舆情未按要求在规定时限内报送调查处置情况，经提醒后仍然未反馈的，年度考核中将被扣分。

（九）强化考核监督推动工作落实

"徒法不足以自行。"贵州在政务公开的推进上，不仅注重出台制度、标准，还同步建立了督查、考核、评估、奖惩等工作机制，不断改进工作方法、强化责任担当、倒逼工作落实，确保政务公开各项工作部署落地见效。

建立定期通报工作机制。贵州省建立了政务公开定期通报工作机制，重点围绕各地各部门贯彻落实年度工作要点、推进政务公开标准化规范化、政务新媒体运行管理，以及依申请公开、政策解读、回应关切、决策公开、政民互动等重点工作开展情况确定通报内容，通过单位自查、网络巡查、实地督查、专项检查、第三方评估等调度方式，加强政务公开工作督导。将定期通报结果纳入政务公开第三方评估指标体系，因履行公开职责不到位、工作推进滞后等原因被点名通报的地方和部门，直接影响本单位最终考核和评估结果。与此同时，连续3年对行政机关向档案馆移送主动公开信息等专项工作进行通报，有效促进各级行政机关履行公开职责。

建立政务公开专项考核机制。自2016年起，贵州省委省政府将政务公开纳入省级机关目标绩效管理，由省政府办公厅会同省委网信办、省政府新闻办等制定考核方案，明确考核指标，共同实施考核。对推进不力的单位，最多可扣除5%的考核分值，直接影响到年终考核等次。在省级示范下，各地各部门也相应建立了考核管理机制，政务公开所占分值权重普遍在4%以上。贵州省财政厅每年制定政务公开工作要点和政务公开工作专项目标考核办法，将各处室（单位）政府信息公开工作纳入厅机关二级目标绩效考核管理。毕节市自2016年将政务公开工作纳入对县区和市直部门的动态跟踪考核管理，2017年起还纳入年度目标考核，将过程性动态跟踪督促考核与年底综合考核相结合，形成政务公开的常态化长效化推进机制。六盘水市印发考核方案，明确了考核对象、考核内容和考核方式，与干部个人年度工作考核和奖惩兑现有机结合；该市水城县还建立了目标跟踪管理制度，要求行政机关按季度上报公开工作的完成情况,及时查漏补缺。

建立政务公开第三方评估机制。政务公开效果怎么样,不能仅由行政机关自说自话,关键要看人民群众的获得感和满意度。为此,贵州省从2014年起,连续6年委托中国社科院、贵州大学等第三方机构,以公众视角对各级行政机关政务公开成效进行评估。截至2019年,评估对象已全面囊括9个市(州)、贵安新区、88个县(市、区、特区)、41个省直部门、22个乡(镇、街道)共计161个行政机关,首次实现省、市、县、乡四级评估全覆盖。第三方评估不仅通报评估结果,还为每个评估对象单独梳理了问题清单,明确整改提升的方向。

全面推行政务公开监督员制度。由省级层面主导,创新建立基层政务公开监督员制度,引入社会力量对政务公开开展监督,这已经成为贵州政务公开的一项硬性要求与规定动作。政务公开监督员由各县政府统一管理,代表县政府对政务公开工作开展监督巡视,直接对县政府政务公开工作机构负责。在体制上,以县为单位出台当地的政务公开监督员制度,确定监督员招募方式、招募人数、监督形式。在对象上,兼顾广泛性和代表性,将乡镇人大代表、政协委员、党员代表、离退休干部、村民代表、社会团体和基层群众中经验丰富、热心公共事务、作风正派的普通群众纳入。在功能上,以公开为主线走向复合化,如黔西南州的政务公开监督员还承担民意调查员、民生特派员等多种职责,统筹兼顾政务公开监督、民意调查等工作。在考核上,各县每年对政务公开监督员定期考核,不符合条件的予以清退。全省先后招募了1.5万余名基层政务公开监督员,对群众关心的土地征用、拆迁安置、扶贫低保等领域的政务公开开展监督,累计巡查3.4万余次,收集到各类意见建议共7600余条,有效解决了基层政务公开不及时、不全面、不准确等问题。

(十) 加强机构人员经费保障

保障机制对于政务公开的常态化、可持续具有重要支撑意义。贵州一直将机构人员经费等保障工作作为推进政务公开的重中之重,确保了政务公开工作有力有序有效开展。

加强机构人员保障。政府信息公开是行政机关必须履行的法定义务，是政府的一项日常工作，没有相对稳定的工作机构，就难以保障工作持续有序开展。在过去的工作中，贵州有不少基层单位缺乏相对固定的公开机构和工作队伍，具体从事公开工作的同志平均7个月左右就会调整一次岗位，工作开展时断时续，公开效果难以保证。为此，贵州省在综合性政策文件基础上，专门下发《省政务公开领导小组办公室关于进一步加强政务公开机构和人员保障的通知》，要求所有行政机关都要明确1个政务公开工作机构，落实至少2名专（兼）职人员互为AB岗。在此基础上，省政府办公厅建立了全省政务公开机构人员数据库，确保了政务公开有机构承担、有专人负责，保证了公开机构和人员队伍的稳定性。

加强人员队伍培训。政务公开工作涉及管理学、法学、信息技术、传播学等多方面专业知识，有大量的政策文件需要熟悉掌握，对从业人员的个人素质和政策水平有一定要求。为系统提升行政机关干部职工的公开意识和公开水平，贵州省于2016年启动了政务公开3年轮训计划，分批次对省、市、县三级政务公开工作机构负责人和业务骨干进行培训。各级行政机关按照省里统一要求，每年分层级分部门至少开展1次政务公开培训，全省累计培训8万余人次。黔西南州等地将政务公开列入公务员培训科目。贵州省商务厅积极探索多岗合一扩展效能，将政务公开、信息收集、矛盾化解等机制有机融合，既提高了政府公务人员的综合素质，又保障了工作的稳定性和连续性。

加强政务公开经费投入。贵州省不断加大政务公开经费投入，为工作推进夯实基础，2018年各级行政机关用于政府信息公开工作专项经费2237.95万元，2019年政务公开相关工作经费也在2000万元以上。如贵阳市财政每年安排10万元作为市政务公开工作领导小组办公室专项工作经费，安排30万元用于第三方评估，安排18.9万元用于2018年全市政府系统政务公开专题培训。

三　取得成效

政务公开不仅是满足公众、社会、市场各方对政府信息需求的手段，也日渐成为推进政府治理水平现代化，建设法治政府、服务型政府，提升公众参与治理、参与决策、参与监管的重要手段，起到了改善政府形象、和谐政民关系、提升政府公信力的效果。中国社会科学院法学研究所开展的政府透明度第三方测评显示，贵州省政府透明度从2012年的第23位上升到2017年的第1位，之后一直保持在全国第一梯队。

（一）聚共识促共建共治共享

做好政务公开，有利于公众更主动、更有效、更方便地参与到政府管理与社会治理中来，进而加快社会主义民主政治建设进程。《中共中央关于全面推进依法治国若干重大问题的决定》明确要求："健全法律法规规章草案公开征求意见和公众意见采纳情况反馈机制，广泛凝聚社会共识。"以政务公开提升社会治理公众参与效能，成为贵州各级政府的普遍做法。

破解地方治理难题。安顺市平坝区黎阳航空小镇的项目推进，面对让各地头疼发愁的征地、拆迁问题，项目部开设"黎阳航空小镇"微信公众号，定期不定期向当地干部群众、建设施工单位等方面推送有关政策、宣传资料、解决方案等内容，推送群众关心的热点和征迁整治动态、存在问题和尚未按时完成的任务。通过微信公众号的及时推送公开，消除了以往征迁普遍存在的相互不信任、彼此猜疑情绪，使得一些拆迁户在资金尚未兑现到位的情况下，主动腾退房屋，还主动做邻居工作，征迁效率空前提升。320多栋房屋、160多个商铺7万多平方米的拆迁和600多亩土地的征收，仅用5个月时间即全部完成。铜仁市江口县着力强化动迁补偿公开，在实施动迁补偿时，着力增强敏感问题的透明度，对群众补偿所得款项予以逐户张榜公示，动迁阻力大幅减少。

提升公众认同支持。以往的会议公开，往往是事前、事中秘而不宣，会后视情况开展宣传报告，不仅时效性差，而且以单向宣传为主，实际效果并不好。对此，一方面，贵州在全省推行政府会议公开制度，省政府带头做起，通过人民网贵州频道、新华网贵州频道、当代先锋网、黔办之声微博等媒体，对省政府常务会议予以实时微直播。在省级示范带动下，各地创造性地开展会议开放工作。如六枝特区建成了"智慧会务"系统，覆盖区、乡（镇、街道）、村（社区）三级268个网点，实现互联网、电子政务网、协同办公系统、视频会议系统"村村通"。对于涉及重大民生议题的区政府常务会，群众可在村（社区）视频会议室或使用手机实时旁听，并通过"阳光六枝"政务公开平台和政务App，向区政府反馈对民生议题的意见建议，确保最大限度地汇集民意。另一方面，对于涉及医疗卫生、生态环境保护、社会保障等重大民生议题的政府常务会议、专题会议，广泛邀请利益相关群体、第三方代表和当地日报、电视台等新闻媒体代表列席会议。贵州省按照生态环境部《关于集中开展第一批全国环保设施和城市污水垃圾处理设施向公众开放活动的通知》的要求，于2018年3月启动环保设施面向公众开放的活动，向社会招募15户家庭约50人走进贵阳青山污水处理厂，在现场工作人员的引导下直观了解了污水处理原理及工艺流程、中控平台及在线监控设施，观看了污水净化的过程，有效消除了公众疑虑和担忧。

化解信访矛盾。针对基于信访目的的政府信息公开申请较多问题，贵州省商务厅探索政务公开与信访化解的联动整合机制。负责政务公开与负责矛盾化解的工作人员形成密切协作：一是共同商议化解对策，确保工作步调一致；二是政务公开前置，负责政务公开的工作人员向涉信访人员提供国家政策、处置情况等相关政府信息，并做好解疑释惑工作；三是政务公开工作人员了解申请人的态度想法，研判后通报给负责矛盾化解的工作人员，增强了后续工作的针对性、及时性和主动性。省商务厅一年通过政务公开答复重点、难点问题260余条，有效避免了矛盾的集中爆发，为信访化解提供了有力支撑。

促进基层安全治理。以电梯监管领域为例，2013年，贵州省质量监督部门建成"全省特种设备管理平台"，将全省所有电梯纳入平台管理，实现电梯锁具"底数清、状况明"。2015年，在该平台基础上，利用大数据、信息化成果，开发了"全省电梯应急救援处置服务平台"，实现困人电梯位置精准定位，救援单位快速调度。2015年12月，在平台建成之际，贵州成立全国第一个省级电梯应急处置指挥中心。在电梯轿厢内安装"电梯困人救援提示牌"，乘坐人通过扫描二维码即可了解电梯检验和使用状况，发现检验超期、未按时维保等问题，可在手机上投诉举报；如电梯发生故障，被困人员拨打"12365"电话后报出电梯编码，即可准确定位并快速得到专业人士救援，救援的精确性和及时性都大为提升。截至2019年底，全省累计成功处置电梯困人6.2万余次，解救被困群众15.5万余人次，维保救援人员到达困人现场平均时间仅10.5分钟，远远低于国家关于中心城区30分钟、其他地区1小时的规定，救援等待时间过长、救援效果不佳、救援措施不得当等难题得到有效破解。自2017年2月起，原贵州省质监局门户网站、《贵州都市报》公告《贵州省电梯维护保养单位综合评价及排位》，对全省397家电梯维护保养单位的电梯维保数量、信息完整率、进入维保平台率、合同有效率、刷卡维保率、按期刷卡维保率、未实施一级救援、实施二级救援、受到行政处罚9项指标考核评价综合得分向社会进行了公布，克服了以往监管部门、维保单位、电梯乘坐者的信息不对称困局，既有利于广大消费者参与到电梯安全的社会监督中，也倒逼电梯维保单位积极落实安全主体责任，并引导物业公司选择质量信用好的维保单位，电梯维保行业秩序焕然一新。

让人民群众看得到听得懂。近年来，各级政府部门出台了不少惠民政策，但有些政策的到达率和实施效果与预期目标存在一定差距，政策实施走样、落实不到位的现象屡见不鲜。究其根源，一方面，政策较为多样、繁杂，且具有专业性；另一方面，也与政策的公开、解读不到位密切关系。对此，贵州省积极探索惠民信息公开的新形态，通过设置集约化、权威化的公开渠道，全面公开惠民政策及解读材料，促进了惠民资金使用和惠民项目实施更加阳光透明、易得易懂。其中最典型的探索之一，当数惠民政策明白卡的创新运用。政府部门对自身出台的现行有效的惠民政策进行全面梳理，对惠民政策涉及对象、要求、条件、标准、方式、程序等进行加工整理，通过一张小卡片简明扼要地交到群众手上。在公开方式与发布渠道上，将实体的纸质卡与微博微信明白卡、手机短信明白卡、口袋书、政府网站在线查询、便民服务点咨询等有机结合，较好适应了不同地区、不同文化层次的群众需求，同时减少了纸质卡片印制所带来的资源浪费和环境污染，节约了大量行政成本。惠民政策明白卡的创新实施，使得群众得以更完整更深入更准确地了解惠民政策，客观上使得政策落实、项目实施、资金分配更加透明规范，让政策落实效率显著提升,政策执行更加到位,人民群众获得感显著增强。

(二) 支撑推进法治政府建设

阳光是最好的防腐剂。公开透明是现代法治政府的基本特征和基本要求。《法治政府建设实施纲要(2015—2020年)》共计28处提到"公开",5处提到"透明"。贵州明确,"只要人人应当遵守的,一律予以公开"。

公开法治政府建设要点及报告。贵州省人民政府每年印发并向社会公开《法治政府建设工作要点》,将法治政府建设的安排、目标、牵头单位公之于众。政府部门每年第一季度向本级政府和上一级政府有关部门报告上一年度法治政府建设情况,并向社会公开。年度要点和年度报告的公开,使得法治政府建设推进接受群众监督,客观上有利于各级政府、部门提高对法治政府建设的认识和重视,增强法治政府建设效果。

以公开摸清家底促规范。贵州将权责清单公开作为法治政府推进和政务公开的关键枢纽。除涉密事项外,以清单形式将政府每项职权的名称、编码、类型、依据、行使主体、流程图和监督方式等,及时向社会公布,接受社会监督。在此基础上,贵州深度推进行政执法事项清单、随机抽查事项清单、行政执法人员名册、行政执法流程图、政务服务指南、权利告知书等信息公开,既使得执法机关及其工作人员明确自身权责、程序,也有利于企业、民众更好行使陈述、申辩、救济、监督权利。

以执法公开倒逼依法行政。贵州各地探索"大数据+行政执法",实施全流程重塑、全要素公示,使得行政执法全程、全要素公示,受到上级和社会的监督。贵州省多个部门在官方网站公开行政处罚案件信息,实现了行政处罚决定全部公开发布。自2019年起,贵州在全省全面推进执法公示制度,要求行政处罚、行政许可的决定信息应当自决定作出之日起7个工作日公开,其他行政决定20个工作日内公开,法律、行政法规另有规定的除外;各级行政执法部门每年1月31日前公开本部门上年度行政执法总体情况有关数据。

以事中事后公开规范政务服务。贵州政务服务网提供办件进度查询,公众可通过输入申请人姓名或单位名称、证件编码,查询到特定事项的办理状态、结果;还以主动公开的方式,公布了行政审批业务办理的每一环节和流程动作，对每一个办件的实际办理记录和标准办理流程实时动态对比公开，并详尽罗列不予许可的理由和信息，包括受理部门、受理事项、申请时间、办理状态、申请主体等要素一目了然，还可知悉流程跟踪、业务详情、实际办理记录等内容，实现了办理过程可追溯、办理结果可预期。

事后结果的公开也对规范审批权力运行起到了很好的作用。无论是准予许可还是不予许可，其结果均通过贵州政务服务网向社会公开，并说明不予许可的理由和法律适用，使得"阳光审批"向前迈了一大步。将业务部门和工作人员在行政审批中的行为、要素、环节置于公众视野之下，让申请人实现"体验式监督"、其他群众得以"参与式监督"，在很大程度上化解了因行政审批办事指南、办理过程、审批结果等公开缺失导致的"暗箱操作"和滥用裁量权等问题。

（三）政务服务满意度显著提升

政务公开的推进，为服务型政府建设提供了重要支撑。通过政务公开，促进政务服务水平提升，打造人民满意的服务型政府，让企业、群众办事不求人，解决群众的痛点、难点和焦点问题，系贵州政务公开的重要立足点和考量因素。为此，贵州省逐个打通信息孤岛，推行公开透明的"互联网+政务服务"，让企业、群众少跑腿乃至不跑腿，做到最大限度利企便民。其成效突出表现在以下方面。

政务公开与政务服务实现有机衔接。贵州较早推进办事公开改革，以政务公开提升政务服务的效能和水平。2014年即制定出台《贵州省政府部门办事公开办法》和《贵州省公共企事业单位办事公开指导意见》，对办事服务信息公开作出全面部署。自2016年起，贵州着力推进"互联网+政务服务"工作，秉持"全覆盖、全联通、全方位、全天候、全过程"的"五全服务"理念，建成全省一体化的贵州省网上办事大厅（现贵州政务服务网），覆盖省市县乡村五级，自动汇聚全省各类、各级的政务服务信息，统一向社会发布，成为群众办事的百科全书。各地各部门以此为依托，建立了各具特色的政务服务应用。比如，六枝特区按照"1+7"的架构打造政务淘宝超市，对政务公开事项实施产品化改造，提供类似网络购物般便利的政务公开服务；南明区开展

"外卖式点单、联动式审批、上门式服务"创新,实现了政务公开与政务服务的有机融合。

政务服务信息检索更加便捷。贵州政务服务网全面公开权力清单、企业设立后经营许可清单、责任清单、行政审批中介服务清单、投资负面清单、财政专项资金管理清单、公共服务事项清单、行政审批中介服务收费清单、投资核准目录清单、行政事业性收费清单、职业资格清单、特殊环节清单、减证便民清单、通用目录清单等十四张服务清单,实现办事服务事项"一网打尽",为社会各界查询使用提供最大化的便利。遵义市人民政府门户网站在"办事服务"板块开设主题服务栏目,对社会保障、公用事业、就业创业、教育服务、医疗卫生、"三农"服务、经营纳税等高频事项的政策、指南、资料等集中公开,与政务服务网形成互补。为便捷公众获取相关信息,遵义市门户网站对检索功能进行升级,提供关键词推荐、拼音转化检索、通俗语言检索等功能逐步完善,检索结果多维度分类型展现,聚合相关信息和服务,初步实现"检索即服务"。

政务公开有力促进公平公正。通过在贵州政务服务网主动公开办件进度情况、办理结果和理由说明,一方面,依托"互联网+"固化审查标准,进而实施统一的标准化办理,将自由裁量压到最低,做到同一事项、同一标准;同一情形、同一结果。另一方面,通过主动公开,让办事群众知晓每一个步骤受理人员、法定时限、办理时限、审查标准、审查结果等内容,既了解自身进度,又可进行横向比较。行政审批事项办理走向公开化、统一化和标准化,公众公平感大幅提升。

政务公开助推企业减负。国务院办公厅《2017年政务公开工作要点》专门要求"推进减税、降费、降低要素成本信息公开",帮助市场主体将政策用好用足。2019年国务院《政府工作报告》要求加快收费清单"一张网"建设,让收费公开透明,让乱收费无处藏身。为此,贵州省一方面持续规范行政事业性收费项目,制定收费目录清单以避免乱收费,同时不断扩大收费减免适用范围。另一方面注重加强企业减负政策的公开。比如,在省人民政府门户网站设置"减税降费"板块,集中公开减税降费有关政策、解读和新闻;将涉企行政事业性收费,政府性基金(包括铁路建设基金、民航发展基金、国家重大水利工程建设基金、水利建设基金、教育费附加、地方教育附加、文化事业建设费等），以及涉煤政府性基金、行政事业性收费等方面的目录清单全部上网，并动态更新。① 通过全面深入的公开，有力推动减税降费各项利企政策落地落实。

政务公开促进减证便民。实践中，各地行政机关办事人员要求群众出示法律法规未作出要求的证明，以及各类"奇葩证明"的开具，并非少见。其背后既有部分机关不敢不愿担责，进而转嫁责任的心态，也有政务信息缺乏必要互联互通的因素。对此，贵州省自2018年初开展"减证便民"行动，要求"谁设定、谁清理"，探索实施《证明材料保留清单》和《证明材料取消清单》的"两张清单"管理制度，从源头上化解"奇葩证明"、循环证明、重复证明等困扰各地已久、饱受公众诟病的难题。贵州省不仅以取消清单的形式公开不再开具证明的情形，而且规范不再要求开具证明的情形。一则，对于无法律法规规章依据设定的证明事项，一律取消；二则，对乡镇街道、村居便民服务站无权查证、无法开具，部门推卸责任的证明，一律取消；三则，对于通过当事人已有材料、有效证照核实或办理机关可自行核实的，不再要求当事人提供，比如，通过有效证照证明国籍、户籍身份、亲属关系、民族成分、婚姻状况、不动产权属等相关信息的证明材料，一律取消；四则，对于办理结果无实质性影响，可通过部门内部调查、咨询其他部门办理的材料，一律取消；五则，对于可通过申请人书面承诺、签字声明或提交相关部门协议办理的，一律取消；六则，对于政府部门制发的证照批文，均通过政务服务网共享核验，不再要求申请人提供。由此，不仅全省政府系统进一步打通了部门壁垒、数据壁垒，最大限度便民利企，而且仅少开证明一项，每年为企业群众办事减少的支出就高达上千万元。

政务公开提升服务效能。2019年，贵州将省级权责清单压减至1396项，建筑许可审批事项压减至84项，企业开办时间平均压缩至2.2天，不动产登记办理时间压缩至5个工作日以内，政务服务事项省

---

① 比如，截至2018年10月2日，贵州省涉及企业的收费目录清单《贵州省涉企行政事业性收费目录清单》于2018年5月16日更新并于2018年5月18日公开上网，之前已于2017年5月8日、2018年1月9日多次修订更新。清单内容涵盖了收费的部门、收费项目名称、资金管理方式、中央政策依据、省级政策依据等要素。

级、市县级网上可办率分别达100%、91%，投资项目审批、核准、备案办理时限均缩减为法定时限的50%。贵州省创新推出"集成套餐服务"，对群众办理频率较高的二手房交易、不动产登记、药品零售店、小卖铺、餐馆开办等多个事项进行集成式办理，有办事需求的群众无需东奔西走反复折腾，直接在一个窗口、提交一次材料即可办成。为进一步提升效能，贵州各地还根据企业、群众办件频率、办事习惯，不断优化办事大厅布局，建立健全部门联办机制，探索全程帮办机制，推动审批服务流程再造优化，让人民群众切实感受到便利、高效。以教育救助为例，政府以往对贫困学生的学费减免是学校先将学费收上来，再将贫困学生家庭情况证明逐级上报教育部门，与扶贫部门核对后，再通过财政部门退回学费，不仅流程繁杂耗日持久，而且需要先垫付学费，导致一些贫困生失学。上述各部门实现数据互联共享之后，贫困生在入学时，民政、教育、希望工程等方面信息一目了然，对符合条件的贫困学生直接免收学费并提供相关服务。

（四）政府监管效能大幅增强

《国务院关于促进市场公平竞争 维护市场正常秩序的若干意见》（国发〔2014〕20号）要求公开市场监管执法信息，"除法律法规另有规定外，市场监管部门适用一般程序作出行政处罚决定或者处罚决定变更之日起20个工作日内，公开执法案件主体信息、案由、处罚依据及处罚结果"。《国家发展改革委关于认真做好行政许可和行政处罚等信用信息公示工作的通知》（发改电〔2015〕557号）等通知文件也有类似要求。《国务院关于在市场监管领域全面推行部门联合"双随机、一公开"监管的意见》（国发〔2019〕5号），要求"除法律法规明确规定外，抽查事项、抽查计划、抽查结果都要及时、准确、规范向社会公开，实现阳光监管，杜绝任性执法"。按照中央要求，结合当地实际，贵州以公开提升监管效能，取得显著成效。

深入推进"双随机一公开"。贵州省制定出台了《关于全面推行"双随机一公开"监管工作的意见》，并建成统一集中的"贵州省双随机一公开监管平台"，以及行政许可和行政处罚双公示平台，集中汇聚公开全省各地各部门的行政许可、行政处罚结果信息。以贵州省统计局为例，自2016年6月印发《贵州省统计部门执法检查推广随机抽查实施方案》以来，已制定发布随机抽查事项清单、检查对象名录库、执法检查人员名录库、随机抽查实施细则、随机抽查工作计划、随机抽查业务流程图等，并统一使用"贵州省双随机一公开监管平台"建立抽查任务，开展实地抽查执法工作，抽查活动情况、抽查检查结果情况、抽查查处结果情况均主动公开在该平台之上。

贵州省食品药品监管部门把政务公开作为监管工作的基石，以"贵州省食品药品监督管理局行政处罚案件信息公开表"形式分期公开食品药品行政处罚案件信息，并将处罚决定书扫描版以附件形式予以公开；在公开食品（保健食品）抽检结果的同时，按月发布食品安全监督抽检情况分析的通告，对于净化食药品生产销售秩序，起到了积极促进作用。

贵州省安全生产主管部门开发了安全生产综合管理平台"安全云"，作为国内第一个面向政府、企业、社会公众的省级安全生产信息化系统平台，实现安全生产领域信息化一盘棋、业务覆盖一张网、智能管控一张图，做到了基础信息规范完整，动态信息随时调取，执法过程便捷可溯，应急处置有效可视，事故案件预警研判。贵州省应急管理厅建设"应急管理云"，围绕应急管理事前、事发、事中及事后四个阶段，初步建成应急管理综合应用平台，建起基础信息、地理信息、事件信息等九大数据库，推动实现分类别、分区域、分灾种应急救援力量"一张图"管理。

依托公开构建共治监管格局。南明区探索"大数据＋食品安全"智慧监管新机制，2019年5月，南明区"校园食品安全监管共治平台"上线运行，在校园后厨关键场地无死角设置监控摄像头，数据链接到"智慧共治·社会共享"平台调度中心和教育部门数据中心，不仅各方监管人员可通过手机终端对后厨情况进行监管，还通过视频监控向家长开放，发现问题可在线反映，提醒相关部门及时进行处置，并对问题处理及评分情况进行考核。由此，形成"远程分布式关键点视频监控＋平台引导式监管学习＋分级发现问题报告＋三级联动处置＋处置结果满意度评价"的新型监管模式，在家长、学校、教育部门、市场监管部门、餐饮提供单位之间，搭建起互动共治共管的校园食品安全治理网络。南明区还在"智慧共治·社会共享"平台下,开发出"摊贩监管"和"集餐监管"模块,开通"南明共治"微信小程序,为市场监管部门、小吃街管理方、社区管理人员、摊贩提供便利,实现对摊贩的信息化、可视化、社会化、积分化监管。贵州逐月公开"全省价格举报情况"①,有数据、有表格、有排名,并进行统计分析、比对,找出价格问题举报投诉较为突出的领域,掌握各地价格举报投诉的基本情况、分布和同比、环比变动情况,从而提出完善政府监管、提升治理效能的对策建议并予以公示。

以公开促进社会信用体系建设。贵州省不仅通过国家企业信用信息公示系统(贵州)向社会公示信用信息,还将检查中发现存在经营异常情形的企业列入经营异常名录,在政府采购、银行贷款、招投标、表彰评优、资金扶持等活动中实施失信联合惩戒,将公开效果予以放大。贵阳市打造联合惩戒系统,有关行政部门从法院获取失信被执行人信息,进而拦截失信被执行人办理相关业务。2017年9月,贵州省人社厅发布欠薪黑名单,福建天翔建设工程有限公司、重庆市吉力建设集团有限公司等11家建筑施工企业因欠薪达到严重失信行为被列入在内,打击恶意欠薪的效果得以放大,也震慑了其他用人单位。贵州省住建厅督促各地将房地产开发企业、中介机构及其从业人员情况予以公示,并对查处的违法行为及典型案例向社会通报曝光。遵义市加强对诚实守信典型案例和失信联合惩戒案例的公示和宣传,并定期在遵义诚信网等平台上公示;特别是加大对环保违法行为的执法及公示,将存在重大环境违法行为和公安机关实施强制措施的遵义玉隆铝业有限公司、贵州正合搏莱金属制品有限公司等9家企业列入第四批环保失信黑名单,环保执法威慑力再上新台阶。由此,违法成本低的怪现象得到一定程度的克服,社会诚信体系建设向前迈进一大步。

(五)营商环境持续优化提升

公开有助于营造透明可预期的营商环境。贵州省政府办公厅下发

---

① 载贵州省人民政府官方网站,"首页>政务公开>重点领域信息>价格和收费>政府制定价格"板块,网址为http://www.guizhou.gov.cn/zwgk/zdlygk/jghsf/zfzdjg/。

《关于进一步加强招商引资信息公开 营造良好投资政务环境的通知》，要求各级政府及部门开设"招商引资"专栏，内容必须包括本地本部门的招商引资优惠、鼓励和支持政策；上级政府及部门出台的涉及本地本部门的重点产业发展政策；本地本部门推出的一年内有招商需求的项目，在要素上需包括项目名称、基本情况、具体负责人、联系电话等；本地本部门招商引资办事指南、工作流程、服务电话、微信公众号等方便投资者咨询和办事的信息；投诉应诉热线电话信息等；在公开方式上，除在本地本部门政府网站招商引资栏目专栏发布外，还要上传到贵州省人民政府门户网站、贵州政务服务网，予以同步公开；在动态管理与更新上，要求结合招商引资工作实际，定期对招商引资信息公开情况开展自查，发现遗漏、新出的优惠政策、招商项目，第一时间补充完善；在保障督促上，招商引资信息公开情况被纳入年度政务公开第三方评估指标体系，确保公开到位。

贵州省投资促进局面向广大投资者的实际需求，不断优化政务公开和政务服务，有力促进营商环境优化提升。一是畅通咨询服务。通过公开招商引资咨询电话，提供网上在线咨询服务，专门机构负责现场接待投资者政策咨询等方式，深入讲解公开招商引资政策。二是办理好投资者投诉举报事宜。开通"贵州省外来投资企业投诉应诉平台"，提供举报投诉的专线电话号码（0851-963555）、电子邮箱（gztztsfw@163.com）和在线投诉平台，在网站上公开投诉受理的地址，以及投诉受理的联系人信息，要素涵盖所属单位、联系人、职务、座机、手机等信息，以打造高效便捷的投诉渠道，有效保障投资者的合法权益。三是主动收集投资者关注热点、难点、痛点问题。在门户网站设置"网上调查"、互动访谈等栏目，开展网上调查和意见征集，并公开意见征集采纳情况。四是加强投资指南公开。投资指南出台后及时更新，分层级分地区制作纸质印刷版和数字版，方便企业全面、准确、完整了解招商引资项目的基本情况。五是向社会集中公开各个投资促进部门的基本信息，包括办公地址、人员信息、联系电话等，并建设完善系统平台，包括投资人信息库管理系统，招商引资活动管理系统，签约项目报送系统和"贵州省政府招商引资信息网"移动终端。六是依托"贵州省投资促进局"微信公众号，向全社会公开贵州投资优惠政策、推介重点招商项目、展示全省招商成果、介绍产业前沿资讯等。由此，既使得投资者知晓了解贵州投资促进的机构职责和办事流程，也便于投资者联络有关政府机关，起到"筑巢引凤"之效。2019年，贵州省紧盯重点目标，共引进省外重点产业项目5210个，合同投资额7523亿元，新增重点产业项目到位资金5000亿元；新引进技术含量高、成长性好、带动性强的优强企业1078家，投资产业项目1124个、合同投资额2519.6亿元。

（六）助力脱贫攻坚事业发展

脱贫攻坚是贵州的头等大事和第一民生工程。贵州省把扶贫领域信息公开作为政务公开重要着力点，在历年政务公开工作要点和多个政策文件中，均对扶贫信息公开进行了安排部署，实现了以公开促脱贫攻坚，以公开促民生改善。

平台支撑更加有力。贵州省建成"精准扶贫云"，形成全省统一的扶贫指挥调度、项目资金监管、工作绩效评估、任务督查考核、信息服务共享、互动交流等综合管理平台。贵阳市通过数据共享交换，整合扶贫、民政、卫健、人社、住建、残联、统计、国土等行业数据，累积汇聚数据近700万条，实现全市扶贫信息资源融合共享，形成大数据动态扶贫全景图。贵安新区打造精准扶贫云平台、大数据农业监控平台、视频电商销售平台，上线脱贫小康App，做好新区扶贫小康管理系统公示平台的运维管理，为贫困户提供搜索查询、基础数据分析呈现等服务，可轻松查询到有关帮扶措施、惠民政策、收入情况等，使得数据公示更加贴近实际、贴近公众。

扶贫资金项目公开更加全面。贵州省将脱贫攻坚相关领域的政府信息公开作为公开重点，及时向社会公开扶贫政策、扶贫规划及扶贫项目名称、资金来源、实施期限、预期目标、实施结果、实施单位及其责任人、举报电话、检查验收结果等信息；向特定区域特定群体公开扶贫资金分配和使用情况，建档立卡贫困户识别退出标准及贫困识别、贫困退出情况，帮扶责任人及帮扶成效等信息；健全完善平台基础框架标准目录体系和信息录入规范标准，实现扶贫领域公开信息可检索、可核查、可利用，为社会各界参与脱贫攻坚事业提供扎实有效的信息服务。

托底保障措施执行信息公开更加深入。贵州明确将城乡低保、特困人员供养、受灾人员救助、就业救助、临时救助、老年人福利、残疾人福利、儿童福利、孤儿基本生活保障、计划生育特殊困难家庭扶助等事项作为政府信息公开的重点领域，在维护底线公平、做好隐私保护的前提下，全面公开救助政策、救助标准，在县域范围内公开救助对象（未成年人、艾滋病患者等需保密的对象除外）相关信息，有针对性地公开救助款物的管理使用、福利补贴发放等信息；坚持按月公布城乡低保对象人数、低保标准、补助水平、资金支出情况，医疗救助对象的人次数、资金支出情况和临时救助对象的户次数、救助水平、资金支出情况等信息。

扶贫相关领域信息公开更加完善。贵州省农业农村厅积极推进产业扶贫信息公开，其门户网站设置"脱贫攻坚""贵州种植业结构调整"等专栏，及时公开脱贫攻坚春风行动、落实"八要素"[①] 深化农业产业革命、农业产业大招商等方面的政策、工作情况、实施情况和成效；全面公开农业重点建设项目名称、资金来源、实施单位及责任人等信息。贵州省人社厅围绕就业精准扶贫，着力于专项公共就业信息公开，通过就业信息发布专栏发布就业创业政策措施、国有企事业单位招录相关信息、人才招聘岗位信息，并组织开展"就业援助月"等专项公共就业服务，引导各类就业困难群体增进就业；通过电视、报纸等传统媒体广泛宣传就业创业政策和活动进展，并采取编发手机短信、张贴活动海报、流动宣传车，以及利用节假日在车站等人流密集场所设点，免费发放进城务工基本常识、求职就业指南、维权注意事项、公共就业服务机构介绍等资料，为进城务工劳动者等群体解答就业相关资讯，就业信息的受众面不断扩大，宏观上有利于就业创业战略的落实，微观上有利于劳动者求职能力的提升和维权意识的理性化。

在政务公开助力下，贵州脱贫攻坚事业成效显著。党的十八大以来，贵州省累计减少贫困人口892万人，2019年贫困发生率降至

---

① 即产业选择、培训农民、技术服务、资金筹措、组织形式、产销对接、利益联结、基层党建。

0.85%，57个县摘帽退出，由全国贫困人口最多的省份成为全国减贫人数最多的省份，牢牢掌握了脱贫攻坚的主动权和制胜权。

（七）助推全省生态文明建设

在贵州建设生态文明试验区进程中，政务公开推动力甚巨。贵州省将全面推行河长制写入地方性法规《贵州省水资源保护条例》，在世界水日、中国水周和日常工作中，通过多种形式宣传解读有关法律法规，将全面推进河长制作为重点，使得河长制受到社会关注，凝聚了制度实施的民意共识。在河长制实施过程中，贵州在全省范围内推行省、市、县、乡、村的五级河长制，并在省、市、县、乡设立"双总河长"，由各级党委和政府主要领导担任；并要求各级对于流经本行政区域的每一条河流（包括且不限于河段、湖泊、水库在内）均明确一名相应级别领导担任河长；考虑到贵州小河流居多的情况，不仅流域面积50平方公里以上的河流设置河长，且只要群众叫得出名字、有长流水的小河流，均有河长负责。河长名单、责任单位、河长职责、管理目标等要素通过网站、公示牌等多种方式向社会公示。河长制年度考核结果向社会公开，促进其履职尽责。

贵州省人民政府网、省生态环境厅门户网站开设了"中央环保督查贵州进行时"专栏，及时公开环境保护督查整改工作进展，以及各市（州）、各县（市、区）督查整改落实情况，推动生态文明建设和环境保护工作责任落到实处。贵州省建设国控企业减排监测信息网，统一向社会发布减排监测和国控重点污染源监测信息，要求企业及时发布基本信息、排污信息、自行监测方案、自行监测结果、自行监测年度报告、自行监测结果公布率、手工监测结果、监督性监测、自动监控数据有效性审核、自动监控数据、自动监控数据传输有效率、环保机构信息等内容。

贵州省农委着力推进大生态信息公开，及时公开中央环保督查反馈问题整改情况、农业面源污染、沼气安全生产、循环农业调研、网箱养殖、生态循环农业项目申报、贯彻落实长江经济带工作情况等信息。贵州省水利厅探索建立基于大数据架构下的全省河湖大数据管理信息系统，逐步实现信息上传、任务派遣、督办考核的数字化管理，对重点河湖、水域岸线、区域水土流失等动态监测，进而将日常巡查、问题督办、情况通报、责任落实、监管处罚纳入信息系统之内。

2019年，贵州省中心城市集中式饮用水水源地水质达标率保持100%，县城以上城市污水处理率、生活垃圾无害化处理率分别提高到94%、92.3%，县城以上城市空气质量优良天数比率达98.3%，重金属历史遗留废渣治理率超过80%，完成营造林520万亩，治理石漠化1006平方公里、水土流失2720平方公里，森林覆盖率达58.5%。

（八）加速智慧贵州建设进程

智慧城市是应用信息技术，促进城市规划、建设、管理和服务智慧化的新理念和新模式。面对信息化潮流，只有积极抢占制高点，才能赢得发展先机。智慧贵州的建设，以政务公开与大数据开放为基础，从智慧政务、智慧产业、智慧民生、智慧医疗、智慧旅游等方面展开。贵州省依托省政府数据开放平台集中统一开放政府数据，探索制定标准规范，形成可复制可推广的经验做法。

贵州省已有铜仁市、六盘水市、贵阳市乌当区、遵义市（含仁怀、湄潭）、毕节市、凯里市等8个城市获批准为国家智慧城市试点。六盘水市六枝特区利用大数据，建成了智慧政务、智慧门牌、智慧民意、智慧会务、智慧扶贫等平台。遵义市以电子政务网络为支撑，形成自然资源大数据中心，与市规划审批管理系统、网上报建系统、工程建设项目审批系统等有效衔接，助力打造"智慧遵义"。

贵州推进网上办事服务升级，坚持"全省统建"模式，从智能登录、智能审批、智能分析、智能监督、智能导办、智能客服"六个智能"的思路出发，按照审批端、用户端、监督端、调度端、运维端等五类用户特点，全面提升贵州政务服务网智能化应用水平。贵州省政务服务中心结合人工智能的新近发展趋势，现已可通过刷脸、支付宝扫码等方式登录办理事务，试点受理零窗口、审查零人工、领证零上门的"智慧审批"，同时提供在线帮办代办、智能问答、一页通办、网上支付等功能，企业群众办事难、办事慢，办事机关人少事多的问题得到有效化解。

四 经验总结

贵州政务公开巨大成效的取得，与国家高度重视法治政府、透明政府、廉洁政府和服务型政府建设的大背景密不可分。同时，贵州自身也有许多行之有效的经验做法值得总结推广。突出表现在以下方面。

（一）系统提升政务公开标准化规范化水平

国务院办公厅在《2016年政务公开工作要点》中要求，"提高政务公开工作制度化标准化水平"。公开的标准化水平显著提升，被中共中央办公厅、国务院办公厅《关于全面推进政务公开工作的意见》列为到2020年政务公开总体迈上新台阶的重要标志。《国务院办公厅关于印发开展基层政务公开标准化规范化试点工作方案的通知》（国办发〔2017〕42号）更是将政务公开标准化推向可操作和落地阶段。贵州省将标准化规范化作为深化政务公开和提升政务服务水平的重要抓手，历经3年多的努力，政务公开标准体系建设实现从无到有的重大突破。

全面推进基层政务公开标准化规范化。2017年，国务院将贵州作为全国15个基层政务公开标准化规范化试点省之一，以贵阳市南明区、遵义市播州区、遵义市凤冈县、六盘水市六枝特区、黔西南州兴义市、黔西南州贞丰县等六个县（市、区、特区）为试点单位，重点围绕就业创业、社会救助、社会保险、户籍管理、医疗卫生、涉农补贴、城市综合执法、养老服务、扶贫开发、征地拆迁等10个领域开展试点。经过一年多试点，省级制定了包含1058个事项、12696个要素的公开目录，六枝特区编制发布了贵州省首个基层政务公开标准体系，南明区对全部公开事项逐项编制标准文本，实现了基层政务公开标准的"零突破"。在此基础上，《贵州省基层政务公开标准化规范化试点事项清单（样表）》和《政务公开事项清单编制指南（试行）》制定出台，细化12个必备要素，形成事项清单参考模板，各试点单位全部据此制定了公开事项标准目录。

2019年12月18日，国务院常务会议对全面推进基层政务公开标准化规范化工作做了安排部署,明确指出基层政务与群众利益息息相关,政务信息必须应公开尽公开;12月30日,《国务院办公厅关于全面推进基层政务公开标准化规范化工作的指导意见》正式印发,要求从八个方面全面推进基层政务公开标准化规范化工作。2020年1月,贵州省政府工作报告将"全面推进政务公开标准化规范化,做到政府信息应公开尽公开"作为推进政府治理能力现代化的重要内容。为纵深推进基层政务公开标准化规范化工作,切实解决政务公开随意性大、公开内容质量不高、公开平台不统一、解读回应不到位等问题,贵州省在全面总结基层政务公开标准化规范化实践经验基础上,结合实际出台了《贵州省全面推进基层政务公开标准化规范化工作实施方案》,按年度对基层政务公开标准化规范化的工作目标和重点任务进行了分解,各项工作正在有序开展。

建立省市县乡四级统一的标准规范体系。2019年8月,为有效破解政务公开边界模糊、底数不清等问题,省政府办公厅组织贵州省标准化院,对省、市、县、乡四级行政机关和学校、医院、供水、供电、供气、城市公共交通等与人民群众利益密切相关的公共企事业单位政务公开事项进行梳理,编制了《贵州省政务公开标准规范(试行)》,包含67张政务公开标准规范清单约3700个事项,以省政务公开领导小组名义印发全省,对公开什么、谁来公开、多久公开、在哪公开等一系列问题进行了规范,为各级行政机关和公共企事业单位开展政务公开提供了标准指引。《贵州省政务公开标准规范(试行)》印发后,各地各部门认真梳理公开事项、细化公开内容、明确公开时限、落实公开责任,公开质量和实效明显提升。但是,实践中也发现部分事项还存在分类不尽合理、内容不够具体、时限要求过于宽泛等问题。为此,贵州省政府办公厅再次印发《关于切实做好政务公开标准规范清单编制修订工作的通知》,优化完善了《政务公开标准规范清单》内容,进一步确定了事项编号、公开事项、公开内容、网站公开栏目、信息更新时间、信息保障单位、公开渠道、公开依据、公开对象、公开方式等10个必备要素,既考虑到信息分类的科学性,方便公众通过栏目名称快速获取所需信息,又兼顾到内容保障的有效性,避免出现"僵尸栏目""睡眠栏目"。

按照工作安排,2020年5月底前,省政府各部门已基本完成本部门、本单位标准规范清单编制修订工作；2020年7月底前，各市（州）政府及其部门将在省级标准规范清单基础上，完成本级政府及组成部门的标准规范清单编制修订；2020年8月底前，县级政府及其部门、乡（镇）政府、街道办事处将完成相应政务公开标准规范清单的编制修订；2020年9月底前，全省各级公共企事业单位主管部门将按照"谁主管、谁负责"的原则，督促指导主管的公共企事业单位梳理编制政务公开标准规范清单，依法依规、及时全面公开相关信息。

推进办事服务信息公开标准化。贵州省编制政务公开标准规范体系，最根本的遵循就是各级行政机关的"三定规定"、权责清单和公共服务事项清单，由此全面涵盖了各级各部门在履行行政管理和公共服务过程中可能涉及的所有事项，以及各种不同的权力类型应该具备的公开要素。比如，行政处罚类事项，贵州省把行政处罚决定书文号、案件名称、被处罚单位信息、违反法律法规或规章的主要事实、行政处罚种类、依据、履行方式和期限、作出处罚的机关和决定日期等作为基本公开要素，各级行政机关在此基础上进一步细化。又如，行政检查类事项，贵州省要求全面公开抽检产品名称及数量，抽检产品的生产企业名称、生产企业地址、被抽样单位名称、被抽样单位地址、规格型号、商标、生产日期/批号、不合格项目、检验结果、标准值、检验机构等，同时要对专业性比较强、公众可能产生误解质疑的指标进行说明。

贵州不仅对办事服务信息的公开内容进行描述，还对所有办理事项编制了要素统一的办事指南，打造群众办事一本通。以申请材料为例，除用文字描述所需材料外，每项申请材料均提供格式文本、示范文本下载，最大化便利企业公众。贵州省发改委依托贵州政务服务网，建成贵州省固定资产投资项目在线审批监管平台，项目投资主体可根据服务事项清单，通过投资在线审批监管平台录入项目申报信息，实现了办事材料的目录化和清单化。贵州省能源局将自身门户网站在线服务栏目与贵州政务服务网相应节点直接联结，实现统一平台的在线咨询、在线填报、在线审查、在线办理、在线公示。在审查标准化方面，贵州全省各级、各部门逐项、逐环节明确审查标准，将以往的审批规则、审查范围、审查深度，从办公室抽屉里、办事人员脑子里，转而落在网上公开的办事指南白纸黑字上，既压缩了审批裁量空间，也让申请人对审批办事结果高度可预期。

推进数据铁笼标准化。贵州的数据铁笼,是依托大数据产业优势,将能够纳入网络的行政权力全部上网运行,通过信息化、数据化、自流程化和融合化,形成"人在干、云在算、天在看"的格局。人在干,即推动权力运行全程数据化、处处留痕;云在算,即通过大数据融合分析,实现权力有效监督;天在看,即秉承数据监督理念,编织规范权力的笼子。贵州在民生资金、三公经费、执纪执法等领域环节建立监督系统,实现资金流转、权力运行的全程记录、追溯和预警。以行政审批为例,依托审批服务云平台,对所有行政审批有关政府工作人员实行统一CA数字证书认证,对网上审批每个流程环节实时留痕,防止暗箱操作的发生。如贵阳市公安交通管理局行政权力运行的公开要素全面覆盖了各项行政审批、行政执法项目的名称、类型、承办机构、受理地址、受理电话、服务对象、办理(申报)条件、需提交材料、工作流程(从业务申请到办结)、承诺期限、收费标准及依据、办理依据等信息,并按照机动车业务、驾驶证业务、交通事故业务、审批许可、项目会签及道路施工等类别的业务办理流程差异,分门别类明确注意事项,只要不涉及秘密,群众有需要的内容应上网尽上网。

(二)推进政务公开制度建设强化刚性约束

政务公开的推进,许多地方存在"一阵风""运动式"的现象,本应常态化的公开工作却不可持续。对此,贵州各级政府注重将行之有效的创新经验上升为制度规范,形成系统完备的制度体系,通过强化制度的约束力,促进政务公开的常态化和长效化。突出表现在以下方面。

高质量推进政务公开制度体系建设。贵州坚持将政务公开制度建设作为提升公开实效的"先手棋"。2016年全面推进政务公开工作以来,省级层面多次作出安排,要求各级行政机关结合地方和部门实际,健全完善信息发布、政策解读、回应关切、重大决策预公开、公文公开属性源头认定、公众参与、政民互动、政府信息管理、政府信息依申请公开、公共企事业单位办事公开、监督考核、公开事项目录规范动态管理等政务公开制度规范,并视工作需要配套编制工作流程图,形成系统完备、易于操作、运转有效的制度规范体系,构建发布、解读、回应有序衔接的政务公开工作格局。典型如，在制度体系建设过程中，省司法厅先后修订完善《省司法厅信息公开责任制度》《省司法厅政府信息公开工作考核制度》《省司法厅政府信息公开工作社会评议制度》《省司法厅政府信息公开制度》《省司法厅政府信息公开指南》《省司法厅政府信息公开保密审查制度》等多项制度；兴义市编制并发布政务公开制度13个，并出台门户网站建设内容管理规范8个，确保政府信息公开运行有据可依、准确及时。

以制度建设推进政务公开与业务工作融合发展。贵州省积极探索将政务公开制度规范融入行政机关日常工作中，促进公开工作与其他业务工作融合发展。比如，贵州将公众参与作为省政府重大决策的必经程序，写入省政府工作规则，既满足了公众对政府重大决策的知情权、参与权，又提升了政府决策的科学性、有效性；省政府办公厅在建设贵州省惠民政策项目资金信息公开平台等政务公开系统应用时，通过打通公开平台与部门业务系统数据壁垒，实现了业务数据和公开信息的互联共享，有效避免了部门在公开信息时的重复劳动，增强了行政机关公开信息的积极性；黔西南州兴义市将"五公开"嵌入办文办会程序，编制重大决策预公开流程图、政府会议开放流程图、公文属性源头认定流程图等政务公开流程图；贵阳市南明区对公开流程相同的事项进行归类，绘制公开事项业务流程图160余张，对每个事项全生命周期的公开流程进行规范。种种举措，使得政务公开成为政府工作的"常规动作"，实现政务公开与业务工作一体推进、一体落实。

通过源头认定促进公开常态化。针对部分行政机关对公开信息存在顾虑、随意性强等问题，贵州以信息公开属性源头认定机制为突破口，要求各级行政机关对履职过程中产生的政府信息，重点是各类政策文件，都要在制作之时明确是否公开，不予公开的要有充分的理由支撑，有效杜绝部分行政机关想起来就公开、想不起来就不公开的现象。各级行政机关本着"责任到处室、落实到人头"的理念，将政务公开制度要求分解到各个处室和特定岗位工作人员，加强对行政公文、工作信息等不予公开项目进行检查，确保政务公开规范有序推进。比如，贵州省民政厅通过省电子政务网发文审批时，在"发文单"增加公开属性的标注（注明主动公开、依申请公开、不公开），凡是标注为主动公开的，负责政务公开的工作人员可从电子政务网上直接获取公开权限和内容，通过网站等渠道第一时间向社会公开；贵州省住建厅专门调整公文处理笺，明确各处室、单位在制作相关政府信息时，拟稿人要在发文处理笺上提出是否公开，以及如何公开、以何种载体公开的初步意见，不予公开的必须充分说明原因和理由，按流程上报处室负责人、厅分管领导审核；对予以公开的，在信息制作完成后3个工作日内予以公开。

积极推进政务公开机制创新。比如，省卫生健康部门为做好健康扶贫政策公开，建立情况定期报送机制，要求各地每半月上报一次工作进展情况，及时汇总分析，并有针对性地督促指导落实。又如，贵州省商务厅实行"二级审核"机制，专班人员在政府信息的采集、整理和公布等环节，对政府信息的保密性、规范性进行审核；专班负责人对信息的导向性、准确性进行全面审核。再如，赫章县卫生健康部门建立起分管领导签字公开制，既防止了应当公开的内容不予公开，也防止了不该公开的信息泄露。惠水县通过建立发布协调、信息审核发布、保密审查等一系列制度，实行"四级负责制"，落实了"以公开为常态，不公开为例外"的工作要求。

坚持分级分类有序推进。贵州在全面推进政务公开工作中，不仅注重从面上提出共性要求，更注重各地各部门在工作基础、所处行业等方面存在的差异，提出个性化的推进方案。比如，贵州在全面推进基层政务公开标准化规范化过程中，考虑到威宁、从江、榕江、晴隆、望谟、紫云、沿河、赫章、纳雍等9个深度贫困县和七星关、织金、水城等3个贫困人口超过1万人的县，承担着2020年与全国全省同步建成小康的历史使命，脱贫攻坚时间紧、压力大、任务重，明确这部分县的相关工作进度可适当延后。又如，贵州对省、市、县、乡四级行政机关开展政务公开第三方评估过程中，坚持不搞"一刀切"，用一套指标评估所有部门，而是根据评估对象的不同层级、不同类型设计了6套评估指标体系，同时对每个省级行政机关单独确定重点领域的评估内容，确保了评估结果符合实际、科学有效。在省级示范带动下，各地结合实际确定了自身工作方案。比如，六盘水市水城县印发《水城县全面推进政务公开工作实施方案》，针对基础不扎实的问题将2017年设置为"政务公开基础提升年"，将2020年确定为"上台阶三基本年"，政务公开有序有力推进；黔西南州兴义市在基层政务公开标准化规范化过程中，考虑到底子薄、机构建设相对滞后等问题，不急躁、不冒进，结合实际明确工作时限，列出任务清单，并建立起"日调度、周总结、月督查"的工作机制，确保了工作任务真正落实到位。

（三）坚持以人民为中心、以需求为导向

政务公开，不仅要看各级政府机关公开多少信息，还要关注人民群众获取是否便利，公开质量如何，能否直接增强民众的获得感。调研发现，全国各地在推进政务公开时存在一些共性问题。比如，有的地方特别注重政府信息公开数量，过度强调对数量的考核，导致公开走向"以量取胜"的偏差；有的地方简单将政府信息堆到网上，不进行必要整理、审查和标注，查阅极为不便，信息准确性权威性也大打折扣；有的地方进行"突击式"公开，上级下文、领导重视则动一动，一旦领导关注重点转移，则不再进行相关工作；有的地方将着力点置于政府能公开什么，政务公开的供给与公众、企业需求存在较大偏差，导致工作收效甚微；有的地方在政务公开推进上单靠特定层级或特定机构，单打独斗缺乏必要任务分解，未能形成合力；有的地方在公开渠道上偏好特定类型，公开信息的传播力、影响力较为局限。

聚焦上述种种问题，贵州省在全面推进政务公开工作中，始终坚持以人民为中心的发展思想，真正以社会公众需求为导向，充分发挥积极性、主动性、创造性，切实转变工作方式，全面提升政务公开质量和实效，让公开成为自觉、透明成为常态，有力促进法治政府、创新政府、廉洁政府和服务型政府建设。

更加注重公众对政务公开的满意度和获得感。将以往"政府公开什么、群众获得什么资讯信息"，转变为"群众关注什么、需要什么，政府就有侧重地公开什么"，确保公开的信息让群众看得到、看得懂、用得上。比如，贵州省财政厅在涉农惠民政策公开方面，不是将中央、省里有关惠民政策文件原封不动照搬上网，而是将其内容予以梳理、分类，明确为农业保险费补贴、县域金融机构涉农贷款增量奖励、农村危房改造补助、扶贫生态移民建房补助等实实在在的补贴、奖励、支持项目，分解出享受对象、享受标准、申办流程、政策依据等要素予以公

示，便于符合条件的企业、个人申请获取。在公开渠道和内容上，也充分考虑不同事项的自身规律与各类群体的特色需求。比如，对于涉及政府部门职能设置与划分，税费标准等涉及面广、内容相对确定的事项，侧重通过政务门户网站、办事大厅窗口、公示栏、便民卡等方式予以公开；对于涉及干部选拔任用、工程招投标、土地征收、房屋拆迁等阶段性事务，则通过听证会、通报会、广播电视宣传等方式随时公开；对于相对偏远、落后的村寨，并不单纯依靠网上公开，还通过移动宣传车、驻村干部进村入户、上栏上墙、农村广播等方式宣传公开。黔西南州兴仁县要求各部门、乡镇开展政务公开要做到"一栏两有三挂四上墙"，即建立一个规范的政务公开栏；有监督电话，有值班公示台；挂牌办公，挂牌上岗，挂牌收费；办事程序上墙，办事依据上墙，收费标准上墙，办结时限上墙；并注重通过办事指南、会议通报、公开信、明白卡等方式公开。

强化政策解读增进公众理解、支持和认同。通过开展解读使政策内涵透明，有利于加深人民群众对政府工作的了解、信任、支持，有效避免误解误读，形成政策执行落实的合力，提升政策落实效能。2013年，贵州省出台《关于进一步加强政府信息公开 回应社会关切 提升政府公信力的实施意见》，要求重要政策、文件出台后，要及时通过政府网站发布政策解读信息。之后，贵州在《关于全面推进政务公开工作的实施意见》《省人民政府办公厅关于印发省政府及省政府部门重大政策文件解读办法的通知》及历年政务公开工作要点等多个文件中，对政策解读工作进行安排部署。通过"谁起草、谁解读"、"三同步"（解读材料与政策文件同步起草、同步审签、同步发布）、"双关联"（政策文件与征求意见公告、政策解读材料相关联）等制度机制，落细落小政策解读各项要求，目前省政府和省政府办公厅印发的文件，除表彰决定、人事任免、水库占地批复等明显不需要解读的以外，办文处室都要督促牵头起草的省直部门开展解读，并将解读材料同步在贵州省人民政府网发布。各级政府相应建立健全解读制度，如贵阳市印发了《市人民政府办公厅关于进一步做好决策预公开和政策解读工作的通知》《市政府和市政府办公厅规范性文件政策图解制度（试行）》，明确了责任主体，规范了工作程序，为进一步提升解读传播效果提供了制度保障。初步统计，2019年全省行政机关共发布政策解读稿件9200余篇，各级行政机关主要负责同志带头解读政策1600余场/次。

与此同时，贵州各级行政机关进一步丰富政策解读形式，在文字材料的基础上，省政府各部门、各直属机构积极制作图片、图表、图解、漫画、音频、视频等解读产品，方便公众理解和互联网渠道传播。省政府或省政府办公厅印发的政策文件，凡是需要解读的，一般都配套发布了政策图解。2014年以来，省政府办公厅重点围绕中心工作和相关政策文件落实情况，累计邀请省直部门负责人开展在线访谈200余次。2013年以来，省政府办公厅"黔办之声"政务微博对省政府常务会议开展"微直播"超过130次，截至2020年初，在省级政府办公厅中，仍然是唯一通过这种形式对省政府常务会议进行直播的政务微博。各地各部门积极提供文字解读、图解、媒体解读、文件原文、专家解读等选项，便于公众全面获取政策文件相关信息。比如，贵阳市政府要求各级政府、各个部门门户网站全部规范开设"政策解读"栏目，通过新闻发布会、邀请主流媒体宣传报道、专家评论等方式，对全市重点政策深度解读。贵州省水利厅主要负责人充分利用新闻发布会、政策吹风会、在线访谈、发表署名文章等方式解读政策。贵州省卫健委发放"健康扶贫明白袋"，袋中包括村医联系方式、健康扶贫政策、家庭医生签约服务协议书、住院费用报销信息资料、大病和慢病管理政策等材料。贵州省在健康扶贫政策宣传上，除正式解读外，还注重使用浅显易懂的语言向群众宣传政策，讲清优惠范围、深度，让群众对政策明明白白知晓、清清楚楚享受。贵州省住房和城乡建设厅制作《贵州省公共租赁住房政策明白卡》，解读效果一目了然。诸如此类的探索、创新做法，已逐渐成为贵州各部门、各地市的常态。

持续提升公开平台的友好性和易用性。《政府信息公开条例》施行时间已超过12年，政府网站作为第一公开平台，沉淀了大量政府信息，单纯通过目录检索已很难快速定位所需信息，必须依靠政府网站提供的站内检索功能来进行补充。针对政府网站信息数量越来越多、公众查找信息越来越难的客观实际，贵州省政府办公厅专门印发通知，督促各地各部门强化政府网站入库信息管理，提高网站信息检索的便捷性和精准度，同时将网站检索功能以10%的分值权重纳入第三方评估指标体系，充分发挥考核评估的"指挥棒"作用,引导各级行政机关不断优化完善信息检索功能。同时,贵州省开展政府网站集约化建设以后,乡镇政府和县级政府部门原则上不再单独开设网站,相关信息依托县级政府网站进行公开,但是部分县级政府网站未对所辖乡镇和部门公开信息进行适当分类和集中展示,不利于公众便捷获取所需信息。为此,贵州省政府办公厅组织开发了乡镇政府和县级政府部门政务公开专题页面模板,下发《关于利用政务公开专题页面提升工作标准化规范化水平的通知》,对全省基层政府政务公开专题页面进行了统一规范,极大便利了公众获取相关信息。

在建好用好政府网站这个第一公开平台的同时,贵州省加快推进各类公开渠道融合发展。比如,贵州省人民政府网为公众提供了"分享""订阅""推荐"等按钮选项,实现门户网站和新媒体平台的无缝对接。点击"分享",可将网页内容通过微博、有道笔记等方式,一键分享到相关平台,实现公开效果最大化。点击"推荐",可直接将浏览的网页通过电子邮箱分享给好友。点击"订阅",提供 RSS 聚合资讯服务,可选择网站有关频道和重点栏目,订阅浏览者感兴趣的栏目链接,通过 RSS 新闻阅读器,自动获取所选栏目的最新文章消息。

(四)抓重点攻难点效果事半功倍

政务公开效果如何,关键看重点内容公开效果如何。贵州各级政府一直把人民群众关注、反映强烈的问题和容易引发矛盾的热点焦点问题作为政务公开重点来推进。

《法治政府建设实施纲要(2015—2020年)》明确要求"重点推进财政预算、公共资源配置、重大建设项目批准和实施、社会公益事业建设等领域的政府信息公开"。国务院办公厅每年的政务公开工作要点也会选择若干重点领域,作为政务公开的突破口和增长点。贵州在省人民政府网上设置"重点领域公开"专栏,上与中央要求保持对接,下与企业公众需求相呼应。

黔南州人民政府办公室先后出台《黔南州关于推进重大建设项目批准和实施领域政府信息公开的实施方案》《黔南州关于推进社会公益事业建设领域政府信息公开任务分解表》《黔南州关于推进公共资源配置

领域政府信息公开任务分解表》，确定各个重点领域的牵头单位与责任单位，设定完成时限，明确工作要求，增强了可操作性，职责到单位，避免了扯皮推诿现象。比如，《黔南州关于推进公共资源配置领域政府信息公开任务分解表》在国有产权交易领域，除明确牵头单位、责任单位之外，还进行了更为详细、合理的分工。对涉及企业国有资产产权交易由州国资监管局作为牵头单位；涉及自然资源产权交易由州国土资源局或自然资源管理部门作为牵头单位；涉及办公用房（车）产权交易由州机关事务管理局作为牵头单位。

自2015年起，贵州省发改委建成全省统一的省级PPP项目库，下设预备项目库、示范项目库、已签约项目库和运营项目库4个子库。做好重大建设项目批准和实施、公共资源配置领域政府信息发布。主动发布"4+1"①、大健康、大数据等重大项目建设情况，按月公布项目推进情况；并主动发布民生工程、民生实事、重大工程和重点项目投资完成情况，积极回应社会关切。兴仁县政府政务公开突出"三权"，即"事权""财权"和"人权"。所谓"事权"，就是将重点工程、重要工作以及重大事项的决策程序和结果予以公开公示；所谓"财权"，就是将财政预决算、大宗物资采购、大额资金使用进行公开；所谓"人权"，就是将干部任免奖惩、招聘录用进行公开。

（五）借第三方力量查短板找不足

政府自我监督的模式容易陷入自我满足的怪圈，难以真正发现问题，为此，引入独立第三方开展评估，由其基于超脱地位客观真实地查找问题、发现不足，已经成为很多领域推进工作的重要手段。客观、中立、公正的第三方评估既是测量政务公开质量效果的重要手段，对于发现公开工作中存在问题、有针对性改进也有着立竿见影的效果。2007年出台的《政府信息公开条例》第29条要求各级人民政府建立健全政府信息公开工作考核制度、社会评议制度和责任追究制度，定期对政府信息公开工作进行考核、评议。自2014年起，贵州每年委托权威机构，对全省政府透明度开展独立评估，并将评估结果与年度考核、绩效考核

---

① 即数字经济、旅游经济、绿色经济、县域经济和传统产业转型升级。

相挂钩,形成"以评促建,以评促改,以评促管,评建并举"的工作格局,以及"政策部署—合理分工—基层监督—第三方评估—信息反馈—绩效考核"的闭环管理模式,政务公开工作举措扎实,不断取得新成效。

(六) 部门协作信息共享形成合力

"准确"是政府信息公开的基本要求。为确保公开的准确性与权威性,部门之间的协商、确认必不可少。这已明确规定在2019年修订后《政府信息公开条例》第11条第1款,要求"行政机关应当建立健全政府信息公开协调机制。行政机关公开政府信息涉及其他机关的,应当与有关机关协商、确认,保证行政机关公开的政府信息准确一致"。贵州将部门协作、打通部门壁垒,作为推进政务公开的基础工作来做。《贵州省深入推进"互联网+政务服务"工作方案》要求加强协作配合和工作联动,"实现跨地区、跨层级、跨部门整体推进"。

依托云上贵州平台,推动政府数据资源开放共享。在部门之间拆除"数据烟囱",破解"信息孤岛",推进政府数据聚合通用,实现省市县三级政府开放数据资源目录100%上架。由此,政府效能得到提升,政务服务水平明显提高。

(七) 依靠信息技术提升公开效果

信息化等技术的发展,给政务公开特别是主动公开带来了全新面貌。近年来,微博、微信、客户端、企鹅号、头条号等的勃兴,更给政务公开提供了诸多新舞台、新阵地。贵州省注重新兴技术在政务公开中的应用,提升到达率、可及性。贵州省出台的《关于全面推进政务公开工作的实施意见》中,明确要求加强"两微一端"公开平台建设,省直部门、市、县政府要全部开通政务微信或微博,面向公众的数据信息服务要做成App产品。2019年,贵州省印发《省人民政府办公厅关于推进政务新媒体健康有序发展的实施意见》,要求各地各部门要遵循政务新媒体发展规律,明确政务新媒体定位,充分发挥政务新媒体传播速度快、受众面广、互动性强等优势,以内容建设为根本,不断强化发布、传播、互动、引导、办事等功能,建立健全开办、运维、应用、监管等制度机制，为企业和群众提供更加便捷实用的移动服务。

贵州省投资促进局对门户网站进行改版后，建设了网站群系统、信息发布系统、项目库发布及管理系统、投诉（咨询）留言系统及台账管理系统、投资人信息库管理系统、招商引资活动管理系统、新闻分类管理系统、签约项目报送系统，实施"贵州省政府招商引资信息网"移动终端的云适配化。"贵州省投资促进局"的微信公众号也适时改版，结合当地实际，在微信内容上偏重于贵州投资优惠政策宣传、重点招商项目推介、全省招商成果展示、产业前沿资讯介绍等。由此，政务公开的完整性和到达率，上了一个新台阶。

五 未来展望

中共中央办公厅、国务院办公厅《关于全面推进政务公开工作的意见》提出，到2020年，政务公开工作总体迈上新台阶，"公开内容覆盖权力运行全流程、政务服务全过程，公开制度化、标准化、信息化水平显著提升，公众参与度高，用政府更加公开透明赢得人民群众更多理解、信任和支持"。2020年，是全面推进政务公开各项目标达成之年。盘点当前各地的政务公开工作，对标对表国家要求和人民期盼，总体上看仍然存在不少困难和问题，面临诸多严峻挑战。比如，政务公开与传统行政活动仍存在"两张皮"问题，日常执法监管、公文流转等与政务公开尚未实现深度融合与无缝衔接。对此，立足贵州、放眼全国，政务公开百尺竿头还需更进一步。

（一）树立先进观念，提高公开主动性

应当承认，无论在贵州还是全国，对政务公开的思想认识还存在提升空间。对政务公开的新政策、新规定把握不到位，对"公开为常态、不公开为例外"的理念尚未入脑入心。存在常见问题有：

工作仍存在一定被动性。"说起来重要、做起来次要、忙起来不要"的现象仍较为常见。依申请公开在不同程度上被动应付，舆情回应

甚至疲于奔命。个别机关、个别干部还存在能不公开尽量不公开的认识偏差，对于本应主动公开的信息，不敢公开、不愿公开的现象仍较为多见。比如，上级要求定期通报经济运行情况，但一些地区担心引发舆情，将相关信息列为涉密信息不予公开。

突击一阵风的心态严重。公开缺乏常态化的情况仍未根绝，无论是第三方评估还是贵州省内考核督查均发现，部分机关公开缺乏常态化主动性，并非在信息生成后及时公开，而是待到评估、调研之际才突击公开。

认识存在偏差乃至错误。公开工作存在避重就轻的倾向。其表现有，一是重点领域公开推进相对滞后。近3年政务公开第三方评估结果显示，贵州省、市、县三级行政机关重点领域信息公开得分率分别为53.6%、68.2%、51.4%。这表明，在中央和上级强力推进的重点领域方面，贵州一些机关的成效不够突出。二是围绕中心工作公开有差距。三是一些地方、部门把政府信息公开等同于编发政府工作简报，对政府信息的内涵和要求，缺乏正确认识。

为此，应借《政府信息公开条例》修改的东风，进一步加大培训和宣传力度，提升广大政府机关工作人员，特别是领导干部的公开观念，使已进入条例规定的"以公开为常态、不公开为例外"，真正成为工作原则；形成公开、解读、回应、服务相互融为一体的立体式公开格局，发挥好政务公开在创新政府管理方式、打造新型政民关系、服务"放管服"改革、鼓励社会创新等方面的功能，化被动公开为主动公开，化就公开而公开为将公开融入各项工作，发挥好政务公开在建设法治政府、服务型政府和创新型政府方面的功能。

（二）摸清公开家底，促进管理精细化

政务公开发展至今，应将精细化作为重要方向。

首先，各类清单要更加全面、完整并及时更新。综观全国各地，以一些区县公开的基层政务公开标准化规范化试点城市综合执法事项清单为例，其公开内容、公开依据、公开时限都有待进一步全面化、精细化、类型化。比如，虽名为"全清单"，却遗漏新近出台法律法规规定的职责权限；虽列上了公开依据，大多却照搬《条例》，而其真正依据为《企业信息公示暂行条例》或其他行政法规、地方性法规等；虽列上了公开时限，但并未根据特别法、现实做法予以类型化；虽然形式上有了政务公开负面清单，但内容过于原则、含糊，工作人员依然无所适从。如此种种，妨碍到政务公开的实施效果。对此，有必要根据现行法律法规不断更新清单、指南和目录，更加广泛征求各方意见，加强业务部门协调配合，确保政务公开内容的完整性、专业性和准确性，提升政务公开活动的制度化、常态化和权威性，让公众企业看得到、用得上，有效避免误解、误读。

（三）破解操作难题，增强工作连续性

近年来，从中央到贵州省以及各部门、各市县，就政府信息公开发布一系列的规范性文件，推进公开无据可依的时代一去不复返。但也应注意到，政府信息公开在可操作性方面，仍有许多待增强之处。一些地方个别领导的轮替或骨干人员的轮岗，导致政务公开水平大起大落，其背后与政务公开工作的可操作性不够，存在密切关联。

第一，部分类型数据保密审查要求较高，制约了政务公开的时效性。比如，《贵州省发展改革委非公开信息管理目录（试行）》中关于"公开后可能危及国家安全、公共安全、经济安全和社会稳定的经济社会发展统计指标"的表述，《贵州省文化厅非公开信息目录》中关于"对社会造成一定影响的文化市场违法案件的案情、相关数据、查处情况、有关建议及处理决定"，仍为后果导向，行为标准的指向和可操作性严重缺失。可能带来的结果是：一方面，需要政府机关工作人员自行斟酌把握，未能起到应有指南作用；另一方面，虽然有清单、目录，但清单边界并不清楚，清单权威性受到限制。

第二，职业打假人等滥用申请问题凸显。市场监管等基层部门面对汹涌而来的职业打假人疲于应对，并挤占了本来就相当稀缺的政务公开资源，使得常规工作受到影响。这在现行制度上缺乏必要的规范，有必要加强顶层设计。应当在2019年《条例》修改的基础上，通过完善可操作性的收费机制、说明理由机制，依申请公开与投诉、举报、信访相分离机制等，使得依申请公开工作回到正常轨道。

第三，政策解读强化同步性。政策解读应当"三同步"，已经在中央和贵州省的相关文件中予以明确。但仍有政策解读滞后的情况发生，妨碍到群众、企业对政策的理解、把握和应用；甚至由于解读得不够及时到位，个别政策存在被误读的情况，造成不良影响乃至引起市场波动，政策未能起到预期效果反而需要官方辟谣。对此，应当强化解读主体责任，坚持政策性文件与解读方案、解读材料同步谋划、同步报批、同时发布；对于有关单位报送需要审批的政策文件，未一并报送政策解读材料的，一律不予受理或不予通过。

第四，舆情回应增强时效性。一方面，应加强政务舆情监测，提高收集、分析和研判水平，做到有备无患；另一方面，应当充实回应措施，区分不同情况，以适当方式进行回应，既要避免杀鸡用牛刀的过度反应，也要避免过于轻忽导致的应对不及时、不到位。

（四）规范申请办理，保障群众知情权

近年来，贵州省将依申请公开作为增强公开意识、提升公开水平的重要抓手。但仍有个别行政机关对依申请公开认识不足，带来诉讼复议风险。一定程度上，对政府信息公开申请不予答复、超时限答复或答复不规范的现象，仍然尚未根绝；由于依申请公开不够规范、不够友好引发的复议、诉讼，依然不容低估。以2019年为例，贵州省各级行政机关共收到政府信息公开申请4384件（含2019年新收4312件、2018年结转72件），引发行政复议684件，经复议后结果纠正163件，占比23.83%；引发行政诉讼481件（含未经复议直接起诉372件、复议后起诉109件），其中结果纠正86件，占比17.88%；引发行政复议、行政诉讼的信息公开申请数分别占全省已办结信息公开申请数的15.82%、11.13%。政府信息公开频频引发复议诉讼，应当引起警惕和重视。可以预见，政府信息公开申请量仍存在较大增长空间，被诉复议风险仍然较高，将成为今后公开工作"难啃的硬骨头"。对此，一方面，应当做到规范化，按照修改后的《条例》，以及中央一系列文件、年度要点和政策要求，强化证据意识、留痕意识和程序意识，完善政府信息公开申请的接收、登记、转送、审核、办理、答复、归档等流程，做到严谨规范，避免超期答复、随意答复等问题；另一方面，应当加强与申请人的交流沟通，尽可能实质满足需求，尽量取得申请人理解、谅

解,将被诉、复议风险最小化。

(五)加强平台运维,提升公开友好性

无论是贵州还是其他地方,仍不同程度存在电子政务基础设施不健全、滞后等问题。网站基本的检索功能无效,或查找精准度、全面性存在欠缺。一些平台栏目设置不够合理,栏目与内容不相匹配,虽然中央和上级所要求公开的政府信息已经上网,但公开效果还需增强。

许多地方的行政审批结果、政府采购信息、审计结果等信息,存在多平台发布的问题。不同平台上信息内容不尽一致,更新频率也有不同。既影响到信息的准确、及时获取,也影响到政务公开的权威性,带来的资源浪费不容低估。一些栏目长期未更新或明显更新不及时,部分政务新媒体"休眠"乃至"僵尸化",一些平台使用率不够高、检索功能失灵等问题,仍不同程度存在。在政民互动平台方面,各级各部门开通网上交流台、留言板、讨论区、领导信箱等多个平台,但往往分属不同机构管理,导致群众不得不多头提问,政府机关多头办理甚至给出不同解答,既浪费了行政资源,也损害到互动效果。

今后,应当本着最全面的政务公开窗口、最权威的政策解读发布、最及时便捷的办事服务平台定位,将政务公开平台建设推向新高度。

一是要进一步整合公开平台,将长期缺乏更新的"僵尸栏目",存在功能高度重合的平台予以关停并转,增强对外发声的统一性和办事的便捷性。

二是推进各级、各部门栏目、用词的一致性。对于各级政府、部门共通性的栏目和内容,应尽可能统一栏目名称、功能定位和用词,尽可能增强特定内容发布所属栏目的唯一性,避免政府信息摆放、发布的随意性和不确定性,提升政府信息可见度。

三是加速推进集中发布。针对财政预决算、法治政府年度报告等,设置专门栏目集中发布各部门、各地方相关信息,增强集聚效应,提升信息获取的便捷度。

(六)依托政务公开,推进服务智慧化

当前,智慧政务正成为政府治理的新形态;以阳光政府促智能政府，将成为政务公开的重要方向。修改后的《条例》要求"推进政府信息公开平台与政务服务平台融合"，同月出台行政法规《国务院关于在线政务服务的若干规定》（国务院令第716号），要求推进全国一体化的在线政务服务平台建设。贵州有着数据开放与大数据产业的良好基础。有必要通过分析、加工这些数据，以更精准服务公众需求，创造更大的公共价值。2019年5月，长三角地区政务服务"一网通办"正式开通运行，三省一市首批51项政务服务事项，已实现在14个城市一网通办，足不出户就能跨省办事。其经验值得在贵州推广复制。今后贵州的智慧政务建设，应在省内实现数据交换、对接和标准化，逐步实现省内异地办理；在此基础上，逐步向周边省份、西南诸省乃至与长三角、珠三角对接，走向跨省域的"无感漫游"和一网通办，使得数据共享、信息开放、政务服务的智慧化再上新台阶。

（七）借力信息技术，推动互动顺畅化

中共中央办公厅、国务院办公厅印发的《关于全面推进政务公开工作的意见》提出要"搭建政民互动平台，问政于民、问需于民、问计于民，增进公众对政府工作的认同和支持"。通过互动公开，增进与公众的互动交流，更好呼应群众需求、回应各界关切，对于增强政务公开的针对性和群众获得感，都具有重要意义。政务微博微信，其公开功能已得到较大发挥。但必须意识到，与一些商业微博、各界名流的微博微信与网友频频互动不同，政务微博、微信往往过于"正襟危坐"言语乏味，成为"转发狂魔"；与此同时，对于民众的呼声诉求，却缺乏足够回应，不回应、慢回应，政务新媒体"僵尸化"，或回应失当，"神回复"，乱回应。比如，有的地方回应"如果对此有不满，建议另谋高就"，还有的回复网友"你不说话没人把你当哑巴"，以及"我仿佛听见了一群蚊子在嗡嗡嗡"。诸如此类的回应不但未能解决民众问题，反而可能激化矛盾带来舆情的放大。对此，政务新媒体有必要用好互动功能，在有序有效的前提下，与公众更好互动；应强化运行管理，既要及时准确发布职责内政策信息，又要积极妥当回应各方"艾特"；在回应内容上，应把握好自身角色，将互动回应作为改进工作提升效率的重要渠道，认真倾听民意民声，同时把新媒体回应作为展示政府形象、改进营商环境的重要窗口,避免出现"雷人雷语";还应不断充实办事服务、征求意见、回应关切、政民互动等方面功能,使政务新媒体真正成为"指尖上的网上政府"。

(八)加强机构队伍,保持工作稳定性

统一规范的公开工作机构,对高质量推进政务公开工作至关重要。如果公开工作机构归口不同,工作机制不顺,必然带来功能定位、关注重点的差别,以及政务公开领导力的下降。虽然贵州绝大部分地区、部门做到了政务公开领导、机构、人员的"三到位"。但也应看到,一方面,政务公开涉及事项日渐增多,对机构、队伍建设要求水涨船高;另一方面,时至当下,仍有一些地区、单位缺乏政务公开的专门机构和专职人员,工作人员身兼数职、流动性强,仍是较为普遍的现象。

机构队伍建设还需进一步加强。2019 年底摸底情况显示,还有部分行政机关未设置政务公开专门机构、配备专职人员,由其他科室兼顾处理政务公开日常工作的现象仍然存在。比如,有的区县把政务公开工作挂靠在文书股,有的安排给综合股,还有的交给电子政务办,甚至有的交给事业单位办理,将政务公开工作外包给网站维护企业由企业代行政府职责,有的甚至不明确任何工作机构承担政务公开工作。有不少部门因编制原因,也没有专职人员负责政务公开工作,不少政务公开工作人员身兼数职,同时承担政府网站管理、信息报送等工作,面对日益繁重的政务公开工作顾此失彼。

此外,推进失衡情况值得注意。比如,政务公开机构积极性较高,而业务机构则配合不够;上级部门轰轰烈烈,基层则动静不大。特别是,乡镇一级公开情况不容乐观。乡镇本来是群众工作的最前沿,直接面向社会公众承担大量民生、服务、监管职责,但在政务公开方面往往较为薄弱,公开效果有待提升,难以满足基层群众的生产生活需求。在机构改革背景下,政府信息公开工作缺乏必要跟进,相关部门未能切实履行职责。另外,个别部门存在麻痹侥幸心理。比如,有的部门一年甚至多年未收到过政府信息公开申请,缺乏实战经验,收到公众申请难免手忙脚乱。

修改后的《条例》第 3 条第 2 款明确,"县级以上地方人民政府办公厅（室）是本行政区域的政府信息公开工作主管部门，负责推进、指导、协调、监督本行政区域的政府信息公开工作"。《国务院办公厅政府信息与政务公开办公室关于机构改革后政府信息公开申请办理问题的解释》等文件意见还对机构改革后公开责任划分作出了明确规范。相应地，地方政府应当依据其规定，进行政府信息公开工作主管部门的调整和公开义务机关的确定，统一到法治轨道上，将《条例》明确的相关职责履行到位。对此，应当把加强政务公开保障体系建设作为一项重点任务。一是加强机构建设。二是加强政务公开人员配置及培训保障。政务公开的学习培训既要注重现实需求，也要注重全面和适度前瞻，还应当将行政权力运行规范与政务公开深化同步推进。由此形成政务公开与治理能力提升的良性互动格局。三是加强经费保障。政务公开缺乏专项经费，必将损害到这项工作的可持续性。四是进一步加强网站平台系统的运维建设。对门户网站的名称、域名、网页设计应优化调整，同时加强网站安全建设，完善等级保护机制。

Ⅱ 重点领域政务公开实践

运用大数据打造卫生健康阳光政务的贵州实践

张青锋 李 斌 毛 峰 肖 鸿 杨 庆[*]

摘　要：政务公开是保障公众知情权、参与权、表达权和监督权的重要制度，对增强政府公信力执行力，让权力在阳光下运行具有重要意义。作为国家健康医疗大数据中心建设试点承建单位，贵州省卫生健康委创新顶层设计、夯实健康医疗大数据基础，充分挖掘大数据政用、民用价值，推进大数据与卫生健康政务工作融合发展，推动卫生健康系统政务公开标准化、规范化，促进卫生健康政务阳光透明，切实有效提升了群众满意度和获得感。

关键词：大数据；卫生健康；阳光政务

随着社会经济发展，人民群众物质生活水平和参政议政意识不断提高，对依法治国和政府信息公开的需求越来越迫切。2016年，中共中央办公厅、国务院办公厅印发《关于全面推进政务公开工作的意见》提出："全面推进政务公开，让权力在阳光下运行，对于发展社会主义民主政治，提升国家治理能力，增强政府公信力执行力，保障人民群众知情权、参与权、表达权、监督权具有重要意义"，为切实做好政务公开指明了方向、提出了要求、明确了目标。贵州省卫生健康委抢抓贵州作

---

[*] 张青锋，贵州省卫生信息中心副主任；李斌，贵州省卫生健康委综合处一级主任科员；毛峰，贵州省卫生信息中心主任科员；肖鸿，贵州省卫生健康委综合处处长；杨庆，贵州省卫生信息中心主任。

为全国首个大数据综合试验区和国家健康医疗大数据西部中心的契机，依托"大数据"和"互联网+"等先进技术，大力推进卫生健康政务信息化建设，在全国率先全面建成覆盖省市县乡四级的远程医疗服务体系，在全国率先全面建成乡镇卫生院（社区卫生服务中心）规范化数字预防接种门诊；全面建成国内首个以省为单位的统一预约挂号平台；全面建成全省医药综合监管平台、省市县三级全民健康信息基础平台，加强对医疗行为和药品全流程监管，依托信息化畅通渠道，推动卫生健康系统政务公开标准化、规范化，提升了卫生健康政务公开水平。

一 卫生健康大数据+政务公开背景

政务公开是民主政治发展的必然产物，是建设社会主义民主政治的内在要求，也是建设廉洁政府的重要手段。但受多种因素影响，在政务公开实践中，往往存在"两个不对称"，即公众对于信息公开的需求和政府公开信息的供给存在明显的不对称，政府要求群众提供的信息和政府自身能向群众公开的信息不对称。公开什么数据、怎么公开、公开的程度都是政府决定，群众没有渠道提出诉求，亦不能对公开的内容和方式发表意见。同时还存在传统政务公开形式单一、覆盖面不够、效率不高，信息不能及时、准确、全面地传达给广大人民群众，从而带来一些不必要的误会和麻烦。因此，如何推进政务更加阳光、更加透明成为各级政府的重要工作，也是广大人民群众的迫切需求。贵州省大数据战略行动的推行实施，使得大数据成为推动政务公开的重要"法宝"。

近年来，贵州省委、省政府认真贯彻落实习近平新时代中国特色社会主义思想和习近平总书记对贵州工作的重要指示批示精神，坚持守住生态和发展两条底线，大力实施大数据战略行动，全力推进国家大数据综合试验区建设，在全国抢先推出一系列创新之举，率先获批建设首个国家大数据（贵州）综合试验区、贵阳·贵安大数据产业发展集聚区、贵阳大数据技术创新试验区，建成全国第一个省级政府数据集聚、共享、开放的云上贵州系统平台，设立全球第一个大数据交易所，率先制定大数据发展应用地方法规，举办大数据产业博览会，参加贵阳大数据战略重点实验室并提出"块数据"理论,率先创建大数据资产评估实验室并推动大数据资产评估标准化等,电信、移动、联通三大运营商南方数据中心、华为全球数据中心、苹果公司iCloud数据中心及高通、IBM等一批世界或国内500强企业落户贵州。全省上下以建设国家大数据综合试验区为总抓手,厚植大数据发展优势,充分挖掘大数据的商用、政用和民用价值,重点围绕数据聚集、融通、应用,培育大数据核心业态、关联业态和延伸业态。

在全省大数据战略实施中,贵州省委、省政府高度重视并强力推动大数据与卫生健康事业的深度融合发展,深入贯彻落实习近平总书记对卫生健康工作的重要批示指示,"像抓教育一样下更大决心抓好医疗卫生事业",于2015年、2016年相继召开全省医疗卫生事业发展大会和全省卫生与健康大会,向全省发出了"举全省之力打造健康贵州,以全民健康助推全面小康"的动员令,先后出台《中共贵州省委贵州省人民政府关于大力推动医疗卫生事业改革发展的意见》《中共贵州省委贵州省人民政府关于加快推进卫生与健康事业改革发展的意见》。2016年,《中共贵州省委省人民政府关于实施大数据战略行动 建设国家大数据综合试验区的意见》出台,要求加快推进民生领域数据开放。

在省委、省政府的正确领导下,贵州省卫生健康委充分发挥贵州发展大数据独特的先天优势、先发优势、先行优势,坚持以信息化为引领,突出体系推动、强化顶层设计、服务与管理并举,突破常规的网站、宣传栏、电子显示屏等政务公开方式,全面推进政务信息系统建设,基于大数据、互联网+的卫生健康政务公开模式初步形成。

二 卫生健康大数据+政务公开探索实践

(一)创新顶层设计,健全大数据+政务公开政策体系

贵州省卫生健康委建立完善支撑卫生健康政务公开信息化建设的政策体系,制定并报省人民政府印发了《关于促进和规范健康医疗大数据应用发展的实施意见》,出台了《关于加快医疗卫生事业与大数据融合发展的指导意见》《关于推进省大数据战略行动 加快卫生健康大数据

应用发展的通知》《关于规范和加快全省卫生健康系统数据汇聚管理暂行办法》等政策措施,加快推进建成以建立"权威互联"的全民健康信息平台为基础,以卫生健康数据汇聚管理为重点,以健康医疗业务数据及系统云上汇聚为引领,以信息标准体系与安全体系为支撑,以互联互通、融合共享为目标,"建用并举、以用促建、共享开放"的大数据+卫生健康政务服务体系。探索建立基于大数据、互联网+的政务服务新模式,推动政务公开。

(二)加强基础设施建设,夯实大数据+卫生健康政务公开基础

以整体数据规划和应用为基础,按照安全规范,"开放的数据、开放的网络、开放的应用"的原则,初步建成基于云计算技术的数据中心,并以此为基础建设省级卫生云平台和符合国家标准要求的贵州省卫生信息化标准规范体系,建立了以电子健康档案为核心、以基层医疗卫生机构业务应用为基础的公共卫生和基本医疗应用,围绕健康档案管理、慢病管理、老年人及妇幼保健、重性精神病人管理等提供公共卫生服务。部署虚拟化主机等资源,为电子健康档案数据库、电子病历数据库等数据库以及相关业务应用提供充足的数据存储空间。同时,依托国家健康医疗大数据西部中心建设项目,强化省市县三级全民健康信息平台建设,加强医疗机构信息系统和数据迁云,加快政府健康医疗数据的开放和共享,推进标准统一、安全规范的健康医疗数据汇聚、融通、应用,推动建设全省健康医疗大数据中心,打造全国第一朵"医疗健康云",全面开展卫生健康数据安全管控专项整治,确保数据安全可控,为政务公开夯实基础。

(三)大数据+卫生健康政务公开,助推医改取得新成效

1. 加强健康扶贫信息化建设推进民生公开

贵州把脱贫攻坚作为头等大事和第一民生工程,以脱贫攻坚统揽经济社会发展全局,省卫生健康委启动建设"贵州省健康扶贫大数据融合平台",以贵州省健康医疗大数据主索引为基础,建立完善健康扶贫主题数据库和安全可控的共享交换机制,实现全员人口、贫困人口及优抚人群、健康档案、电子病历、新农合及医疗保险待遇人员、新农合基金及医疗保险基金支付等数据的融合和对比，助力健康扶贫的精确识别、精确帮扶和精确管理。

2. 加强综合监督信息化建设推进执法公开

建成省市县三级卫生监督平台，提升卫生健康执法信息化水平，加强监督信息利用，根据监督工作需要，进一步优化监督数据信息，加强对数据信息的挖掘与分析利用，及时掌握信息，提升科学分析研判能力。提高信息化技术在监督中的应用，以生活饮用水、重点公共场所为主，探索在线监测技术的应用。建设全国第一个覆盖全省，包括医疗行为监管、卫生费用监测、药品（含耗材）招标采购配送监管、医保支付等在内的省医药综合监管平台，实现对医疗服务价格、医保筹资和支付、居民医疗负担控制、药品使用等关键指标的实时监测，强化全流程监管能力。同时，积极培育"全省医药安全管控系统""贵州省医疗机构设置审批系统"政府大数据应用典型项目和"数据铁笼"项目，丰富了政务公开手段和措施。

3. 加强监管信息系统建设推进业务公开

省卫生健康委切实加强健康医疗大数据的应用，充分发挥大数据优势，加强行业管理。强化大数据应用，以统计网络直报系统、基层医疗机构管理信息系统、妇幼健康等业务应用为基础，加大医疗机构日常运行、服务开展等相关数据采集力度，建立健全基于大数据的医疗机构评价体系，整合分析临床、运营、成本核算、质量评价数据，加强数据综合挖掘分析和评估评价。利用大数据辅助卫生健康行政部门决策，提升政府治理能力。

4. 加强卫生健康开放共享推进数据公开

省卫生健康委完成了卫生健康数据资源目录的梳理，梳理出临床医学、住院、病历摘要、门（急）诊病历和处方、检查检验记录等30类141个数据资源。配合有关部门制定完成《贵州省政府数据资源目录》并成为地方标准，把医疗机构职业许可证数据、出生医学证明数据、定点医疗机构基本数据等3个子目录46项数据列为政府部门共享数据。同时，依托"云上贵州"系统云平台，建设健康卫生主题共享库，完成7个数据共享目录、21个数据共享子目录、415个数据元目录的梳理，并在云上贵州数据共享平台上架，推进数据共享和开放。

5. 加强全省统一预约挂号平台建设推进院务公开

省卫生健康委按照"政府主导、安全可控、注重实效"原则，推动统一预约挂号平台建设，全省县级以上公立医院按照要求和规范完成系统改造和接入工作，并上传医生排班信息、专家（科室）停诊、订单查询反馈和应诊反馈等信息，医生门诊排班信息100%实现向省级平台汇聚。全省县级以上公立医院全部接入平台并提供预约挂号服务。群众可通过"健康贵州12320"网站、微信公众号、手机App等多种方式登录全省统一预约挂号平台，享受全省所有县级以上公立医院预约挂号、健康教育、举报投诉、智能导诊、统一支付、检查检验报告查询、就医体验评价、诚信收费查询等服务。同时，明确数据归属，强化号源数据管理、平台运行和业务管理，制定统一数据标准，完善数据安全保障机制，落实管理责任，保障个人数据的隐私保护，批量数据的可管、可控、安全应用，在完成技术安全评估基础上向第三方预约挂号服务商开放和提供号源共享服务，并建立第三方服务监管和诚信服务体系，确保统一监管、数据安全和服务管控。

6. 加强卫生健康政务系统互联互通推进办事公开

针对就诊一卡通、检查检验结果互认、新农合报销、生育登记等群众办事堵点问题，按照国家电子健康卡试点要求，省卫生健康委推进电子健康卡卡管系统建设，通过电子健康卡实现跨区域跨机构就诊挂号、支付、查询一卡通用。为进一步解决群众办证跑路难、出证难的问题，省卫生健康委依托全员人口统筹管理信息系统数据平台在全国率先开通运行生育服务网上登记平台，让群众足不出户完成生育登记，打印电子生育服务证。育龄夫妇可登录贵州省卫生健康委门户网站或微信公众号，在"生育登记服务"页面填写姓名、身份证号码、婚育信息等，相关机构可在系统中核实申报生育登记的夫妇婚育情况，在5个工作日内进行办理，并通过平台向申报人发送办理结果的手机短信。已经成功通过网上平台完成生育登记的夫妇，可凭反馈的"查询码"，在平台中自助打印带防伪二维码的"贵州省（电子）生育服务证"，或持身份证到省内就近的乡级卫生健康部门领取普通"生育服务证"。"（电子）生育服务证"可在全省医疗卫生技术服务机构使用，方便群众接受妇幼保健服务、住院分娩服务等。同时，推进出生医学证明管理信息系统与贵州政务服务网和云上贵州多彩宝等对接,实现出生医学证明查询补发"一网通办"。

(四) 创新开展 12320 建设,丰富政务公开平台和载体

为贯彻落实国家卫生健康委关于"12320"全国公共卫生公益热线建设的有关要求,切实满足群众对卫生健康信息公开"投诉有门""监督有方"等需求,推动建设贵州省 12320 卫生热线,致力于将 12320 打造成向公众传播卫生法律、法规和政策信息,普及健康知识与技能,接受公众咨询、投诉和举报,引导群众科学就医的重要平台,成为卫生健康部门传递政府信息、了解社情民意、回应社会关切、传播健康知识、加强和创新社会管理、做好卫生政务公开和公共卫生服务的重要渠道和手段。

通过加强机制建设,建立分工协作的工作机制,整合推进服务热线工作,制定完善卫生健康服务热线发展规划、工作机制和管理制度。建立和完善投诉、举报的流程、时限要求,对一般投诉要求在 15 个工作日内必须办结,并及时向投诉举报人反馈办理答复情况;建立应急应对机制,对接到的舆情、突发公共卫生事件举报或投诉等进行受理和处理。加强 12320 知识库应用,并将知识库通过贵州 12320 网站、微信和 App 等渠道向公众开放。在利用传统的热线电话基础上,积极利用互联网技术和新媒体,建成热线电话、卫生热线门户网站、微信公众号、手机 App 和微博五位一体的 12320 服务平台,向社会公众提供卫生健康行业的咨询、投诉、举报、建议和表扬,引导群众科学就医,开展卫生舆情监测、分析与反馈,提供卫生政策宣传、健康促进、科普宣传和戒烟干预等服务。

(五) 强化门户网站和政务新媒体应用,扩大公开渠道

省卫生健康委认真落实《国务院办公厅关于印发政府网站发展指引的通知》(国办发〔2017〕47 号),强化门户网站内容建设,不断提高政府网站管理服务水平。加强网站内容建设,丰富信息资源,强化信息搜索、办事服务等功能,切实解决好内容更新不及时、信息不准确、资源不共享、互动不回应、服务不实用等突出问题。完善政府网站安全保障机制,做好防攻击、防篡改、防病毒等工作。建立健全政府网站用户信息保护制度,确保用户信息安全。充分发挥政务微博、微信、移动客户端灵活便捷的优势,做好信息发布、政策解读和办事服务,进一步增强公开实效,提升服务水平。落实主体责任,严格内容审查把关,不得发布与政府职能没有直接关联的信息,信息发布失当、造成不良影响的要及时整改。加强"两微一端"日常监管和维护。

三 取得成效

贵州省卫生健康委通过加强全民健康信息化建设,致力于健康医疗大数据中心建设,以大数据为重要手段,切实增强卫生健康政务公开实效,把公开意识融入卫生健康工作全过程,把公开透明的要求贯穿于卫生健康服务的各个环节,助力医改新突破新成效,提升人民群众对卫生健康工作的满意度和获得感。

卫生健康政务服务更加公开透明。省卫生健康委在加强门户网站发布政府信息的基础上,进一步强化与新闻网站以及有新闻资质的商业网站合作,在新浪网开设"贵州省卫生和计划生育委员会专题",与多彩贵州网达成合作协议,合办"贵州大健康频道",推动网络媒体与委门户网站同步发声。2019年,共公开政府信息19843条,其中通过委门户网站公开19843条,政务微博公开350条,政务微信公开356条,通过其他方式公开政府信息800条。通过网站、信函、电子邮箱等渠道受理公民、法人政府信息公开申请46件,其中门户网站申请有37件,占80.43%;信函渠道申请有6件,占13.04%,通过电子邮箱申请3件,占6.52%,均及时予以办结。[①]

卫生健康服务监管能力得到显著提升。通过全民健康信息化建设、健康医疗大数据应用等多项举措,卫生健康行政部门对医疗行为和用药安全的全流程监管能力不断提高。按照"实时抓取数据、实时动态监管、实时提供服务"目标建成省医药综合监管平台,制定并开发涵盖

---

① 数据来源:《省卫生健康委2019年政府信息公开工作年度报告》。

130余张数据表（集）的监管指标体系，全省县级以上公立医院接入平台并上传数据，实现对各级公立医院医疗行为和药品供应保障的事前、事中、事后监管。

卫生健康服务水平明显提高。数据不通、信息不能共享是当前社会发展中的一大痼疾，健康医疗信息不能互通、医疗机构各自为政、系统重复建设和重复录入等问题普遍存在，已陷入高成本、低效率的困境。省卫生健康委依托大数据和互联网+，通过全民健康信息平台等，在建立授权机制、确保信息安全和个人隐私的前提下，推动健康医疗数据的高度共享，推动卫生健康服务精细化、协同化、定制化的转型，准确把握民情、摸清民意、聚集民智，建设具有快速反应、主动管理和定制服务特征的新型服务和管理模式，大大提升卫生健康服务整体水平。

群众"投诉有门""服务便利"逐步实现。2019年，贵州省12320卫生热线共受理公众健康咨询和投诉8300余件次[①]，均及时响应，按照程序在规定时间内转交对应单位和部门处置，并及时向群众提供回复，全年未发生一起延期移交、处置事件。贵州省12320网站、微信公众号、App已逐步成为全省卫生健康行业的重要宣传窗口。统一预约挂号平台自2017年4月试运行以来，已提供预约挂号服务170余万人次[②]。网上生育登记逐渐成为群众办证首选，自启用贵州省生育服务网上登记平台以来，已接收申报生育登记96.57万例，已成功进行生育登记89.54万例[③]。

卫生健康政务公开得到了社会各界赞誉。人民网、新华网、中央电视台、凤凰网、中新网、《贵州日报》、贵州广播电视台等几十家主流媒体对贵州全民健康信息化、远程医疗、健康医疗大数据和12320等各项工作作了百余次宣传报道。

四 大数据+卫生健康政务公开的启示

实践表明，"大数据"和"互联网+"对全省卫生健康政务公开产

---

① 数据来源：贵州省12320卫生服务热线提供。
② 数据来源：贵州省统一预约挂号平台。
③ 数据来源：贵州省网上生育登记平台。

生了深远的影响，不仅能够大量减少"信息孤岛"，拓宽信息公开渠道，而且逐渐打破政府与社会公众间的边界，倒逼各级卫生健康机构信息化建设，促使政务公开化、服务均等化、管理精细化。

强化公开意识是关键。政务公开的深入推进，需要先进技术，更离不开政治清明的思想观念。只有牢固树立公开公平、阳光透明的意识，才是打造廉洁政府、建设和谐社会的"王道"。近年来，贵州省委省政府高度重视大数据与卫生健康事业融合发展，省委省政府主要领导多次对健康医疗大数据等工作作出批示，亲自安排部署。省卫生健康委从政务公开、信息化建设等方面寻找切入点，全面加强信息化建设。省市县各级加大投入支持健康医疗大数据建设，为政务公开"升级提质"奠定坚实基础。

遵从标准规范是核心。信息化时代与大数据时代的到来，为信息公开提供了新的发展契机。"大数据"和"互联网+"丰富了政务公开手段，拓宽了公开渠道。但随着信息公开的内容越来越多，在"大数据"扩大政府信息公开面的同时，数据质量已成为政务公开的重要环节，健康医疗信息系统是否遵从标准规范建设、数据质量高低已成为急需解决的问题。数据质量的提升是一项艰巨的工作，它无法靠简单的行政公文迅速完成，这就需倒逼整个卫生健康系统强力推进信息化建设，保证数据的精确性和科学性。

实现互联互通是基础。利用数据开放来推动政务公开，加快打破部门间的"信息孤岛""信息壁垒"，推动信息互联互通，减少"我妈是我妈"等各类奇葩证明，已迫在眉睫。省卫生健康委依托健康医疗大数据中心和"互联网+医疗健康"建设，优先推动卫生健康机构间的数据共享，并推进健康医疗数据目录梳理和数据开放，逐步实现与其他部门间的信息互通，努力向"用数据说话、用数据管理、用数据创新"目标前进。

满足群众需求是目标。政务公开是群众了解国家大政方针、重大举措的途径。加大政务公开力度，围绕民众的需求推进健康医疗数据的汇聚、融通、应用，推动数据开放，创新卫生健康政务公开方式，提高卫生健康政务活动的透明度，让"群众少跑路，数据多跑路"，可有效提高政府的公信力，提升群众获得感、幸福感、安全感。

五 强化大数据在卫生健康政务公开应用需要加强的工作

一是推进健康医疗大数据中心建设。以省统筹建设全民健康信息平台，以平台为互联互通的桥梁，夯实政务公开大数据基础。完善全员人口、电子健康档案、电子病历及医疗卫生健康服务资源基础数据库，研究梳理全省健康医疗数据资源目录体系，逐步统一规范全省信息化建设、疾病分类编码、药品编码等标准规范，建立健全政务公开目录标准规范体系，探索建立政务公开正面清单制度。强化健康医疗大数据分析，深入挖掘数据价值，提升政务信息服务水平。

二是加强卫生健康政府数据共享开放。切实强化部门间沟通协调，打破"部门壁垒"，遵循"开放为常态，不开放为例外"的原则，建立跨部门数据共享交换机制，推动部门间政府数据的常态化、规范化共享。同时，建立健全健康医疗数据分级制度，在保障信息安全和个人隐私的前提下，逐步将健康档案、电子病历等数据向居民本人开放。充分利用大数据和互联网+，拓宽政务公开和信息开放的渠道。

三是强化全民健康信息化建设。全民健康信息化建设是推进形成健康医疗大数据和推动政务公开的重要环节，信息化水平的高低，直接决定卫生健康政务公开的质量和程度。为此，不仅要抓各级医疗卫生机构的信息系统建设，还要抓省市县各级主管部门开展的平台应用建设。而提升数据质量是应用大数据推动政务公开的关键，既要实现数据的标准化，又要强化数据的获得。

四是构建政务公开大数据信息安全机制。在应用大数据加快政务公开的同时，要充分保证数据安全和社会公众的隐私。完善大数据法律法规，建立健全管理机制体制，明确数据拥有者、使用者、管理者等各方的职责和权属，规范政府信息开放的流程。加强隐私保护，防止信息泄露。加强人工智能、统一认证等新技术融合创新应用，切实保证信息安全。

征地信息公开的贵州探索与经验

颜 波 刘会海 罗宗瀚[*]

摘 要：党中央、国务院高度重视政府信息公开工作，将政府征地信息公开纳入重点领域信息公开范畴。贵州省自然资源部门按照党中央、国务院有关政府信息公开工作的安排部署要求，以及国家和省一系列有关政府征地信息公开的政策规定，结合实际，进行探索实践，探索出贵州特色的征地信息公开新模式新方法，走出了征地信息公开新路径。

关键词：土地征收；征地信息公开；政务公开

征地工作事关被征地群众切身利益，关系到社会和谐稳定。随着经济社会的发展与城镇化进程的不断推进，土地征收项目越来越多，自然资源管理领域的政府信息尤其是征地方面的政府信息公开日益受到社会各界高度关注，在自然资源领域信息公开中长期占据前列，且伴随的信访问题居高不下，成为当前自然资源信息公开工作的焦点和难点，也成为化解自然资源领域社会矛盾的重点。

做好征地信息公开是加强征地管理，促进依法征地、阳光征地、和谐征地的基本要求，也是保障被征地农民享有知情权、参与权和监督权的重要渠道，有利于增强政府在征地工作中的公信力和执行力。在省委、省政府领导下，在自然资源部指导下，贵州省自然资源部门高度重视政府信息公开，特别是征地信息公开工作，积极贯彻落实党中央、国

---

[*] 颜波、刘会海、罗宗瀚，均为贵州省自然资源厅干部。

务院有关维护被征地农民合法权益的方针政策,严格执行国家和省有关土地征收法律法规和政策规定,严格审查用地报批,严格执行土地征收程序,指导和督促市、县依法做好征地信息公开工作,组织开展维护被征地农民合法权益专项行动,以促进征地信息公开工作的全面落实,保障被征地农民的知情权、参与权、表达权和监督权,构建和谐稳定的土地征收良好社会氛围,推进了土地征收工作顺利开展,有力保障了全省经济社会发展用地需求。

一 优化顶层设计,建立和规范征地信息公开制度

党中央、国务院高度重视政府信息公开工作,将政府信息公开作为推进依法行政、建设法治政府的重要内容,并将征地信息公开纳入重点领域信息公开范畴,要求各级政府及有关部门要落实责任,建立政府征地信息公开制度和机制,依法做好政府信息公开工作。

(一)建立健全政府征地信息公开责任机制

为贯彻落实党中央、国务院部署要求和《政府信息公开条例》,原国土资源部办公厅印发《关于做好征地信息公开工作的通知》(国土资厅发〔2013〕3号),明确了各级政府和自然资源主管部门(原国土资源主管部门,下同)职责,规范了公开渠道和办理要求,有力地推进了征地信息公开工作。为进一步加强和规范市、县人民政府征地信息公开工作,2014年9月,原国土资源部办公厅印发了《关于进一步做好市县征地信息公开工作有关问题的通知》(国土资厅发〔2014〕29号),明确各级人民政府及自然资源主管部门征地信息公开责任、公开内容,进一步强化市、县人民政府及国土资源主管部门征地信息公开的主体责任,要求全面及时公开征地信息。2019年5月《政府信息公开条例》修订实施后,2019年6月,自然资源部办公厅印发了《关于印发农村集体土地征收基层政务公开标准指引的通知》(自然资办函〔2019〕1105号,以下简称《标准指引》),要求在现有征地信息公开

基础上，进一步细化农村集体土地征收基层政务公开事项、内容、流程、时限、方式等，实行标准化、规范化管理，全面提高征地信息公开水平。

（二）强化市、县征地信息公开主体责任

依据土地管理法律法规规定，市、县政府组织用地报批和征地实施，征地补偿安置等信息由市、县政府及其自然资源主管部门产生。按照"谁制作、谁公开"和"就近、便民"的原则，市、县政府是征地实施的主体，也是征地信息公开的主体，对做好征地信息公开工作起到关键作用。市、县要依据《政府信息公开条例》和《标准指引》规定，切实将征地信息公开列为政府信息公开工作重点，完善制度，明确职责，强化落实。要按有关规定要求，严格履行征地报批前"告知、确认、听证"和批后"两公告一登记"等程序，并通过多种有效途径及时公开征地信息，方便群众查询。2020年1月1日新修正的《土地管理法》，在土地征收程序方面作出了重大调整，规定地方政府在申请土地征收前应当完成现状调查、社会稳定风险评估、公告、听证、登记、签订补偿协议等程序，对征地信息公开提出新的要求。通过加强征地信息公开，促进预防和化解征地矛盾纠纷，树立行政规范、公正透明、服务高效的政府形象。

（三）全面及时主动公开征地信息

一是加强征地信息主动公开。按照政府信息"公开为常态，不公开为例外"的要求，市、县要在严格执行征地报批与实施程序的基础上，加大征地信息主动公开力度，积极主动公开用地批复文件、用地批复转发文件、征地告知书以及履行征地报批前程序的相关证明材料、"一书四方案"（或"一书三方案"）、批后实施中征地公告、征地补偿安置方案公告等征地中与群众密切相关的信息。2019年8月1日以后新受理的土地征收申请，还要公开征地前期准备、审批中间环节及征地组织实施的其他相关材料。二是做好征地信息依申请公开。征地过程中，对包括用地报批前征地调查结果与听证笔录、用地批准后征地补偿登记材料、征地补偿费用支付相关凭证、勘测定界图（国家测绘资料保密规定的涉及军事、国家安全和国民经济重要工程设施的项目除外）以及其他属依申请公开范围的有关材料等不便于向社会主动公开的信息，市、县应依法依规将其纳入依申请公开范围。公民、法人或其他组织持有效身份证件申请信息公开。三是畅通公开渠道。市、县应通过在政府门户网站或国土资源主管部门网站设置"征地信息"专栏的方式，同时利用报刊、广播、电视、微博等载体，完善征地信息主动公开渠道。对属于征地信息主动公开内容的，应在收到上级有关用地批复文件后10个工作日内向社会主动公开，其中"征地批后实施中征地公告、征地补偿安置方案公告等有关材料"在批准或形成生效后10个工作日内主动公开。新修正的《土地管理法》实施后，自然资源部废止了部分征地信息公开领域与新法要求不一致的规章及规范性文件，待新的规章及规范性文件发布实施后，严格执行。同时，贵州省利用现有政务大厅、行政服务中心等场所，以及设立专门的接待窗口和场所，办理征地信息依申请公开答复工作。

（四）严格征地信息公开工作要求

一是严格信息核对，确保公开信息准确。征地信息公开前，要求注意核实核对，确保公开的信息与用地报批材料、批准情况及批后实施情况相一致，做到信息真实、准确，杜绝弄虚作假；征地信息中涉及保密事项的，要求按照保密制度的有关规定进行处理，防止泄露国家秘密。二是广泛宣传，告知征地信息公开渠道。市、县在征地过程中，要求告知被征地农民征地信息获取的渠道；要求充分利用报刊、广播、电视等媒体开展宣传，让群众知晓征地信息公开的途径、方式和内容，方便群众查询；广泛宣传征地相关法律法规和政策规定。通过加强宣传、信息公开与舆论引导，促进征地工作公开公正，维护被征地农民合法权益，营造良好的征地环境。三是加强组织领导，保障工作落实到位。市、县自然资源主管部门要严格按照征地信息公开工作要求，加强组织领导，建立规章制度，明确职责，按要求有计划地做好征地信息公开工作。及时总结推广好的做法，研究解决存在的问题，开创性地做好政府征地信息公开工作。

二 狠抓落实，开创性地做好征地信息公开

（一）高度重视，领导亲自部署落实

在省委、省政府统一领导下，省自然资源厅（原省国土资源厅，下同）高度重视政府征地信息公开工作，强化《政府信息公开条例》等法律法规和政策的学习，要求各级自然资源主管部门认真研究，提出切实可行的贯彻落实措施，抓好征地信息公开工作的落实。为规范和推进自然资源部门政府信息公开工作，成立了以厅长为组长，相关副厅长为副组长，机关各处室主要负责人为成员的信息公开领导小组。研究制定信息公开指南、依申请公开、责任追究等一系列制度文件，建立健全符合贵州省自然资源管理工作特点的政府信息公开工作制度和机制。省自然资源厅分管厅领导多次召开专题会，研究制定实施方案和落实措施；印发年度政府信息公开工作实施方案，安排部署落实征地信息公开年度任务，纳入年度绩效目标考核，保障贵州省征地信息公开工作顺利全面开展。同时，省自然资源厅在门户网站政府信息公开专栏设置矿产、土地、测绘、地质环境等各项政府信息，全面、及时主动公开包括政府征地信息在内的各类政府信息；及时依法办理依申请公开政府征地信息，切实维护自然资源服务对象的知情权。进一步全面推进省、市（州）、县（市、区、特区）政府征地信息公开制度的建立和完善。

（二）严格土地征收程序，促进信息公开

贵州省在建设用地审查报批工作中，严格执行土地管理法律法规和相关政策。建设用地报批前，县级人民政府须依法履行"告知、确认、听证"程序，并将相关材料作为用地报件一并上报审查。凡有土地征收程序不完善、征地补偿标准不符合规定、安置措施不落实、未落实征地补偿资金或被征地农民社会保障资金情况之一的，均一律不予审查通过。用地批准后，严格执行"两公告一登记"制度，并将征地补偿安置信息全程公开，保障被征地农民的知情权、参与权、表达权和监督

权，确保征地工作阳光透明。对国务院、省人民政府批准的农用地转用和土地征收情况，按月在省厅办公网和厅门户网站进行公开。同时，还通过维护被征地农民合法权益专项行动、征地补偿专项督查调研以及被征地农民多途径补偿安置调研等工作，要求各市、县对辖区内历年来批准征收、实际实施征收的用地情况进行全面梳理，对存在的问题进行自查自纠和督查整改，强化土地征收管理，促进市、县政府征地信息公开。

（三）建立政府征地信息公开平台，保障公开到位

为保障政府征地信息及时全面公开到位，2015年，原省国土资源厅办公室印发了《省国土资源厅办公室关于开通厅网站"市县征地信息公开"专栏及相关工作的通知》（黔国土资办发电〔2015〕16号）、《省国土资源厅办公室关于进一步加强政府信息公开和配合调查取证工作的通知》（黔国土资办发〔2015〕5号），明确了市、县人民政府和国土资源主管部门作为政府征地信息公开的责任主体，应当在本级政府门户网站、自然资源主管部门网站开通"征地信息"专栏，全面公开征地信息。为贯彻上级要求，全面公开包括国务院、省人民政府依法批准用地的批复文件在内的有关政府征地信息，主动回应被征地群众和社会的关切，有效解决市、县建立征地信息平台面临的技术人员短缺、资金不足等困难，保障市、县政府征地信息及时全面公开，原省国土资源厅在门户网站设置了省级统一的"市、县征地信息公开"专栏，自2015年5月1日起正式运行。在全国率先形成省、市（州）、县三级联动公开机制，实现了政府征地信息全面公开。省级"市、县征地信息公开"专栏由省自然资源厅负责维护管理，并负责将省政府批复文件和转发国务院批复文件等本级行政部门制作的征地信息录入上传"市、县征地信息"专栏各市县子栏目主动公开；在省自然资源厅督促和指导下，市、县两级自然资源主管部门及时在各自栏目分类补充上传市、县人民政府履行征前"告知、听证、确认"程序的相关材料、"一书四方案"（或"一书三方案"）、批后实施征地公告及征地补偿安置方案等国家和省要求主动公开的政府征地信息，同时在本级政府门户网站、自然资源主管部门网站的"征地信息"专栏录入上传及公开国家和省要求主动

公开的上述5种征地信息，及时主动全面地公开执法征地信息，并由市、县政府主动对征地管理政策、前期准备、审查报批、组织实施等全过程材料主动进行公开。

（四）改建征地信息公开平台，实现省级征地信息查询系统互联互通

贵州省建设省级统一征地信息公开平台，在自然资源厅门户网站开通"市、县征地信息公开"专栏及各市、县子栏目，建立省、市（州）、县三级联动公开机制，实现政府征地信息全面公开。为促进省、市、县征地信息公开工作，在自然资源部门户网站集成全国省级征地信息平台，实现政府征地信息适时调用、统计、分析等功能，为出台土地征收补偿政策措施提供数据支撑，2016年12月，自然资源部在调研和听取贵州省及相关省（市）专题汇报的基础上，印发了《国土资源部办公厅关于加强省级征地信息公开平台建设的通知》（国土资厅发〔2016〕43号），安排部署全国省级征地信息公开平台建设（改建、新建）工作，进一步明确平台建设主体和各级自然资源主管部门征地信息公开责任；规范征地信息公开内容；健全平台应用功能，实现远程调阅、查询统计；强化分工协作，共同及时做好政府征地信息公开工作。2017年3月，在山东济南召开的省级征地信息公开平台建设现场会上，贵州省省级征地信息公开平台建设经验，作为全国4个先进典型省份之一做经验交流发言。按照原国土资源部的统一安排部署和要求，2017年6月底，贵州省省级征地信息公开平台——贵州省征地信息公开查询系统如期改建完成，2017年7月1日上线运行，并在原国土资源部门户网站上集成，实现全国省级征地信息查询系统的互联互通，以进一步加大国家对政府征地信息公开指导、督促和检查考核力度，强化征地信息公开监管工作。自然资源部《标准指引》发布后，省自然资源厅及时组织对贵州省征地信息公开查询系统后台进行修改完善并于2020年2月24日正式上线使用，在贵州省征地信息公开查询系统设置征地前期准备、征地审批报批、征地组织实施、征地管理政策等栏目，让群众查询更加方便。

（五）强化监管，保障征地信息及时全面公开

一是严格建设用地审批。通过严把用地报批审查关，督促县级人民政府依法履行征前程序，确保政府征地信息多渠道、多方式公开到位。二是强化建设用地审批信息公开。省自然资源厅按月将国务院和省政府批准用地情况（批准文件名称、批准文号、批准用地地类面积和权属等）在厅内外网进行滚动更新向社会主动公开；同时，将用地批复文件在自然资源部建设用地审批备案系统进行备案，并在厅门户网站上向社会主动公开，接受社会和被征地群众监督，以此促进市县依法严格履行批后实施土地征收补偿安置和开发利用工作，维护被征地集体经济组织及农民合法权益。三是落实批后征地实施监管。按照《国土资源部办公厅关于运行征地批后实施信息系统的通知》（国土资厅函〔2012〕564号）规定，督促市县自然资源部主管部门及时将批后实施征地情况录入国家"征地批后实施信息系统"备案，落实国家、省、市、县各级自然资源主管部门共同运行管理职责，促进征地信息公开。另外，通过依申请公开件、行政复议和行政诉讼件的交办、核实，督促和指导市县依法做好政府征地信息公开，有效化解征地补偿安置矛盾纠纷。

三 全面开花，征地信息公开成效明显

（一）建设用地审批信息全公开

按照国家和省有关建设用地审批信息公开要求，贵州省自然资源厅通过厅门户网站和自然资源内网办公系统，按月滚动更新主动公开国务院、省人民政府批准征收土地（含农用地转用）的审批信息，将批准征收的批复文件（含转发国务院批准土地征收批复的文件）、批准文号、批准时间、批准征收的土地地类面积等向社会公众和被征地群众进行主动公开。

（二）土地征收工作顺利实施

2010年至今，国务院和省政府共批准全省建设用地302.82万亩，

其中需征收土地279.46万亩，涉及232.34万人。在地方党委政府领导下，各级国土资源主管部门通过严格依法履行征前"告知、确认、听证"程序、建设用地审批和严格执行批后实施"两公告一登记"制度，强化政府征地信息全程、多方式、多渠道公开，以及开展维护被征地农民权益专项整治活动等工作，化解征地矛盾纠纷，征地中没有发生大的集体信访或群体性事件，有力保障了全省经济社会发展建设用地需求。2013年12月，在自然资源部维护被征地农民合法权益专项行动总结大会上，贵州作为全国6个先进典型省份之一做经验交流发言。

（三）政府征地信息全程全面公开

2015年5月，原贵州省国土资源厅在厅门户网站开通"市、县征地信息公开"专栏及各市、县子栏目，建立和实现省、市、县三级联动公开机制，落实专人负责，按照上级部门有关政府征地信息公开规定和要求，确保及时主动全面公开相关征地信息。根据《标准指引》要求，从2018年8月1日起，贵州省各县（市、区）新受理的土地征收申请及其审查报批、组织实施等有关征地信息，分为征地管理政策、征地前期准备、征地审查报批、征地组织实施4个一级公开事项，在一级公开事项下细分拟征收土地告知、征地批准文件、征收土地公告、征地补偿登记、征地补偿安置方案公告、征地补偿安置方案听证、征地补偿费用支付等10个二级公开事项，全程全面公开，实现了征地信息公开全覆盖，保证被征地农民能够高效便捷获取征地信息。截至2020年3月底，通过省自然资源厅门户网站公开的征地信息共6276条。同时，各市、县同步通过国土资源部门或同级人民政府门户网站"征地信息"专栏公开征地信息。

（四）被征地群众维权意识增强

根据省级主管部门办理的征地信息依申请公开件统计，2010年至2013年办理44件；2014年1月至2016年6月办理176件；2016年7月至2018年8月办理251件，2018年9月至2019年11月办理231件，呈上升趋势。由此看出，随着征地信息主动公开力度的加大，被征地群众法律和维权意识逐步增强，群众利益得到保障。

四 征地信息公开实践的经验启示

贵州省征地信息公开工作实践表明，各级党委政府高度重视，加强领导，提高法治意识，推进政府依法行政，是做好征地信息公开的核心；依法用地、从源头上预防和防止项目建设违法用地是解决及时、全面公开征地信息难题的关键；建立科学合理的政府信息公开审核、办理机制，落实经费和专人负责，是做好政府征地信息公开的保障。其经验可总结如下。

（一）领导重视

政府征地信息公开，是推进依法行政、建设法治政府的重要内容，各级党委、政府和自然资源主管部门要高度重视，自觉认真深入学习和贯彻落实党中央、国务院一系列推进政府信息公开的法律法规和政策规定，不断提高法治意识，推进依法行政；切实依法履行土地征收程序，严格依法征收土地，加大执法监察力度，从源头上预防和防止违法用地行为；规范公开渠道和办理要求，明确各级各部门职责，明确专人负责，加大公开力度，有力推进征地信息公开工作，化解征地矛盾纠纷，满足群众信息需求。

（二）及时主动全面公开

对经批准或形成的征地批复文件、转发文件、"一书四方案"、听证告知书、征地公告、征地补偿安置方案、征地丈量和补偿清册等征地信息，应按照国家和省有关规定，及时在省级征地信息公开查询系统、市县两级"征地信息"平台（专栏）以及被征地村（组）实地进行公开，让群众第一时间知晓。同时，市、县要按照国家和省有关征地信息公开要求，结合地方门户网站建设和整合实际，进一步建立健全征地信息公开平台（专栏），实现征地信息公开全覆盖，为群众网上查询提供便利。

(三) 加大法律法规和政策宣传力度

通过门户网站、报刊、广播、电视、微信微博等媒体媒介和征地过程中的调查、走访、动员会等活动，加大对政府征地工作的宣传力度，让广大群众了解和熟悉征地法律法规和政策规定，合理合法提出、表达诉求，知晓征地信息获取方式和渠道，多方式多渠道获取征地信息、维护自身合法权益的途径，维护被征地群众合法权益，保障群众知情权、参与权、表达权和监督权。

(四) 加大监督力度

进一步健全征地信息审查、公开制度，自觉接受群众和社会监督，通过信息公开评议制度的实施，主动听取群众意见和建议，不断改进工作作风，提高办事效率。

(五) 严肃督查问责

进一步加大对市、县征地信息公开督促检查力度，对没有依法、及时公开，没有全面、主动公开，经申请仍不公开，甚至未批先征、未支付征地补偿安置费动工建设使用土地等侵犯被征地农民合法权益的违法行为，进行严厉查处，严肃追责问责，建立良好的征地秩序。

(六) 实行差别化公开

对原贵州省国土资源厅 2014 年相关文件下发后批准征收土地的，严格按规定公开相关征地信息。对下发前批准征地的，市、县要尽可能收集土地征收资料，并根据工作实际和征地信息公开风险，确定补录上网公开信息内容后补录上网公开。对公开风险较大的政府征地信息，由市、县人民政府及相关部门按照档案管理有关规定归档妥善保存备查，采取依申请公开方式进行公开，不再补录纳入网上公开。对 2019 年 8 月 1 日以后实施土地征收的，按照《标准指引》进行公开。

五 展望

　　征地信息公开，是政府信息公开的重要组成部分，是推进依法行政、建设法治政府的重要内容，对促进市、县人民政府依法实施征地，维护被征地群众权益和社会和谐稳定具有十分重要的意义。但也应看到，仍有少部分市、县依然存在征地信息公开不主动、不及时、不到位问题，除在门户网站公开和传统的张贴纸质征地文件信息外，未能充分利用报刊、电视广播和新媒体等多方式、多渠道进行公开；征地历史信息网上补录公开困难的问题广泛存在。

　　修改后的《土地管理法》对土地征收和征地信息公开作出了新规定。下一步，贵州省将严格执行《土地管理法》规定，根据《标准指引》和自然资源部关于征地信息公开的新要求，结合贵州省征地信息公开的实践经验，按照标准化、规范化的要求推进贵州省征地信息公开工作，压实县、乡两级基层政府在实施农村集体土地征收中的主体作用，力争实现征地信息公开全覆盖，保证被征地农民能够高效便捷获取征地信息，切实维护人民群众的知情权、参与权、表达权和监督权，以征地信息公开促进农村集体土地征收规范化水平全面提升，让被征地农民的合法权益得到保障。

　　同时，贵州省以推进法治政府建设为契机，促进征地领域依法行政工作，提高服务意识，转变作风，心系群众权益保障，分类施策，加强管理，在法律和政策规定边界内，运用法治思维和法治方式，不断创新实践，推动贵州省征地信息公开工作再上新台阶。

国有资产监管信息公开的贵州实践与展望

陈 晨*

摘 要： 贵州省国资委积极组织开展政务公开工作，并取得了一定成效，但在实际工作中仍存在一些问题需要继续摸索解决。本文通过研究分析贵州省国资委政务公开工作，对其主要做法、取得成效、存在的问题进行了归纳总结，并对当前的政务公开工作作了一些思考，提出在不断完善信息公开工作制度、建立更加科学的工作机制和工作流程前提下，不断加强新媒体平台建设，并完善门户网站的内容和功能、及时发布国资监管及国企改革等有关工作动态；加大主动公开工作力度，加强制度建设，切实做好主动公开及政策解读，积极回应群众关切，努力为群众解疑释惑，不断提高国资委信息公开工作专业化、法治化水平。

关键词： 政务公开；政府信息；法治化

一 背 景

贵州省人民政府国有资产监督管理委员会（以下简称"贵州省国资委"）正式组建后，依法代表贵州省人民政府履行国有资产出资人职责。为落实中央关于完善各类国有资产管理体制要求，加快以管资本为主推进职能转变，构建了贵州省国资委信息化监管体系。同时根据贵州

---

* 陈晨，贵州省人民政府国有资产监督管理委员会干部。

省委、省政府政府信息公开的要求,积极开展相关工作,进行多种实践,力图将政府信息公开与实体经济和国资监管深度融合,着力提升国资监管效能。

搞好政府信息公开对国资工作具有重要意义。

一是搞好政府信息公开是学习宣传贯彻党的十九大和十九届四中全会、省委十二届六次全会精神的要求。根据《中共中央关于坚持和完善中国特色社会主义制度 推进国家治理体系和治理能力现代化若干重大问题的决定》精神,全力做好政府信息公开,是构建职责明确、依法行政的政府治理体系的有力抓手,也是坚持和完善社会主义基本经济制度和推动经济高质量发展的客观需要。

二是搞好政府信息公开是提升国资监管效能的客观需要。作为授权监管机构,贵州省国资委要按照事前规范制度、事中加强监控、事后强化问责的思路,更多运用法治化、市场化的监管方式,全力推进政府信息公开相关工作,提升与监管企业沟通效率,倒逼提升自身管理水平,从而确保国有资产保值增值。

三是搞好政府信息公开是保障公众知情权、提升公众满意度和提升贵州省国资委管理能力的必要保障。保障公众的知情权,让更多的社会力量积极主动参与到政府的决策中,提升公众满意度,是构建现代治理体系、提高治理能力的重要表现,同时也是确保贵州省国资委提升监管能力的重要督促手段。

二 政务公开实践主要做法

贵州省国资委根据《政府信息公开条例》等法规、文件精神和要求,坚持"公开为常态、不公开为例外"的基本原则,积极推进决策、执行、管理、服务、结果"五公开",结合国企改革和国资监管工作的实际,通过强化组织领导、完善制度建设等措施,及时公开国资监管履职等信息,有力保障了人民群众对国有资产监督管理及国企改革发展的知情权。

(一) 加强组织保障

贵州省国资委成立以委主任为组长，分管副主任为副组长，各处室负责人为成员的政务公开领导小组，并根据委领导变动情况及时调整委政务公开领导小组人员构成，全面形成领导小组组长牵头主抓，副组长统筹协调，各成员具体负责的工作局面，把政务公开工作列入重要议事日程，厘清工作思路，明确工作重点，划分工作责任，全面推进贵州省国资委政务公开工作开展。

(二) 完善制度建设

其举措包括：出台《贵州省国资委进一步加强政务公开工作的方案》，对政务公开工作统筹安排，科学规划，指出工作方向，厘清工作任务，提高工作标准，规定完成时限，指导和督促各处室继续扎实做好政务公开工作；制定《贵州省国资委公文公开属性源头认定办法（暂行）》，督促各处室在拟制公文时严格按照规定，认真研究确定公文公开属性，属于主动公开的文件，必须按有关程序及时挂网对外公开，进一步加强公文公开属性源头认定工作；制定《贵州省国资委门户网站信息公开目录（2018版）及责任分工》，工作手册、信息公开指南等，结合各处室职能职责，明确责任，规定时限，及时对门户网站有关信息进行更新。同时，结合政务公开工作需要，及时对有关制度规定进行修订，充分体现"五公开"、政策解读、舆情回应等中央政策文件的新要求。

(三) 健全信息载体

围绕省政府信息公开工作要点，扎实做好贵州省国资委门户网站改版提升和日常管理及维护工作。不断优化贵州省国资委门户网站政务公开部分栏目设置，在贵州省国资委门户网站新开辟"脱贫攻坚""生态环保""建议提案""重大招商引资项目"等栏目，除依法需要保密和不宜公开的以外，及时将贵州省国资委落实推进"三大战略"情况、监管企业重点领域重大招商引资项目情况等及时公开。同时，加强政务微信公众号、政务微博公众号、头条号等新媒体平台建设，探索运用

"在线访谈"等方式拓宽信息公开渠道。对于应主动公开的信息，及时上传门户网站、政务微博、政务微信等公开发布，方便公民、法人和其他相关组织查询，全力提高工作透明度，积极回应社会关切，满足群众知情权，提高群众满意度。

（四）突出工作重点

根据贵州省政府办公厅方案要求，及时制定、发布、反馈政务公开工作要点、实施方案和政府信息公开年度报告和报表，报送政务公开工作落实情况、督查材料等，按要求继续抓好公共资源配置、重大建设项目批准和实施、社会公益事业建设、财政预决算等重点领域政府信息公开工作，对门户网站公开的信息进行全面梳理、合理分类，便利群众进行查找和取用，确保使用3个关键词能在前10条搜索结果中检索到所需信息。

一是积极建设政务新媒体。在新闻快餐化的时代背景下，各层级的政府机构抢滩网络舆论阵地，积极掌握新闻发布和舆论阵地的主动权和话语权。除了继续做好门户网站外，贵州省国资委积极搭建政务新媒体平台，目前正在使用的政务新媒体有：微博"贵州国资风采"、微信公众号"贵州国资"和今日头条"贵州国资头条号"。制定出台了《贵州省人民政府国有资产监督管理委员会信息化监管暂行办法》，明确办公室专人进行信息化管理，确保新闻及时得到更新，评论区及时进行积极引导，确保不出现重大政治错误引发舆情。

二是规范新闻信息发布和舆情回应。由专门机构负责新闻宣传工作，选任宣传工作经验丰富的专人担任新闻发言人，建立健全新闻发布和政务舆情回应的体系和制度。确保政务信箱、网民留言相关舆情按照制度流程按规定及时处理、转办和回复，确保有关重大舆情得到及时、准确的回应。

三是认真做好依申请公开办理。按照申请人诉求，按流程梳理信息内容，经委分管领导审核把关后在规定时限内做出规范答复，没有发生违规收取费用的行为。

三 贵州省国资委政务公开的主要成效

经过不懈努力,贵州省国资委政务公开工作水平稳中有进,政务服务水平逐步提升。2019年贵州省国资委通过门户网站、政务微博、政务微信、今日头条及其他新闻媒介主动公开国资监管领域信息共计2193条。其中,门户网站公开1442条、政务微博公开132条、政务微信公开103条、今日头条516条。办理省"两会"建议提案14件,其中主办人大建议1件、政协提案6件,会办人大建议2件、政协提案4件,除部分涉及敏感信息,主动公开人大建议2件,政协提案4件。

(一)提升了国资监管能力水平

政务公开是提升国资治理能力的重要环节,同时可以倒逼国资系统提高监管水平。在越来越透明的政务公开中,国资监管中的任何不规范、不科学、不透明都可能会导致重大舆情。这有助于提升国资治理水平和国资监管能力,权力运行的过程和结果都会被社会监督,形成更加规范化、制度化和法治化的管理体制机制,确保国有资产保值增值。

(二)促进了资源信息整合共享

在互联网时代,因为信息不对称导致信息获取成本较高的局面一去不复返,社会经济发展客观上对信息交换的规模、速度有越来越高的要求,公众对于政务信息需求的数量和质量的要求越来越高。提升政务公开程度,降低信息交换成本,不但促进了资源信息的整合共享,促进社会经济进步,同时也提高了政府透明度和治理能力。

(三)提高了公众认同和公众参与热情

公众参与是公共决策是否科学民主的重要考量指标,是政务公开的重要体现。2019年贵州省国资委通过门户网站政务邮箱(领导邮箱)共受理举报、咨询和建议信件73件,其中咨询建议类26件,举报投诉类47件,均按要求在规定时限内进行答复,回复率100%。在制定制度、规范流程、有效监督等方面采取了有力措施,加强了与公众的沟通,消除不必要的误解,主动进行舆情管理,使省国资委的工作得到公众更多的认同和理解,同时也在一定程度上提高了贵州省国资委决策过程和结果的科学性、公平性和合理性,减少失误错漏。

四 存在不足及今后打算

虽然贵州省国资委政务公开工作取得了一定成绩,但在制度机制、流程运行、公开的广度和深度等方面还有提升空间,需要深化认识,认真做好研究,结合实际抓好贯彻落实,不断提高政务公开的水平。

(一)理论和实践的探索有待深入

贵州省国资委正在着力提升国资监管效能,监管理念从"管国企"向"管国资"逐渐转变,大力推动政务公开与该理念不谋而合。但是由于监管企业涉及国有资本运营、企业薪酬、经济数据等,较多涉及国家秘密或者商业秘密,政务公开工作人员有时难以实施专业判断。而且由于工作繁杂,缺乏人手开展政务公开工作,无论是从专业性、准确性、及时性还是安全性等方面,都无法完全满足新时期国资监管工作政务公开的要求。从主观上来说,受到传统治理理念的影响,贵州省国资委开展政务公开工作的主观能动性不足,政务公开的理论和实践探索都有待深入。

(二)制度运行机制有待完善

由于贵州省国资委下属企业众多,新业务不断开展,需要公开的信息、数据不局限于现有的信息公开目录,因此须不断对现有的目录进行补充更新完善,加强制度创新,探索打造更加健全的政务公开的制度体系,构建新媒体时代贵州省国资监管政务公开新格局。同时,贵州省国资委下属的国有企业中包括公益类和商业类国企,经营范围涉及多个领域,对于商业秘密的边界认定存在较多争议,导致政务公开容易出现工作壁垒。如何进行商业秘密界定,将是贵州省国资委政务公开工作的重要研究课题。此外，政务公开的时效性和准确性有待提升。建立健全国资监管运行体系，建成充分利用信息化和大数据云计算的国资监管政务公开体系，对国有资本进行立体式监管，是今后一段时间贵州省国资委进行探索的重要课题。

（三）政务公开的广度和深度有待加强

结果公开多、过程公开少，第一次公开多、后续跟踪少，正面信息公开多、负面信息公开少，信息公开的渠道主要集中于门户网站，这些现象，不仅存在于贵州省国资委政务公开工作中，还普遍存在于当前的各级政府政务公开工作中。

（四）公众参与程度有待提高

贵州省国资委政务公开工作的"公众参与"主要体现在主动公开和依申请公开等方面。政务公开的两个主体，一个是信息提供者，另一个是信息获取者，缺一不可。除了贵州省国资委政务公开的主动性要持续加强外，公众作为政务信息获取使用者，参与意识和参与程度都与政务公开工作的成效密切相关。如何提升公众的参与意识和参与水平，是加强政务公开宣传工作的重要课题，只有社会各方合力才能打造高效透明的政府。

针对上述问题与不足，贵州省国资委将加强领导，夯实基础、开拓思路、积极进取，坚持以结果为导向，以公众视角为重点，继续扎实抓好政务公开各项工作，不断提升政务公开工作水平，为打造法治政府、创新政府、廉洁政府和服务型政府发挥应有作用。下一步，贵州省国资委将从以下方面着力：

一是认真贯彻落实政务公开决策部署。坚决以习近平新时代中国特色社会主义思想为指引，增强"四个意识"，坚定"四个自信"，做到"两个维护"，动员和领导国资系统广大干部职工更加紧密地团结在以习近平同志为核心的党中央周围，在贵州省委、省政府的坚强领导下，围绕国资监管职能职责，聚焦构建国资监管"大格局"，在形成全省国资监管"一盘棋"上不懈努力，持续深入推进政务公开有关工作，促进监管效能的提升。

二是不断完善制度机制。规范政府信息公开规范程序并按规范执行，建立健全政务公开各项制度，强化干部能力建设，制定科学的政务公开制度机制和信息公开流程，促进公开工作的规范化和标准化。继续加强依申请公开的流程化、规范化、标准化管理，加大工作力度，不断提高工作专业化、法治化水平；不断提高信息公开的质量和效率。

三是不断加强多平台渠道建设。不断完善门户网站的内容和功能，不断完善和创新新媒体渠道的信息公开方式，不断提升信息公开广度和深度，积极履行贵州省国资委职能职责，提升国资监管能力和水平。

四是不断加大主动公开工作力度。落实中央和省里要求，加强对信息公开工作的研究，切实做好主动公开及政策解读，积极回应群众关切，及时解疑释惑；不断提高依申请公开工作水平。

五是不断加强信息公开宣传教育工作，切实提高公众的参与意识与参与水平。

贵州建议提案办理结果公开的探索与创新

贵州建议提案办理结果公开研究项目组[*]

摘 要：自2015年贵州省要求建立建议提案办理结果公开机制以来，省人民政府办公厅将做好建议提案办理结果公开工作作为整个办理工作的重要内容，依托省人民政府网、"贵州建议提案办理"微信公众号等平台，集中公开办理复文和发布相关信息，增强了建议提案办理工作透明度。

关键词：建议提案；办理结果；公开

办理建议提案是坚持和完善人民代表大会制度、发挥党领导的多党合作和政治协商制度的重要方式，是政府的法定职责和政治任务，是接受人大依法监督、政协民主监督的重要形式，是保持与人民群众密切联系的重要渠道，对于改进政府工作、保障和改善民生、推动高质量发展具有重要意义。习近平总书记指出，办理建议提案要实事求是，秉持开诚布公的态度，做得到的要负责任地办理，做不到的直截了当给予答复，提高工作实效和水平。2014年以来，国务院常务会议连续六年听取全国人大代表建议政协提案办理情况汇报，并对建议提案办理及办理结果公开工作作出专题部署。

贵州省委、省政府历来高度重视建议提案办理工作。2019年3月

---

[*] 项目组负责人：周乐职，贵州省政府副秘书长。成员：侯刚、程世奇、方华、施萍、黄欢。执笔人：施萍，贵州省政府办公厅二级调研员。

19日，省政府常务会议研究部署2019年建议提案办理工作，会议邀请省人大、省政协领导出席，要求要进一步提高政治站位，把建议提案办理工作作为常态化年度重点任务予以推进，给人民群众满意答复，促进政府依法科学民主决策。一要强化领衔督办。认真落实省政府领导领衔督办建议提案办理制度，高度重视、重点研究、办成精品、办出实效，原则上领衔督办的建议提案要做到"件件调研、件件协商"。二要强化逐级落实。坚持分级负责、归口办理，分部门、分地区制定工作方案，各主办、会办部门要密切配合，共同做好办理工作。省政府办公厅要加强调度督促，做好建议提案办理专项考核。对涉及全省经济社会发展重大问题或者超越单位职责范围的，要及时按程序上报。三要强化沟通反馈。坚持先协商、后答复，加强与代表委员沟通协商，寻求最大公约数，确保承诺落地落实。涉及公共利益、社会广泛关注的建议提案，原则上要公开答复全文，接受群众监督。四要强化举一反三。把解决问题、改进工作作为建议提案办理的出发点和落脚点，加强分析研判，找准症结所在，做到办理一件建议提案，解决一批类似问题，推动一个领域工作。

做好建议提案办理结果公开工作，对于接受人大依法监督、政协民主监督，密切政府与人民群众的联系，提高政府工作透明度，加强法治政府、创新政府、廉洁政府建设具有重要意义。为深入贯彻中央要求，认真落实《国务院办公厅关于做好全国人大代表建议和全国政协委员提案办理结果公开工作的通知》（国办发〔2014〕46号）文件要求以及省委、省政府的安排部署，增强建议提案办理工作的透明度，《省人民政府办公厅关于深化建议提案办理改革做好建议提案办理结果公开工作的意见》（黔府办发〔2015〕1号，以下简称《意见》）下发。

2015年以来，省人民政府办公厅及各承办单位将做好建议提案办理结果公开工作作为整个办理工作的重要内容，及时主动公开了涉及公共利益、公众权益、社会关切及需要社会广泛知晓的建议提案办理复文，适当公开了建议提案办理总体情况、意见建议吸收采纳情况、有关工作动态等信息。通过公开建议提案办理结果，积极回应社会关切，自觉接受人大代表、政协提案者和人民群众的监督。截至2019年底，省人民政府网站"建议提案专栏"共集中公开了各承办单位报送的经审查同意公开的办理复文 3512 篇，其中，全国人大代表建议办理复文 15 篇，全国政协提案办理复文 7 篇，省人大代表建议 1738 篇，省政协提案 1752 篇；"贵州建议提案办理"微信公众号共发布信息 176 篇，浏览 21000 余次。① 省人民政府网站"在线访谈"栏目，播出一期建议提案办理面对面直播交流——"加快推进公共法律服务体系建设"。

一　基本要求

（1）公开的原则："谁主办、谁答复、谁公开"，"先审查、后公开，谁公开、谁负责"。

（2）公开的步骤：从 2015 年开始，采用摘要公开的形式，公开建议提案办理复文的主要内容；从 2017 年开始，原则上将办理复文全文公开。

（3）公开的内容：涉及公共利益、公众权益、社会关切及需要社会广泛知晓的建议提案办理复文以及建议提案办理总体情况、意见建议吸收采纳情况、有关工作动态等。

（4）公开的主体：单独办理的建议提案，单独办理单位是办理复文公开的主体；分别办理的建议提案，各分别办理单位是办理复文公开的主体；主会办的建议提案，主办单位是办理复文公开的主体。其中，全国建议提案、省级重点建议提案，省人民政府办公厅是办理复文公开的主体。

（5）公开的平台：通过政府公报、政府网站、政务微博微信、新闻发布会以及报刊、广播、电视等便于公众知晓的方式进行公开，尤其要发挥政府网站信息公开平台的重要作用，集中展示公开的建议提案办理结果信息。

（6）公开的时间：在办理复文和相关信息形成之日起 10 个工作日内以便于公众知晓的方式主动予以公开。

---

① 数据来源于省人民政府网"建议提案专栏"、"贵州建议提案办理"微信公众号及相关承办单位网站"建议提案专栏"，经统计分析后得出。下同。

二 创新实践

《意见》下发以来,贵州省人民政府办公厅主要通过建立一项机制、搭建三个平台、加强指导交流、强化督促考评等方式,不断加大建议提案办理结果公开力度,努力做到应公开尽公开,并大力宣传办理工作主要经验、创新做法和突出成效,增强办理结果公开的广度和深度,强化公开效果。

(一)建立一项机制

2015年以来,省人民政府办公厅及各承办单位逐步建立健全了办理复文与公开同步审查机制,将办理复文与是否公开进行同步审查。严格根据《政府信息公开条例》等有关规定,按照"先审查、后公开,谁公开、谁负责"的原则,对拟公开的办理复文进行逐级审查,确保公开的办理复文符合规定、内容翔实、数据准确、语言规范,切实对公开的办理复文负责。为确保做到应公开尽公开,对不宜公开的建议提案办理复文,要求相关承办单位要向省人民政府办公厅书面说明理由和依据。其中,省住房城乡建设厅在建议提案复文"发文处理签"上单列了"是否公开""不予公开的理由""公开形式""公开类别"等栏目。"是否公开"要求,原则上所有的建议提案办理复文均公开,避免了公开的保守性;"不予公开的理由"要求,凡是提出不予公开的,都必须要说明理由,避免了随意性;"公开形式"要求,明确是通过省住房城乡建设厅网站公开,还是其他形式公开,保障了公开得到落实;"公开类别"要求,明确是全文公开,还是摘要公开,若属于摘要公开,摘要公开内容一并作为送审内容报签,保障了公开的准确性。建议提案办理复文确定公开、正式成文以后,由省住房城乡建设厅办公室统一将办理结果于10个工作日以内,通过厅门户网站建议提案专栏向社会公开,保障了公开的及时性。

(二) 搭建三个平台

1. 省人民政府网站"建议提案专栏"

2015 年以来,贵州省人民政府办公厅充分发挥政府网站信息公开平台的作用,在省人民政府网站开设了"建议提案专栏",集中公开省人民政府办公厅及各承办单位经审查同意公开的建议提案办理复文等信息,其中公开了建议提案办理复文 3512 篇。一是栏目设置科学。2015 年,在"建议提案专栏"下设置了"工作情况""办理复文""文件、报告通报及复文解读"等子栏目,其中,"办理复文"子栏目下又分设了"全国建议提案""省级重点建议提案""省人大代表建议""省政协提案"。二是信息公开全面。在及时主动公开办理复文的同时,2016 年增加了会议届次、人大代表和政协提案者、建议提案编号、标题和内容、主会办单位等信息,同时增加了检索查询功能,确保公开的内容更加全面具体、更加便于查找。三是开展复文解读。2018 年以来,围绕税收政策、健康扶贫、消费扶贫、特色小镇和小城镇高质量发展以及降低社会保险费率等重要政策、重大改革举措和民生热点,深入开展建议提案办理复文政策解读,帮助公众更好地知晓、理解政府经济社会发展政策和改革举措。同时,省发展改革委、省财政厅、贵阳市政府等近 50 家承办单位政府网站设置了建议提案公开专栏,对建议提案办理结果等信息进行公开。

2. "贵州建议提案办理"微信公众号

为顺应新形势、新变化的需要,适应社会大众阅读习惯的变化,方便人大代表、政协提案者以及社会公众随时随地通过手机查看建议提案办理结果等信息,2017 年 6 月省人民政府办公厅开设了"贵州建议提案办理"微信公众号。通过微信公众号,两年多以来,省人民政府办公厅及时发布了国务院办公厅及贵州省关于建议提案办理的有关制度文件规定;宣传了省领导通过召开督办会、协调会、座谈会,开展专题调研等形式,对重点建议提案办理进行督办的做法;介绍了各地各部门建议提案办理的先进经验、创新做法和有益尝试,以及建议提案办理有关业务知识等。同时,还建立与省政府门户网站"建议提案专栏"的链接,方便查阅 2015 年以来公开的建议提案办理复文等信息。2018 年 1 月 5

日《人民政协报》第2版，以《贵州省运用新媒体增强提案办理结果公开效果　工作小改进收获大认同》标题对贵州省创新做法给予了宣传报道和充分肯定。

2018年6月以来，省人民政府办公厅再次创新思路和方法，在微信公众号上开辟了全新的栏目——"听，建议提案！"，以音频和文字等形式，向社会公众讲述建议提案办理情况及业务知识等。截至2019年年底，共发布六期，分享了为什么要办理建议提案、议案见证人大工作进程、人民政协的第一份提案、省人大选任联委召开主任会议督办件第282号代表建议督办协调会、省政协召开重点提案督办会议、碳汇交易助力生态建设精准扶贫等内容。"听，建议提案！"推出后，受到广泛关注和好评，"黔微普法""贵州交通""贵州警事"等微信公众号第一时间转载。

3. 省人民政府网站"在线访谈"建议提案办理面对面直播交流

为推动贵州省建议提案办理从"幕后"走到"台前"，从办理结果公开到办理过程公开，进一步增强政府决策部署透明度、建议提案办理透明度以及人大代表、政协提案者和社会公众参与度，2018年，省人民政府办公厅在省人民政府网"在线访谈"栏目组织开展"建议提案办理面对面"直播交流活动。9月13日下午，时任省人大选任联委专职副主任委员韩佐芝、省人大代表龙艳、省司法厅党委委员、政治部主任胡勇应邀到省人民政府网接受在线访谈，围绕"加快推进公共法律服务体系建设"主题进行了充分的沟通和交流。今后，还将围绕社会公众关心的问题和重点督办的建议提案，邀请主会办单位与省人大选任联委、省政协提案者、人大代表、政协提案者开展面对面问答访谈，通过网络在线直播，进一步增强建议提案办理公开效果、加大相关政策宣传力度。

在以上述平台为主要公开渠道的基础上，省人民政府办公厅还广泛通过贵州广播电视台、《人民政协报》、《贵州日报》、《贵州省人民政府公报》、《贵州政协报》、"贵州省人民政府网"微信公众号、"贵州统计发布"手机App等媒体和平台，进一步加大建议提案办理工作宣传力度，增强办理结果公开的深度和广度。

（三）加强培训指导

一是加强检查指导。2015年是开展建议提案办理结果公开的第一年，为了解公开情况，指导相关承办单位有序、规范、深入推进公开工作，2015年5月20—21日，省人民政府办公厅会同省人大选任联委、省政协提案委组成检查组，到贵阳市政府、原贵州省经济和信息化委、省民政厅、省财政厅等7家承办单位开展2015年建议提案办理工作中期检查。通过召开座谈会、查阅资料等方式，详细了解7家承办单位办理工作开展情况、办理结果公开情况以及办理工作和公开工作中存在的问题和困难，就有关问题进行沟通交流，充分听取意见和建议。2015年，省人民政府办公厅还组织到各市（州）政府、贵安新区管委会以及省直有关单位办公室（厅）开展巡回交流指导活动，了解各地和有关部门包含建议提案办理及办理结果公开工作在内的办公室相关工作主要做法、发现问题和收集意见，并提出解决措施和意见。

二是开展观摩活动。为加强全省政府系统建议提案办理结果公开工作的交流和沟通，总结推广各地、各部门好的经验和做法，推动建议提案办理结果公开工作有序、规范开展。2016年10月11日，省人民政府办公厅在贵阳市组织开展了建议提案办理结果公开交流观摩活动，各市（州）政府、20余家省直部门参加。贵阳市政府、遵义市政府、省民政厅、省住房城乡建设厅作经验交流发言，并听取了省人大选任联委、省政协提案委负责同志以及部分省人大代表、省政协提案者的意见建议。通过组织交流观摩活动，为各承办单位搭建了沟通交流、学习借鉴的平台，营造了"比、学、赶、超"的良好氛围。

三是强化学习培训。为学习借鉴发达地区建议提案办理成功经验和做法，提升贵州省政府系统建议提案办理及办理结果公开工作质效，2015年以来省人民政府办公厅相继举办了6期建议提案办理业务能力提升培训班，深入学习党的十八大、十九大精神，学习国家宏观经济形势等理论知识和建议提案办理工作业务知识，学习发达地区政府建议提案办理先进经验和做法，实现建议提案办理人员培训全覆盖，对提升办理效果、加大公开力度等起到了积极的促进作用。同时，省人民政府办公厅还到六盘水市政府、安顺市政府、省卫生健康委、省医疗保障局等地方和部门开展专题培训。

（四）强化绩效考核

2015年以来贵州省将"建议提案办理"纳入"省委、省政府专项工作"内容进行目标绩效管理考核。省人民政府办公厅主要采取以下措施，不断加强目标绩效管理考核工作。

一是制定专项目标实施方案。按照省直目标绩效办要求，省人民政府办公厅每年年初均根据建议提案办理有关规定和当年工作实际，制定当年的省政府系统建议提案办理专项目标实施方案，从办理时限、答复质量、办理实效、结果公开、综合考评等方面细化考核内容和标准。其中，结果公开占15分。

二是加强日常管理和督促指导。近年来，省人民政府办公厅不断总结经验，逐步建立健全了建议提案办理工作台账管理制度、办理复文错情登记制度、办理结果公开登记制度、定期通报制度等，不断加强对各承办单位的日常管理和督促指导，切实做到任务清、进度明、情况熟，并坚持问题导向，有针对性地进行督促指导。在认真梳理各承办单位办理情况的基础上，2018年7月9日，印发了《省人民政府办公厅关于2018年省人大代表建议省政协提案办理情况的通报》（黔府办发电〔2018〕108号），指出存在问题，提出工作要求，督促指导各承办单位抓紧抓实抓好各项办理工作任务。

三是严格目标绩效考核。每年年底，省人民政府办公厅均按照年初的省政府系统建议提案办理专项目标实施方案，对各承办单位建议提案办理各项工作任务完成情况进行全面考核，对不作为、懒作为、慢作为等情形严格扣分，考核结果纳入省直目标绩效管理。其中，对未按要求公开办理复文的承办单位，在年度考核中予以扣分。

《意见》下发后，各级各部门主动公开建议提案办理复文、办理工作动态、意见建议吸收采纳情况等信息，有力促进了建议提案办理答复质量的提升，强化了承诺事项的如期推进，增强了工作透明度和政府公信力。另外，省人大选任联委、省政协提案委大力支持省人民政府办公厅工作，要求人大代表、政协提案者提出建议提案时，需明确是否同意公开建议提案内容，促进了建议提案质量提升。

三 思考和打算

在省人大、省政协的大力支持下，经过各承办单位的共同努力，2015年以来贵州省建议提案办理结果公开工作进行了有益尝试、取得了一定成绩、积累了一些经验。但是，与新时代的新要求和代表提案者的新期望、人民群众的新期盼相比，公开工作仍然存在差距和不足。主要表现为：一是机制不够健全和完善。如，有的单位未建立健全涉密处理机制，只要办理复文部分内容或数据敏感，不适宜向社会公众公开，就简单地将整件办理复文确定为"不予公开"。二是公开比例不够高。2018年2月7日，国务院常务会议要求按照应公开尽公开的原则，用好网站、新媒体等平台，主动公开办理结果。据统计，2019年，省教育厅建议提案办理复文公开比例不到15%，省生态环境厅、省国资委、省投资促进局等承办单位公开比例不到50%，远未达到应公开尽公开的要求。三是公开不够及时。2018年，省人民政府办公厅印发《关于做好2018年建议提案办理工作的通知》（黔府办函〔2018〕27号），要求各承办单位按照"先审查、后公开，谁公开、谁负责"的原则，于办理复文形成之日起10个工作日内，在本级政府（企业）网站主动公开全文。但是，省民宗委、省人力资源和社会保障厅、省生态环境厅等单位在建议提案全部办复后，才统一公开。四是政策解读不够。2018年省人民政府办公厅首次组织开展建议提案办理复文解读以来，每年仅有两三家承办单位开展解读，解读的面不够广、针对性不够强。

下一步，贵州省将坚持以习近平新时代中国特色社会主义思想为指引，认真学习贯彻党的十九大和十九届二中、三中、四中全会精神，增强"四个意识"、坚定"四个自信"、做到"两个维护"，坚决站在讲政治的高度，深刻认识深入推进建议提案办理结果公开的重要性、必要性，坚持将建议提案办理结果公开作为提高政府工作透明度、提升政府公信力的重要工作，在认真总结以往好经验好做法的基础上，进一步提高工作标准，严格工作要求，探索创新实践，推动建议提案办理结果公开工作迈上新台阶、开创新局面、取得新进展。其关键举措如下：

健全完善机制。一是健全完善涉密处理机制。建议提案办理复文涉及国家秘密的，依法不予以公开。对部分内容涉及国家秘密、商业秘密和个人隐私，公开可能危及国家安全、公共安全、经济安全和社会稳定的，能够作区分处理的，尽量作区分处理，依法将可公开的内容予以公开。二是坚持和完善办理复文与公开同步审查机制。对办理复文与是否公开进行同步审查，并在办理复文中明确标注"此件公开发布""公开主要内容""依申请公开""不予公开"。对"依申请公开""不予公开"的，要书面向省人民政府办公厅说明理由和原因。三是健全完善沟通协商机制。主会办的建议提案，主办单位在公开前要履行与会办单位的沟通确认程序，会办单位要在会办意见上明确标注是否公开。四是建立解读机制。建议提案办理复文涉及国家或贵州省经济社会发展重大政策和重要改革举措的，公开时，应视工作需要同步配发解读材料，认真做好解疑释惑工作，让公众更好地知晓、理解政府经济社会发展政策和改革举措。五是建立舆情回应机制。建议提案办理结果公开后，要密切监测媒体、社会公众对公开结果的关注情况，加大宣传力度，认真做好舆论引导工作，对有疑虑、误解甚至产生谣言的，要发布信息予以澄清；对合理化的建议，要积极吸收采纳，切实回应公众关切。

拓宽公开渠道。一是强化政府网站功能。切实发挥政府网站权威性、综合性、及时性的特点，不断完善和丰富建议提案专栏内容，及时公开办理复文、办理总体情况、意见建议吸收采纳情况、有关工作动态等办理结果信息。二是拓宽公开渠道。结合实际，积极探索通过政务微博、新闻发布会以及报刊、广播、电视等平台，公开办理结果信息，并不断丰富公开内容、创新公开形式，充分展示建议提案办理成效，加大建议提案办理工作宣传力度。

强化时效意识。进一步优化工作流程，提高工作效能，在办理复文和相关信息形成之日起10个工作日内以便于公众知晓的方式，主动公开办理结果信息。

财政预决算及"三公"经费信息公开的贵州实践

董平永 叶 栋 庞正娟 罗燚堃[*]

摘 要:按照中央和上级的工作部署,贵州省财政厅遵循《预算法》等法律法规要求,坚持"以公开为常态、不公开为例外"的原则,制定政策措施,明确公开要求,加强组织领导,不断完善公开体系、健全公开机制、丰富公开内容,实现了政府预决算全口径公开、部门预决算全覆盖公开、预决算收支情况全方位公开、预决算管理全过程公开。近年来,贵州省预决算公开工作取得明显成效。

关键词:预决算公开;全覆盖;全口径

预决算公开:现代财政管理的窗口

(一)预决算公开是推进国家治理体系和治理能力现代化的内在要求

党的十八大以来,以习近平同志为核心的党中央明确提出要推进国家治理体系和治理能力现代化,区别于传统管理,治理的灵魂在于政府、市场和社会之间的动态联系,旨在"形成党委领导、政府负责、社会协同、公众参与、法治保障"的社会管理体制。财政,是国家治理的

---

[*] 董平永,贵州省财政厅预算编审处四级主任科员;叶栋,贵州省财政厅政府采购监督管理处三级调研员;庞正娟,贵州省财政厅预算编审处一级科员;罗燚堃,贵州省财政厅预算处工作人员。

基础和重要支柱；而预算管理，在财政管理中处于核心位置。预决算公开，正是立足财政预算管理，在政府和社会公众间打开窗户、架起桥梁，在保障公民对财政管理的知情权、监督权、参与权的同时，让社会公众了解财政资源分配的规则、过程和结果，构建起财政预算管理由上到下、由下到上以及横向流动的互动机制。

（二）预决算公开是加快构建现代财政制度的重要举措

"财者，为国之命而万事之本也"，财政承担着公共资源分配、经济宏观调控、社会民生保障等重要职能；财政制度，是中国特色社会主义制度的一项重要内容，党的十八届三中全会指出要建立全面规范透明、标准科学、约束有力的预算管理制度，党的十九大更是明确要加快建立现代财政制度。推进预决算公开，正是建立和实施全面规范、公开透明的现代预算制度的重要抓手和推动力，通过引进市场、社会、公众的监督，进一步深化预算管理改革，不断提升预算编制的科学性、预算管理的规范性、预算执行的刚性和预算资金使用的绩效性，推动财政管理迈上新台阶。

（三）预决算公开是建设服务型、责任型、廉洁型政府的应有之义

党的十八届四中全会明确要求"重点推进财政预算、公共资源配置等领域的政府信息公开"。政府信息公开透明，有利于助推服务型、责任型、廉洁型政府建设，切实提高政府管理效能。推进预决算公开，就是要让以财政资源为载体的政府活动接受社会监督，督促和引导政府部门更好履行职能、服务社会，体现了以人民为中心的发展思想；让公众知晓财政资金花到哪里去了、怎么花的、花的效果怎么样，避免了"不负责任的政府"；让"看不见的政府"变成"看得见的政府"，强化公众监督，从制度上降低了腐败发生的可能性。

"五个坚持"：贵州省预决算公开实践

近年来，贵州省财政厅高度重视预决算公开工作，专门成立了预决算信息公开工作领导小组，探索出"五个坚持"的做法，大力推进预

决算信息公开，公开工作迈出坚实步伐。

（一）坚持预算公开制度引领，完善预算公开体系

一是夯实公开制度基础。2016年6月，结合贵州省实际，贵州省委办公厅、省政府办公厅印发《关于进一步推进预算公开工作的实施意见》，对推进预算公开工作提出具体要求，明确贵州省预算公开的基本原则、公开主体、公开范围、公开主要任务，形成了以《预算法》《政府信息公开条例》为统领、多项预算公开政策为指南的预算公开制度基础，让预算公开工作有法可依、有规可循。

二是搭建预算公开框架。形成了政府预算公开为主体、部门预算公开为重要内容、重点领域信息公开共同支撑的预算公开框架，稳步推进预算公开。

三是明确公开责任主体。政府预决算由地方各级财政部门依法公开，部门预决算由部门主动公开，除涉密部门和信息外，不得少公开、不公开应当公开的事项，切实做到"应公开尽公开"。

（二）坚持提升预算编制质量，奠定预算公开基础

预算编制是整个预算管理的源头，预算编制水平直接关系到预算公开的质量。按照《预算法》要求，贵州省财政以构建全面规范透明、标准科学、约束有力的预算管理制度为主线，以全面提升财政资金使用绩效为目标，紧紧聚焦预算编制，推动零基预算管理改革、全面实施预算绩效管理、推进地方事权和支出责任划分，着力清理规范省对下专项转移支付，启动财政核心业务一体化系统建设，不断规范预算管理，全力提高预算编制水平，为预算公开创造良好条件。

（三）坚持统一预算公开标准，提高预算公开水平

为方便公众便捷获取预算公开信息，贵州省财政厅推进"三个统一"。（1）统一公开平台，要求建有门户网站的预算部门，在各自门户网站公开预算信息，并永久保留，同时，在省政府门户网站、财政信息网站平台同步公开。（2）统一公开样式，按照"实行公开格式管理"的要求，制作政府预决算和部门预决算共36张公开报表参考格式，供

各地区各部门参考使用，使得公开工作更具可操作性。（3）统一公开时间，政府预决算，按照要求在省人代会批复预算后20日内公开，部门预决算要求在财政部门批复后20日内集中公开。

（四）坚持提升预算公开质量，丰富预算公开内涵

一是公开内容要真实。按照"谁公开、谁负责"原则，政府预决算按照省人代会批准内容公开，部门根据批复的部门预算据实公开。二是公开内容要细化。要求一般公共预算功能科目公开到项级科目，一般公共预算基本支出经济分类公开到款项，税收返还、一般性转移支付补助分地区公开到9个市州和贵安新区，专项转移支付公开到具体项目。三是公开形式要丰富。鼓励文字、表格、图样多种形式公开，增强可读性。

（五）坚持公开工作服务到位，提升预算公开效率

强化公开时限要求。贵州省财政厅在批复年度部门预算的同时，一并印发关于公开要求的文件，部门在收到部门预算批复时，同步启动部门预算公开准备工作。强化服务理念，耐心听取预算单位反映的公开问题，细心讲解公开政策，对部门预算的公开进行跟踪服务。强化审核过程，坚持靠前把关，对部门预算公开内容进行检查指导，及时指出存在的问题和不足，切实提升部门预决算的公开质量。

规范透明：贵州省预决算公开成效

通过建立完善公开制度、规范公开程序、统一公开要求等一系列有力措施，引导各地区各部门增强公开理念、树牢公开意识，贵州省预算公开工作向前稳步推进。近年来，贵州省预决算公开在全国预决算公开情况排名中不断提升，公开工作取得明显成效。

（一）公开理念深入人心

贵州省从2013年开始探索预算公开，经过多年实践，"公开为常

态、不公开为例外"已成为共识,所有使用财政资金部门(除涉密信息外)均应公开成为常态,部门作为财政资金使用主体责任意识进一步加强,阳光型财政、透明型财政建设跃上新的台阶。

(二)公开体系趋于成熟

通过探索和实践,贵州省财政厅初步实现了"四个全公开"机制,构建起完整的预决算公开体系。

一是实现政府预决算全口径公开。从2015年开始,贵州省财政厅按照"建立定位清晰、分工明确的政府预算体系,政府的收入和支出全部纳入预算管理"的要求,编制年度政府预决算,公开政府预决算报告及附表,涵盖一般公共预算、政府性基金预算、国有资本经营预算和社会保障基金预算信息。

二是实现预算部门全覆盖公开。2015年公开了108家省级部门预算,首次实现除涉密单位外百分之百公开,从2015年起,除涉密单位外,贵州省连续六年实现省级部门预决算全范围公开。

三是实现预算收支情况全方位公开。部门收支情况,包括部门收支总体情况和财政拨款收支情况。部门收支总体情况包括了部门收支总表、部门收入总表、部门支出总表;财政拨款收支情况包括了财政拨款收支总体情况、一般公共预算支出情况、一般公共预算基本支出情况、一般公共预算"三公"经费支出情况、政府性基金预算支出情况5张报表,公开做到不留死角、不留空白。

四是实现预算管理全过程公开。从政府年初预算、预算调整、政府决算,到年初部门预算、部门决算,预算管理链条信息全部公开。

(三)公开内容精细全面

突出增减变化情况,部门公开的收支总体情况、财政拨款收支情况、一般公共预算安排情况都要同上年度做对比,说明增加减少变化情况;完善公开要素,部门预决算在公开预算信息的同时,一并公开部门职能、机构设置、机关运行经费情况、政府采购支出情况、国有资产占用情况等信息,并对专有名词专门做出解释;细化公开内容,除涉密信息外,省级预算单位一般公共预算按照功能分类全部公开到项级科目,一般公共预算基本支出按照经济分类科目公开到款级。

（四）公开重点更加突出

紧紧围绕社会公众关心领域，实现"四个聚焦"。一是聚焦重点民生领域。省级部门要对各自重点项目支出情况进行介绍说明，尤其是教育、医疗卫生、社会保障和就业、农林水事务、扶贫等涉及民生范畴的专项支出，须就项目概况、项目额度、用途、资金使用方向、分配方案予以说明。特别是将村级公益事业建设一事一议财政奖补政策在贵州省惠民政策项目资金信息公开平台进行公开；各级乡（镇）政府在村民组内公共场所对拟发放的耕地地力保护补贴有关情况进行公示。二是聚焦机关运行经费。将涉及工资福利、商品和服务、个人和家庭补助、"三公"经费等社会公众关注的内容全部公开，并详细说明部门机关运行经费使用情况。三是聚焦预算绩效信息。按照全面实施预算绩效管理要求，从2018年起，贵州省财政厅同步公开预算绩效目标信息，同时将选取报送省人代会审议的项目文本及绩效目标信息一并向社会公开。四是聚焦专项资金信息。从2017年开始，省级财政统一公开省级财政专项资金目录清单，对列入专项资金目录清单的，除涉密内容外，由主管部门逐步公开专项资金管理办法、申报指南、分配结果等信息。

（五）"三公"经费预算公开成效明显

省级部门按公开要求，公开了本单位"三公"经费财政拨款总额和分项数额，具体涵盖公务接待费、因公出国（境）费和公务用车购置和运行维护费等信息。同时，公布"三公"经费同上年增减变化情况以及增减变化原因。通过"三公"经费预算公开，从预算管理源头推进厉行节约、反对浪费工作规范化、程序化、制度化。

结语：不断提升公开质量的展望与思考

党的十九届四中全会通过的《中共中央关于坚持和完善中国特色社会主义制度推进国家治理体系和治理能力现代化若干重大问题的决定》

指出要"坚持权责透明,推动用权公开,完善党务、政务、司法和各领域办事公开制度,建立权力运行可查询、可追溯的反馈机制""健全党和国家监督制度,推动各类监督有机贯通、相互协调",预决算公开在构建现代财政制度、推动社会治理、强化权责约束中的作用日益凸显。通过近年来的探索和实践,贵州省预决算公开成效明显,但与推进国家治理体系和治理能力现代化的要求尚有欠缺、与建设现代财政制度的目标还有差距、与社会公众的期待仍显不足。如何高质量推进预决算公开,以下五个方面将是今后的工作重点:

提高公开质量是今后预算公开努力的方向。省级部门预算,从2015年开始已经连续六年实现公开部门全覆盖,下一步,在继续保持部门全公开基础上,贵州省财政厅将推动预决算公开向纵深发展,继续拓展部门预算公开内容,进一步加大政府采购信息、专项资金申报和分配情况、国有资产占用使用情况、预算绩效情况等信息的公开力度,逐步公开项目文本信息、绩效评价报告等信息,充实预算公开内容。

提升预算编制质量是做好预算公开工作的源头。如果说预决算公开是亮家底,那么预决算的编制就是要做实家底,家底做实了公开才能底气足。如何提高部门预算编制质量?贵州省省本级从2019年开始全面实施零基预算管理,围绕零基预算管理,严格落实《预算法》要求,大力清理、整合规范专项转移支付,合理确定省与地方事权和支出责任改革划分,并确定了"保障重大决策部署、牢牢守住民生底线、必须以项目为支撑、加大产业扶持力度、严格区分轻重缓急、职责与经费相匹配"的六项预算安排原则,统一预算编制条件、统一预算审核标准、统一开展集中会审、统一依法实行公开,坚持用资金效益使用情况来检验预算支出质量,将公开、透明、依规的理念贯穿整个预决算编制环节,增强预算安排绩效性、精准性、时效性、公平性、规范性,为预算公开打下坚实基础。

强化社会公众互动是做好预算公开的重点。一要加强政策解读,报送人大审议的预算报告,除报告年度预算安排情况外,重点报告支出政策,组织有关负责人、专家、新闻媒体等对预算进行解读。二要增强公开内容可读性,丰富预算公开渠道,做到表格、文字、图表等相结合,做好报表、数据解释说明工作,公开信息获取要便捷,确保社会公众找得到、看得懂。三要积极回应社会关切。落实"谁公开、谁解释"的原则,加强预算部门在预算公开中的责任意识,把握社会舆情动态,积极回应社会关注热点,增强社会公开实效。

突出部门主体责任是做好预算公开的关键。按照《预算法》的规定,各部门、各单位负责各自部门预决算的编制、执行和公开,因此预决算公开工作需要强化部门在预算公开中的主体责任和地位,扮演好预算公开的主体角色;同时,财政部门要发挥好在预算公开中的监督和指导作用,双方联动、形成合力,共同推进预算公开工作。

加强信息化建设是做好预算公开的重要支撑。加强"互联网+公开"思维的运用,顺应互联网发展趋势,注重预算公开与网络深度融合,提高网络化、信息化、集中化水平。坚持公开务求实效、方便公众的理念,推进预决算公开信息网络平台建设,对公开内容实行类别划分、目录管理,多管齐下、相互补充,切实解决预算公开信息不好找的难题。

大数据引领公共资源交易阳光透明运行

——贵州省公共资源交易大数据应用调研报告

赵 煦 王丛虎*

摘 要：公共资源交易的公开透明是各国共同关心的话题，同时也是一个国际难题。贵州省公共资源交易中心借助国家大数据试验区建设契机，打通全省公共资源交易平台系统数据通道，建成并运行了全国首个公共资源交易大数据应用服务平台。围绕阳光交易、数据理政、数据监管、数据服务展开公共资源交易领域大数据全方位应用，初步形成了"阳光交易"下的数据力量，即"用数据说话、用数据决策、用数据管理、用数据创新"的贵州公共资源交易数据服务新格局。

关键词：公共资源交易；阳光透明；大数据应用

公共资源交易作为政府创新配置资源的方式，是现代市场经济体系的重要组成部分，属于政务公开的范畴，也是衡量营商环境的晴雨表。[1]

党的十八大以来，中国加快了建设中国特色社会主义市场经济体系的步伐，强化并确立了市场在配置资源中的决定性作用。党的十八大提出"要在更大程度、更广范围发挥市场在资源配置中的基础性作用"。党的十八届三中全会进一步提出"使市场在资源配置中起决定性作用"。党的十九大明确要求："使市场在资源配置中起决定性作用，更

---

* 赵煦，贵州省公共资源交易中心党组成员、副主任；王丛虎，中国人民大学公共管理学院教授。

[1] 王丛虎：《重视公共资源交易营商环境指标构建》，《政府采购报》2019年10月9日。

好发挥政府作用。"突出市场配置资源的决定作用,已成为当下中国建设社会主义市场经济体系的一项紧迫任务。党中央、国务院在深切意识到政府直接配置公共资源的种种弊端之后,果断提出"为解决当前政府配置资源中存在的市场价格扭曲、配置效率较低、公共服务供给不足等突出问题,需要从广度和深度上推进市场化改革,大幅度减少政府对资源的直接配置,创新配置方式,更多引入市场机制和市场化手段,提高资源配置的效率和效益"①。

客观地说,中国公共资源交易实践中仍存在着诸多问题,如从前些年的"豪华采购""天价地王""高价药品",到近些年的"超低价中标"、串标围标、恶性竞争等不正常现象,尤其是该领域的腐败行为更是引起社会各界的高度关注。有学者统计分析了2000—2009年腐败案例,结果表明:中国腐败的规模在持续上升,腐败领域较为集中在政府采购、工程承包以及土地领域;② 有学者通过对2009—2017年间街镇腐败案例的统计分析,发现街镇一把手腐败都与工程建设、土地承包等领域滥用权力、谋取私利息息相关;③ 有学者通过对自党的十八大至2016年3月落马的97名省部级、军级以上高官腐败原因进行分析后发现:涉嫌工程建设领域腐败的35人,涉嫌土地开发领域腐败的22人,涉嫌房地产领域腐败的16人,涉嫌矿产资源领域腐败的10人,工程建设、土地开发等公共资源交易领域是中国腐败的重灾区、主灾区。④

中国公共资源交易领域仍存在种种问题急需治理,也亟待解决。党的十九届四中全会提出的"中国之治"为各个领域的治理体系和治理能力现代化指明了方向,提出了具体要求。贵州省公共资源交易中心积极探索,充分利用现代科学技术创新公共资源交易的运行方式,通过"互联网+""大数据"等前端技术手段,打造了全国首个公共

---

① 中共中央办公厅、国务院办公厅:《关于创新政府配置资源方式的指导意见》,2017年2月。
② 公婷、吴木銮:《我国2000—2009年腐败研究报告——基于2800余个案例报道的分析》,《社会学研究》2012年第4期。
③ 文宏、杜菲菲:《街镇一把手腐败行为的演化机理与治理对策——基于2009—2017年街镇腐败案例的内容分析》,《湘潭大学学报》(社会科学版)2017年第9期。
④ 何家弘、徐月笛:《腐败利益链的成因与阻断——十八大后落马高官贪腐案件的实证分析》,《政法论坛》2016年第5期。

资源交易大数据应用服务平台，并围绕数据治理、数据监管、数据服务，构建了引领全国的"阳光透明＋大数据"公共资源交易综合平台的典范。

一 公共资源交易面临的矛盾与冲突

公共资源交易一头连着政府，一头连着市场，是公共部门与市场主体交易的桥梁，也是利益冲突最为激烈、矛盾暴露最为突出的领域。公共资源交易所涉及的公共资金金额大、公共项目数量多，其利益诱惑力巨大、市场主体竞争激烈、腐败的风险也最高。所以，对公共资源交易领域治理的效果很大程度上反映着国家治理能力。

（一）暗箱操作 vs 阳光交易

不公开、不透明是腐败之源；而公开透明不仅是民主政府的基本要求，也是人民知情权的应有之义。早在100多年前，马克思就精辟论述了政府的极端封闭和封建专制的关系："官僚机构的普遍精神是秘密，是奥秘、是保守……因此，公开国家的精神及国家的意图，对于官僚机构系统而言就等于出卖它的秘密。"[①] 美国前司法部部长克拉克（Ramsey Clark）指出："如果一个政府是真正的民有、民治、民享政治的话，人民必须能够详细地知道政府的活动。没有任何东西比秘密更能损害民主。公众不了解情况，所谓自治，所谓公民最大限度地参与国家事务只是一句空话……"[②] 在国际社会最有影响力的反腐败民间组织——透明国际的评价指标中，公开透明、"暗箱操作"与否占据国家清廉指数的较高权重。历史和现实经验一再证明：一切腐败现象和腐败行为最大的特征在于行为的秘密性。透明国际在总结世界各国公共采购的实践经验和教训的基础上指出：几乎没有任何一项活动比公共采购造成更强烈的腐败动

[①] 转引自王丛虎《公共采购腐败治理问题研究》，中国方正出版社2013年版，第261页。

[②] 转引自王名扬《美国行政法》，中国政法大学出版社1995年版，第959页。

机和更多的腐败机会，而公共采购领域最有力的工具就是舆论曝光。①

长期以来，公共资源交易不透明、不公开的"暗箱操作"成为世界各国公共资源交易治理的热门话题。走向公共资源交易的全过程公开透明，是世界各国共同追寻的目标。中国公共资源市场化配置起步较晚，但非常注重吸收国际社会的先进经验和失败教训，着力推进公共资源交易的"阳光透明"。2015年10月，国务院主要领导提出，公共资源是人民的资产，政府要让公共资源交易在阳光下操作，提高和优化资源配置效率，对人民资产负责，公共资源要"网下无交易，网上全公开"。②贵州省公共资源交易中心充分利用"互联网+"等新技术，借助贵州大数据综合试验区建设的契机，强化了公共资源交易平台的公开透明。2016年12月28日，贵州打通全省公共资源交易平台系统数据通道，建成并运行全国首个公共资源交易大数据应用服务平台。

（二）违法违纪 vs 全程留痕

在世界范围内，包括工程建设项目招标投标、政府采购、土地使用权和矿业权出让转让、国有产权交易等在内的公共资源交易腐败发生率最高，危害也最大。公共资源交易中的围标串标、恶意竞争、行贿受贿等违法违纪现象非常严重。经济合作与发展组织（OECD）在其成员国的问卷调查中得出结论：公共采购中的腐败问题可能发生于公共采购过程的每一个阶段。③ 国际反腐败组织透明国际进一步分析了公共采购周期中腐败发生的风险和具体表现，认为腐败的风险在全周期都有可能发生，且在各个阶段的具体表现各不相同。④ 实践中，公共资源交易各环节都可能发生违法违纪行为。如围标串标行为可能在公共资源交易场外的前后两端都有延伸。前端：投标企业之间横向抱团，通过建立价格同盟，内部轮流坐庄，相互串通，在投标报价上进行分工，梯次报价，使竞争对手的正常报价失去竞争力；招标人和中标企业之间纵向抱团，暗

---

① 透明国际编著：《公共采购反腐败手册》，黄烯华、邓晓梅、朱春雪译，中国方正出版社2007年版，第19页。
② 参见中新网，http://www.chinanews.com/tp/hd2011/2015/10-30/576904.shtml。
③ OECD, Integrity in Public Procurement Good Practice A to Z. OECD, 2007, p.21.
④ 转引自王丛虎《公共采购腐败治理问题研究》，中国方正出版社2013年版，第28页。

箱操作，私下谈妥条件，基本内定后，才开始招投标，邀来其他企业"陪标"；或利用资格预审设置"门槛"，排斥潜在投标人；或在招标文件上"量身定做"，制定倾向性条款，为"意向"投标企业开绿灯，其他参与竞争的企业无论怎么努力，均不会改变中标结果。后端：项目评标结束后，中标供应商会通过违法分包转包、强求招标人追加预算等方法获取更大利益。

为此，对公共资源交易实施全程监管是遏制违法违纪的必然选择。2016年3月，国务院第四次廉政工作会议指出："公共资源交易平台要建起来、系统要联起来、数据要用起来"，即要运用大数据加强监测并及时查处违规行为。2016年9月，国家发展改革委、财政部、国土资源部、国务院国资委联合颁布实施《公共资源交易平台系统数据规范》，为公共资源交易领域打破信息壁垒，推动数据共建共享，促进交易平台深度融合提供了顶层设计，也为实现信息统一发布查询和大数据深入挖掘应用奠定了基础。贵州省公共资源交易中心高度重视公共资源交易的基础数据建设，在确保公共资源交易数据标准不低于或超越国家标准的同时，还强调行业总体数据汇集量大，汇集集中率高，并确保上传国家总平台的完整率、及时率、准确率位居全国前列，为公共资源交易全程留痕和大数据开发应用创造了良好条件。

（三）交易碎片化 vs 集聚整体性

包括工程建设项目招标投标、政府采购、土地使用权和矿业权出让转让、国有产权交易等在内的公共资源交易类型多、项目多、程序复杂，参与公共资源交易的各类主体众多，交易活动极其活跃，这就决定了公共资源交易碎片化现象明显。由于不同类别的交易项目涉及的交易制度不尽相同，加之国家顶层设计难以及时跟上迅速变化的公共资源交易实践，政策执行中的偏离客观存在、各类监管部门难求行动一致、监管方式千差万别等原因，导致参与到各类公共资源交易的市场主体行为容易失控，各类交易活动容易处于无序状态。2015年8月国务院办公厅印发的《整合建立统一的公共资源交易平台工作方案》（国办发〔2015〕63号）明确指出："建立统一的公共资源交易平台，有利于防止公共资源交易碎片化，加快形成统一开放、竞争有序的现代市场体系。"为此，应该加强公共资源交易的全程电子化，构建统一的全流程电子化公共资源的形式标准、内容标准、体系标准，以应对公共资源交易碎片化的加剧，进而发挥公共资源交易集聚整体性效应。①

贵州省公共资源交易中心在应对公共资源交易碎片化过程中，不仅强调公共资源交易的物理场所整体的积聚效应，也强调交易项目集聚的整体性，并运用全流程电子化来发挥市场化配置公共资源交易的整体效能。通过对公共资源交易参与主体、交易方式、交易监管等碎片化的"大数据"整合，形成了引领全国公共资源交易创新的"贵州模式"。

（四）交易漂白池 vs 决策咨询师

党的十八大以来，以习近平同志为核心的党中央从关系党和国家生死存亡的高度，作出打铁还需自身硬的庄严承诺，以猛药去疴、重典治乱的决心勇气，推动全面从严治党向纵深发展，打虎拍蝇雷霆万钧，正风肃纪驰而不息。②然而，一些手握公权的潜在腐败分子和企图谋取更大利益的企业或个人仍抱着侥幸心理，企图插手工程建设招投标、政府采购、国有土地招拍挂等，以获取非法利益；甚至采取在进场交易前通过招标文件量身定做、泄露信息、贿赂专家等途径干扰项目运行，然后通过公共资源交易平台进行交易，达到用合法形式掩盖非法目的的企图。随着越来越多的项目进入公共资源交易中心进行交易，公共资源交易中心面临着巨大压力和风险。为此，如果不能及时有效识别出这些违法违纪行为，公共资源交易平台就会成为这些腐败行为的"交易的漂白池""违法的避难所""腐败的窝藏地"。

随着中国公共资源交易平台整合共享改革的深入推进，尤其是"应进必进"的加快推进，公共资源交易平台已经成为一个利益汇聚的集散地。贵州省公共资源交易中心依托汇聚的数据资源，立足于贵州发展实际破局，以"互联网+公共资源交易"为路径，开展交易大数据分析应用探索，全面提升公共资源交易智能化水平，全面防范腐败风险，构

---

① 王丛虎：《全流程电子化公共资源交易的标准界定与保障实施》，《中国政府采购杂志》2018 年第 5 期。
② 《形成反腐败斗争压倒性态势——党的十八大以来全面从严治党成就综述》，中国共产党新闻网（fanfu. people. com. cn/n1/2017/0817/c64371 - 29476247. html）。

筑了互联网+公共资源交易服务格局。

二 互联互通，构建阳光交易的数据基础

贵州省公共资源交易中心围绕国务院关于"平台要建起来，系统要联起来，数据要用起来"的指示精神，认真贯彻落实《国务院办公厅关于印发整合建立统一的公共资源交易平台工作方案的通知》（国办发〔2015〕63号）要求，以解决公共资源交易中的痛点、难点、堵点为导向，全力推进公共资源交易大数据研究和应用，强力推动全省各类公共资源电子化交易和电子留痕，在统一全省交易流程和服务标准的同时，贵州省搭建公共资源交易大数据应用服务平台，纵向打通省、市、县三级交易平台数据通道，横向联通各行业行政主管部门相关数据，实现了海量交易数据的融合共享。在此基础上，围绕数据治理、数据监管、数据服务三个主题开展公共资源交易领域大数据分析，实现了公共资源交易的全程透明、规范、可溯化运行，初步形成了贵州省"用数据说话、用数据决策、用数据管理、用数据创新"的公共资源交易大数据智能化服务监管新格局。

（一）疏通阻碍环节，融通交易机构之间纵向数据通道

大数据应用的前提是数据的无障碍标准化汇聚。贵州省公共资源交易中心在全国率先进行大数据的探索创新，取得明显成效。主要表现为：一是制定印发《贵州省电子交易流程及互联互通系统建设方案》，统一全省6大类207项公共资源交易流程，固化流程节点；二是统一交易流程各节点数据名称，形成具有贵州特色的公共资源交易数据字典；三是出台《贵州省公共资源交易电子化注册和信息维护操作细则》等电子化工作细则12个，修改和统一全省31个电子交易平台数据接口54个、工作节点441个、数据项2031个，实现全省各级电子化交易系统操作规则的整齐划一，全面打通了省、市两级平台异构系统数据通道，实现全省交易数据实时汇聚到贵州公共资源交易公共服务平台数据总站。这些措施的实施，使国家及省有关法律法规规章、全省各类招标、采

购、挂牌、拍卖公告公示，全省各级公共资源交易平台的所有入场交易项目的全过程、全节点工作进度及风险点位信息，平台管理规则、交易流程、服务承诺、工作标准，交易企业诚信信息、评标专家、交易中心工作人员工作履职信息等，通过一个统一的平台得到实时公开和反映。

（二）打通横向数据，实现地区和部门间的互联共享

贵州省公共资源交易公共服务平台横向与贵州省发展改革委、省住房城乡建设厅、省市场监管局、省财政、金融等部门系统对接并交互数据。2019年，与信用联合惩戒平台、国有企业采购平台和国有产权交易平台实现数据对接，促进数据共享共用。新增林权交易、碳排放等数据，进一步扩展数据汇聚范围，实现全省公共资源交易数据统一标准、统一汇集、统一管理、统一应用。同时融合相关的网络公开数据、社会大数据企业数据资源及加工服务，实现跨部门、跨区域、跨时间、跨数据源的多维度多层次融合共享。

（三）实现全程公开，建立阳光交易制度保障

制度创新是应用创新的先导。2018年10月，根据《贵州省人民政府办公厅关于推进公共资源配置领域政府信息公开的实施意见》（黔府办函〔2018〕87号）精神，《贵州省公共资源交易信息公开目录》及《关于贯彻落实〈贵州省公共资源交易信息公开目录〉的办法》先后出台，明确了公共资源交易的信息公开内容、公开属性、公开时限、公开载体，并落实问责机制，确保各类依法公开的公共资源交易公告信息、资格审查信息、交易过程信息、成交结果信息等全过程交易数据共享至贵州公共资源交易公共服务平台。2019年10月，贵州省政府办公厅印发《贵州省公共资源交易管理办法（试行）》（黔府办发〔2019〕24号），明确公共资源交易中心的服务内容、服务流程、工作规范、场地使用和监督渠道应当在网站和公共服务平台上公布，实现所有交易数据信息一个平台汇聚、一个网络公开、一个窗口查询，切实为市场主体、行政监督部门和社会公众提供准确、全面、高效的信息公开服务，也切实做到让社会各方主体实时监督各类公共资源项目的交易行为，让不诚信和弄虚作假者无所遁形，以公开保障交易公平、公正。

(四) 提升数据质量，使交易情况得到准确反映

贵州省公共资源交易中心高度重视全省公共资源交易数据汇集共享工作，针对国家公共资源交易平台数据考核办法和数据规范，及时调整全省公共资源交易公共服务平台数字综合考核标准，推进全省各级公共资源交易平台数据规范化管理，数据上传的完整率、准确率、及时率综合质量评价考核排名全国前列，为开展精准大数据分析奠定了坚实数据基础。2019年，建设全省公共资源交易数据管理驾驶舱，深化数据汇聚的深度和广度，优化数据质量监控能力，数据质量得到进一步提升。截至2020年3月底，贵州公共资源交易公共服务平台共入库法人主体信息43967条，累计交换数据5943万次，发布各类交易信息2493717条，汇集业务数据、日志数据6.73亿KB，文档性附件391GB，访问量达781万次，向全国公共资源交易平台上传数据171.01万条。

三 深挖数据，让阳光照亮交易的暗箱角落

2016年12月，依托贵州公共资源交易公共服务平台汇聚的全省海量交易数据，贵州省公共资源交易中心建成并运行全国首个公共资源交易大数据应用服务平台，围绕数据治理、数据监管、数据服务的数据分析专题，依托大数据体量大、结构多样、时效性强等特征，建立数学模型，采用智能算法等新技术，应用于辅助决策、发现新的知识及在线闭环的业务流程优化。目前共构建数据分析维度11个，建立数据分析模型5个，通过数据深度挖掘，服务政府、监管部门、市场主体、社会公众四方对象。

(一) 科技赋能，打开隐秘的交易暗箱

1. 分析市场主体行为

贵州省公共资源交易中心将社会关系检测模型引入招投标领域，以交易项目为核心，运用大数据建立交易行为关联度大数据分析模型，将招标人、招标代理、投标人之间的历史行为关系建构交易网络社团检测

模型，用于分析投标人之间的串标情况。

2018年以来，公共资源交易大数据应用服务平台对投标企业之间的串标现象进行了更为深入的分析，发现有的投标企业长期抱团参与交易，不仅参与次数多、中标率较低，而且中标次数均呈较为平均的分布，这就是常说的抱团企业之间的抱团投标、"轮流坐庄"现象。通过大数据挖掘与分析，将陪标、串标现象以及这些现象分布的基本特点晒在阳光下，为行业主管部门的精准监管和精准监督，奠定了数据基础。

2. 评估专家评审质量

评标活动是建设工程招投标的重要环节，评标专家的公平、公正以及专业能力直接影响着招投标决策的科学性，围绕评标专家打分的倾向度、离散度、偏离度开展大数据分析，建立专家行为分析模型，还原专家、投标人、招标代理之间的关系网，筛查评审专家不规范行为，综合反映评审专家履职能力的强弱。

一是倾向度分析。主要分析评审专家在长期评标中对某一家投标人（供应商）打分明显偏高或偏低问题。如某工程咨询公司在近两年投标了33次，其中有6次评标遇到了某专家且全部中标，中标率达100%，而没有遇到该专家评标的其他27次投标项目中标率只有30%。该专家让这个企业的中标率提升了3.3倍。二是离散度分析。主要分析和评价单次评标中各评委对某企业评价的分歧程度。如贵州某项目的专家评分偏离度明显异常，杨姓专家与周姓专家给中标人打了满分，而给其他投标人打了0分。这个异常的主观分，很可能是为了让意中人中标，而故意拉大分差。三是偏离度分析。主要分析和评价单次评标中评委打分质量。即某一评委相对所有评委平均分值的差异程度，分析这个评委的评标水平。如专家丰某，在历史评审过的14宗交易项目中主观分打分的综合离散度仅为15.6，也就是几乎给每个投标人的打分不仅居中而且非常相近，且与其他专家综合分值差异较大，可推断该专家没有体现出应有的专业水平，尸位素餐。

（二）全程监控，实现市场的透明运行

1. 监控投标项目主材价格，节约政府资金

运用自然语言识别（支持向量机、条件随机场—序列识别问题）、

混合高斯分布模型,将海量的历史投标文件中的材料明细,通过自然语言处理技术(具体模型为支持向量机、条件随机场),将投标文件中的材料信息非结构化文本数据自动转化成遵循约定的数据标准的结构化数据。将不同来源的同种材料价格,通过高斯混合分布计算出每种材料的合理价格区间,从而发现主要材料异常价格。

各级公共资源交易平台上完成的交易项目当中,交易金额占比最高的是工程建设项目,而一宗工程建设项目交易金额中,主材价格占到了项目交易金额的60%以上,通过工程建设主材投标价格合理性分析模型,对异常投标报价进行自动筛查预警,可以及时发现低价中标高价结算等问题,节约政府资金。

2. 监控全省网采抗菌药物情况,拓展监管手段

贵州省公共资源交易中心依托贵州药品集中采购平台的抗菌药物网采数据,对各市(州)抗菌药物总采购量、人均采购量及采购量月度环比分析,对采购量畸高、采购量激增情况进行自动预警。帮助行业行政主管部门实时掌握各地抗菌药物使用情况,抑制抗菌药物滥用,可为提高抗菌药物科学管理水平,遏制细菌耐药发展与蔓延提供支撑数据。

3. 监控公共资源交易平台服务效能,提高工作效率

提高各级公共资源交易平台服务效能,是优化贵州省发展环境的重要举措。构建交易服务效能指数,选取交易项目的进场登记、招标公告发布、开标、中标公示发布等四个关键节点时间差作为指数的影响因素,利用贵州公共资源交易大数据应用服务平台汇集各地交易系统产生的业务数据,建立交易效能大数据分析模型,形成全省各级公共资源交易平台效能指数,并进行全省排序通报,倒逼了全省各交易平台、各市场主体交易效能的整体提升。全省综合服务效能指数由2016年1月的85%上升到2020年3月的93.66%。

(三)及时追踪,管住平台运行生态环境

1. 提升平台服务效率

依托全流程电子化交易系统,实时对交易中心每位工作人员的工作时效留痕数据进行关联分析,实现对工作人员工作绩效的自动预警、自动评估、自动展示、自动检索和可溯化核查,用大数据考核实绩,奖优

罚劣，规范行为。建立个人、部门及单位总体人员绩效指数，用大数据分析个人绩效优、良、中、差分布情况，并掌握总体绩效发展趋势。2017年以来全省公共资源交易中心工作人员总体绩效也不断攀升，单个项目在场交易时间平均由45天压缩到25天（含项目公告发布至开标法定时间20天、公示期3天），工作人员服务项目的水平和效率得到大幅提升。用大数据可精准反映和管理业务人员工作绩效，管住权力任性。

2. 掌握交易竞争环境

建筑业市场集中度是贵州省营商环境的风向标。根据美国经济学家贝恩和日本通产省对产业集中度的划分标准，将产业市场结构粗分为寡占型（CR8≥40%）和竞争型（CR8<40%）两类。其中，寡占型又细分为极高寡占型（CR8≥70%）和低集中寡占型（40%≤CR8<70%）；竞争型又细分为低集中竞争型（20%≤CR8<40%）和分散竞争型（CR8<20%）。根据这个划分标准，运用平台建筑业市场有关数据，分析工程建设领域内企业的中标项目金额的分布，得出企业CR4（中标金额居前4名企业）的市场占有率变化趋势及施工企业垄断与竞争程度的变化，形成市场集中度指数，从而得出建筑业市场是否属趋于良性竞争，辅助政府改进行业管理政策。跟踪2012年以来的交易数据发现，贵州的建筑市场从寡占型向竞争型转化，贵州建筑市场正趋向竞争型良性有序运行。

3. 分析市场活跃情况

贵州交易市场活跃度是公共资源交易平台营商环境的晴雨表。交易市场活跃度针对政府采购、工程建设项目的参与企业数量、规模、中标成功率等因子，加权综合评估形成交易市场的活跃度指数。分析招标人（采购人）、招标（采购）代理、投标人（供应商）等市场主体在不同项目、不同时段参与竞争的活跃程度，从而判断公共资源交易项目对市场主体的吸引力。从大数据分析结果看，贵州省交易平台上共有来自于全国各地的入库企业43967家，近一年新增4167家，近一年36214家企业活跃于各级交易平台，交易市场活跃指数较高。

4. 推动重点项目运行

贵州省公共资源交易中心紧紧围绕中央和省委决策部署，全力保障全省大扶贫、大数据、大生态三大战略行动交易项目高效运行,并运用大数据分析大扶贫、大数据、大生态项目交易运行情况、运行特点和存在的问题,及时打通交易运行梗阻,提高项目运行效率。

四 拓展应用,扩大数据公开的增值效应

(一)探索数据金融服务,激发企业活力

深化大数据应用价值,建立诚信激励普惠的综合金融服务平台,将中小微企业的交易信用数据与融资信用数据相结合,引导金融机构为公共资源交易中标、采购等诚信交易主体提供免抵押、低利率、延长期限等低成本、高效率的金融服务,探索了一条缓解中小微企业融资难、融资贵、融资慢的有效途径。综合金融服务平台于2019年6月上线以来,累计为投标人提供保证保险、银行保函、投标贷款等金融服务8.84亿元。

(二)优化交易服务方式,减轻企业负担

打破数据壁垒,融合全省各级交易平台企业数据信息,建成全省统一的企业信息注册平台和"CA(数字证书)超市",市场主体只需在全省任意一个公共资源交易平台运行服务机构办理一张数字证书,注册一次企业信息,即可网上在线完成跨区域、跨系统、跨平台的注册核验,各交易平台将会自动同步主体信息及数字证书信息,市场主体可使用同一张数字证书直接登录其他交易平台进行报名、收退保证金、下载招标文件、上传投标文件、预约交易场地、抽取评标专家、开标、评标到交易证明书办理的全流程工作,实现数字证书自助办理、自主选择、一网通办、全省通用,每年可为企业节约成本1.7亿余元。

(三)探索开展要素分析,研判经济走势

采用格兰杰(Granger)因果关系检验技术,将交易中心历史季度时序交易额与宏观经济要素(包括GDP、固定资产投资、建筑业产值)按时间周期变化进行拟合关联度挖掘,找到宏观经济要素与交易中心交

易数据的关联度及先行周期,分析全省GDP、固定资产投资、建筑业产值。通过三年的数据比对,平均分析准确率可以达95%及以上,最小的一次预测误差率小于0.4%,可为党委、政府、各级行业管理部门决策提供数据依据。

(四)扩大平台整合范围,延伸管理触角

充分发挥贵州省公共资源交易中心作为全省公共资源交易平台的牵头作用,运用大数据手段,在不改变企业属性和管理权限方式的情况下,探索将国有企业性质的贵州国有企业产权交易平台、国有企业生产资料交易平台纳入省公共资源交易中心进行业务管理,交易系统全面接入全省公共资源交易公共服务平台,交易数据全面汇聚,交易过程统一公开,进一步扩大公共资源交易市场化配置范围,防范国有产权交易和国企招标采购腐败风险。

大数据管人、管事、管平台,为打造贵州省公开透明的公共资源市场交易环境发挥了重要作用。2017年5月,国际大数据产业博览会将贵州公共资源交易大数据应用项目作为应用大数据提升政府治理能力的典范参展。2017年5月28日,中央电视台《焦点访谈》节目以题为"大数据大作为"报道了贵州省开展公共资源交易大数据深度分析应用的经验及成效。2018年5月27日,全国首个"公共资源交易大数据论坛"成功举办。贵州省公共资源交易大数据的应用研究得到了国家发展改革委法规司、国家信息中心、贵州省人民政府、全国各省公共资源交易管理和服务机构的一致肯定和好评,《人民日报》、新华社、《经济日报》、《中国改革导报》、《贵州日报》、新浪、搜狐等全国各大主流媒体进行了全方位的报道。

五 公共资源交易创新引领对国家治理现代化的启示

"阳光交易+大数据"下的公共资源交易从探索尝试到应用成熟,需要经历相当长的一个时期,会有很多阻碍,能否突破关口,关系到大

数据能否在公共资源交易领域真正发挥实效，真正成为引领技术变革，助力业务发展，提升交易治理能力和公共服务水平的关键因素。

未来，大数据在公共资源交易领域的应用将呈现四个趋势：一是行业大数据应用的不断深入将会深刻地改变公共资源交易的运作模式，上至交易监管的政策改变，下至交易参与方的操作习惯；二是行业大数据应用逐渐呈现三个应用方向，即分析展示、业务融合、指数研究，大数据应用平台内容基本由此三类应用组成，所占比例取决于平台定位；三是行业大数据应用会促使数据共享流通的爆炸性需求，从而加快全行业数据横向纵向互联互通的进程，行业大数据产业生态将逐步形成；四是随着大数据应用的深入，区块链、人工智能等新一代大数据技术会逐渐渗透到行业应用。

对此，今后应从以下方面进一步改进完善。

狠抓数据融合应用。数据本身是大数据平台的根基所在，数据流通不畅和数据质量不高是困扰行业大数据应用的最大痛点，为了防止出现大数据应用变为无本之木，应由内到外确保数据质量。对内，面向大数据分析应用，要建立完善的新一代数据标准，标准可以是行业级的，也可以是区域范围共创共享的，这是大数据运用平台成功的第一道关卡；对外，从制度层面确保外部数据的获取渠道畅通，金融、工商、税务、住建等外部数据对于公共资源交易大数据应用有着巨大的价值，公共资源交易数据对这些外部单位有着同样重要的意义，应从制度层面促成多方数据共享共赢。

加大科学技术创新。公共资源交易大数据发展至今，单靠交易中心和软件开发商合作已不足以释放"数据红利"。有效路径是与科研机构共同开展课题攻关，与数据服务商共同转化应用成果，依托大数据产业化发展，形成可为交易各参与方提供全方位服务，多领域、多载体的公共资源交易"绿色生态圈"，以数据为主线，在数据生产、采集、应用的生态链条上实现多方共赢。

找准数据应用方向。随着大数据应用的推进，不断创新与迭代，诞生了众多可以促进公共资源交易革新的成果，交易平台发展与大数据应用进入了相生相辅、相互赋能、助力提升的良性循环轨道。应将优秀的大数据成果反哺嵌入到交易流程中，为更多交易主体提供优质服务，同时提升交易平台生产数据、采集数据的能力，为大数据应用提供更广阔的基础。

重视数据信息安全。数据安全是大数据发展的底线。公共资源交易行业时刻产生大量涉密数据，数据的防丢失、防损坏、防盗取、防篡改涉及国家安全。一方面需要尽快出台行业数据管理法规，加强行业数据安全监管整治；另一方面需要依靠技术手段升级，从技术角度减少风险。

六 结语

党的十九届四中全会指出，要加快完善社会主义市场经济体制，推进要素市场制度建设，实现要素价格市场决定、流动自主有序、配置高效公平。

贯彻落实十九届四中全会精神，必须进一步深化公共资源交易平台整合共享，加快建成区域统一的公共资源交易平台，推进交易全覆盖，完善分类统一的交易制度规则、技术标准、数据规范，积极稳妥地推动公共资源全品目、全过程、全口径的公开透明阳光交易，真正提高公共资源配置效率和公平性。

政务公开是一把金钥匙，能反映规律、揭示问题、激发活力。贵州省公共资源交易中心的"阳光透明+大数据"的创新之举引领了全国公共资源交易的改革创新，并得到国家发展改革委的高度肯定。2016年3月，贵州省被确定为全国公共资源交易平台整合共享试点。2018年12月，贵州公共资源交易大数据应用被评为全国公共资源交易平台整合共享典型案例。

公共资源交易数据来源于交易，应反哺交易，在遵循数据公开原则基础上，应积极探索数据开放方式与标准，逐步公开官方交易数据，引导社会力量根据市场和社会需求开展多维度分析挖掘，促进更多新融合、新应用。

建设公安大数据助推警务大公开的贵州实践

李杨洋[*]

摘 要： 在信息社会背景下，公安大数据已经成为构成公安战斗力的重要因素，警务实时动态信息、警务领导与指挥命令等，都是以数据形式存在并传输的。以大数据为支撑的公安信息资源的广泛搜集、深度分析、应用及公开，将使警务形态发生质的变化，推动其向着更加智慧的方向发展。如何以大数据为中心精确治理和服务民众，是现代公安工作改革和创新的制高点。

关键词： 大数据；信息公开；警务公开；智慧警务

近年来，在贵州省委、省政府和公安部的坚强领导下，贵州省公安厅牢牢把握"大数据"发展和全国公安改革综合试点地区的有利契机，积极创新大数据条件下的政务公开、警务公开和"放管服"改革新举措，以"贵州公安信息化顶层设计"为指导，以"贵州公安多彩警务云"为支撑，以"六大工程"建设为抓手，逐步形成了以贵州交警警务公开服务为代表的一批工作亮点，公安大数据警务公开工作在一系列社会治理创新工作中取得了良好效果，社会治理能力水平得到有效提升。

---

[*] 李杨洋，贵州省公安厅干部。

一 公安大数据的做法

（一）深入实施"云聚工程"，贵州公安大数据服务警务信息公开能力进一步提升

全省公安机关牢固树立"得数据者得未来"理念，充分发挥自身业务优势，强力推进数据汇聚，开启了以"人、地、事、物、网"为核心的"全数据采集"模式，通过深入群众采集鲜活信息、打通壁垒融合业务数据、整合共享汇聚社会资源等方式和途径，广辟汇聚渠道，引入源头活水，形成全省公安系统的大数据中心。

在省公安厅信息化建设顶层设计框架下，以贵州省公安厅交通管理科研所为技术主导，吸取国内成熟的阿里云计算技术，搭建了由619台服务器、46台网络交换机、12PB总存储组成的警务云平台，以云平台为支撑构建了汇聚公安内外部数据的大数据资源池。来自公安和政府有关部门、服务行业、互联网的四大类数据，通过警务、管理、服务"三类终端"，公安网、专网、互联网"三网"，源源不断汇聚到交警警务云和"云上贵州"政务云，日均生成7000万条约1.45T的数据，实现了数据资源的"大集中、优整合、高共享"。对内，与公安侦查等部门共享信息资源，进一步完善公安基础工作信息库；对外，与安监、交通、保险、广电等多部门共享社会信息资源，汇聚全省"天网工程"11万路信号和贵州路网全部监控资源。

（二）深入实施"云剑工程"，贵州大数据服务平安建设的能力进一步提升

坚持把"数据驱动"作为新的公安核心战斗力生成方式，按照"多元数据关联、行为动态分析、情报信息预警、实战指挥引领"的工作思路，依托"贵州公安多彩警务云"，积极打造公密结合、专群结合、集成共享的情报预警新机制，时空关联、轨迹研判、线索深挖、体系打击的打击犯罪新机制，多侦联动、多轨联控、多警合成的实战指挥新机制，通过数据模型的关联分析、智能挖掘实施"三维立体画像"，切实掌握各类行为轨迹的时空规律和动态特征,为侦查打击、基础防范提供精确化、专业化、动态化的情报支撑,有效推动打击防范从零散式、粗放式向集约型、智能型转变,警务模式从被动防范应对向主动预测预警转变。

贵州交警部门在全省范围内建成公路交通安全防控体系,完成了"视频监控系统、缉查布控系统、主线执法站"等建设任务,主要包括:自建完成高速公路视频监控点位381套,普通国省道视频监控168套,共享接入交通运输部门视频监控资源8281路;建成联网83个交警执法站,其中省际执法站20个、市际执法站27个、县际执法站15个;集成指挥平台备案接入卡口设备891套,其中高速公路卡口366套、国道卡口54套、省道卡口300套、其他道路卡口171套。

在防控体系基本覆盖全省主干高速公路和部分国省县道的基础上,建立了以"数据导防"为核心的山区高速公路管理警务运行机制,以交通集成指挥平台为载体,"由云向端"向一线民警的PDA警务终端精准推送重点车辆预警信息,采用交通违法即时预警、动态违法精确干预、执法站点定点拦截等手段,针对重点车辆和动态违法落地查处,精准查缉硕果累累,警务机制改革初见成效:2017年,在公安部发布的《全国机动车缉查布控系统联网应用情况周通报》中,贵州23期排名全国第一,3期排名第二。2018年至今,贵州省缉查布控应用继续保持全国领先,连续12期排名全国第一。由于变"盲目管理"为"精准管理",变"被动反应"为"主动防控",有效管住了"两客一危"重点车辆,全省高速公路连续四年未发生一次死亡5人以上的"两客一危"车辆事故。

(三)深入实施"云盾工程",公安大数据服务社会治理的能力进一步提升

贵州省公安机关牢固树立"数据引领警务"理念,以"大数据"抢占社会面管控的"制高点"、构建"社会管控防火墙",研发了"电信诈骗犯罪预警信息系统""涉毒人员分析预警系统""社会单位消防安全户籍化管理系统"等一系列大数据应用系统,通过深度挖掘接处警数据价值,对人、事、物、案、社、舆情等各项平安指数精准监测、综合分析、实时掌控,勾勒出社会稳定"走势图"和治安态势"热点图",敏锐感知个人极端事件的"临界点"和敏感案事件的"发酵期",对高危人员做到"智能定性"、高危群体做到"智能归并"、高危行动做到"智能预警",破解了对重点人员、重点区域管理"情况不清、底数不明、控制不住、管得不好"的痛点、难点问题,有效提升了对公共安全的洞察力、掌控力。

二 推进警务模式的升级转变

在此基础上,厅交警部门以大数据为支撑,围绕道路交通管理主业,建设全领域、全时空和立体化、动态化的数据感控体系,推动警务模式从被动应对型向主动预测预警预防型转变。

一是牵头与贵州省交通运输厅、原贵州省安监局共同研发了"贵州省道路交通安全综合管理云平台"。将全省1100家"两客一危"企业、3.2万辆"两客一危"车辆、3.1万名"两客一危"驾驶人、68万名营运驾驶人纳入监管,汇聚重点车辆、营运驾驶人、GPS动态运行、交通事故、交通违法、安全监管、隐患处置等七大类数据,实现人脸自动识别自动记录、隐患预警自动触发、服务信息自动推送。全省每天平均有890余名交警、运管、安监人员,1700名运输企业安全管理人员登录平台,履行安全监管和企业主体责任,精准锁定安全隐患及"问题"驾驶人,变"多头管理"为"共同治理"。通过对全省68万名营运驾驶人数据进行全库筛查并建立"黑名单库",将5.5万名不合格驾驶人挡在营运驾驶人门外。"道路交通安全综合管理云平台"被评为2017年度省直机关创新项目评选一等奖、全省公安机关目标绩效管理考评创新项目一等奖。同时,创建驾驶人征信评分云平台,对驾驶人的违法记录、事故记录、从业情况等46个维度的信息建模分析,借助WOE机器算法构建驾驶人征信系统,实施评分管理。目前已将评分对象扩展到全省890万驾驶人,将评分结果推送给客货运企业及神州专车等企业,并探索将信用评分纳入贵州社会信用体系征信指标,为"一人一个信任根"奠定坚实基础。

二是搭建全国首家"县、乡、村、组"共享共用的农村道路监管云平台,把信息触角延伸至占全省道路总里程93%的农村道路。以户籍化管理模式采集农村地区人、车、路等交通要素,以及跟场管理等工作数据,做到"底数清、情况明、记录全"。以互联网为纽带,将全省1600个乡镇、3400个道交办,4万余名政府工作人员、协管员、公安交警拧成了一股绳,形成了农村交通管理监管合力,最大限度减少农村道路管控盲区。全省每天平均有7200人登录平台,日均录入跟场管理等工作数据1.4万余条,录入人、车、路、赶集赶场等八类信息2.3万条,通过"事前预警、事中监管、事后倒查",在农村道路上形成了"节点有人守、隐患有人治、赶场有人跟、节庆有人管"的治理新格局,补齐了农村道路战线长但交通管理力量薄弱的短板,成功破解了农村事故预防的老大难问题,农村道路监管云平台项目因此荣获2016年全国交通出行服务十佳创新案例,并被评为中国云服务联盟2017年度云计算优秀典型案例。

三是与清华大学数据科学研究院合作研发交通态势感知平台,强化风险防控。引入交通部门1.7万路"路网"信号,汇聚"两客一危"重点车辆GPS数据和高德、百度的路况数据,对高速公路开展"全覆盖、全方位、全天候"的网上巡查。通过平台的"隧道运行超时预警""隧道桥梁违停隐患预警""特殊路段突发事件快速预警"等模块,对全省"两客一危"车辆在桥梁、隧道等特殊路段的运行状态做到精确感知。当重点车辆在特殊路段发生突发情况时,能第一时间组织"一路三方"实施交通控制和交通诱导,第一时间向交通参与者推送导航提示,最大限度防范和控制了重点车辆的安全风险。

四是深入实施"云政工程",贵州公安大数据服务发展、服务民生的能力进一步提升。全省公安机关以民意为导向,以提升人民群众满意度为核心,紧紧抓住群众反映强烈的办事难、时间慢、手续繁等问题,开发便民利民服务平台互动式、多样化功能,开辟"指尖服务"新领域,把服务窗口延伸到群众手中,打通服务群众"最后一公里"。依托公安微信、微博、门户网站三大平台,升级拓展了警务公开、办事服务、咨询求助、线索举报、意见建议五大功能,主动深入群众了解社情民意,搭建了警民联系新渠道,收集群众对公安工作的意见建议

13581条。

建立了"互联网户政服务平台",全面推行户口注销、出生落户、户口迁移等事项网上申请、网上受理,实现了户籍业务"一站式办结"。开通了出入境业务线上预受理、线上签注申请、线上查阅咨询等功能,出入境证照首次办理和签注时限分别缩短7个和2个工作日,真正做到了"数据多跑腿、群众少跑路"。通过提高公安行政服务水平,有效提升了人民群众的获得感和满意度,人民群众对公安窗口服务工作的满意率达95%以上。

交警部门紧扣移动互联网发展的时代主题,在布局"12123交通安全综合服务管理体系"的基础上,推出"贵州交警"App、互联网、微信、广电机顶盒等四大电子政务平台,构建起全覆盖、全联通、全方位、全天候、全过程的"互联网+交管服务"体系。贵州省"互联网交通安全综合服务管理平台"个人注册用户达700万人,驾驶人注册率89.78%,全国排名第一;大中型车辆驾驶人注册率68.25%,全国排名第二。主要业务中,网上考试预约占比100%,与天津并列全国第一;交通违法短信告知100%,与吉林、福建、重庆等并列第一;网上预选号牌占比10.66%,全国第16名。"贵州交警"App注册用户总数超过220万人,日均访问量超过300万次。通过将传统的8小时窗口服务变为24小时线上服务,两年来为群众提供了超过1500万次的线上服务,群众对交管服务的满意率由原来的63%提升到98%。在提升群众获得感的同时,还实现了警力无增长改善:群众利用网络终端自主处理交通违法300余万笔,相当于新增了125个违法处理窗口;车驾管业务在同比增长40%的背景下,大量业务网上自主办理,最大限度解放了警力。打造了全覆盖、全联通、全方位、全天候、全过程的交管服务体系,变传统的8小时窗口服务为24小时线上服务,打破了服务时空限制,提高了便民服务效率。

五是深入实施"云控工程",贵州公安大数据服务执法公开的能力进一步提升。积极探索以大数据手段深化从严治党、从严治警,搭建了涵盖执法办案、纪律作风、目标考评等重点领域,拥有2520个数据监测点的内部监督管理"数据铁笼",对民警执勤执法和日常行为实施痕迹管理,切实做到了"人在干、云在算、数在转"。建立了警务监督、执法监督两大平台,以手机 App、执法记录仪等终端为支撑,拓展了卫星定位上岗签到、执法音视频实时同传等 32 项功能,确保民警工作时时留痕、处处留迹,对民警行为实时动态掌控、自动建模分析,对异常行为进行风险评定、预警提示,对上班迟到早退、接警处警不规范、插手干预执法等违规行为全程记录,同步建立"数字档案"、定期形成评估报告,变人为监督为数据监督、变事后监督为过程监督,对民警"不作为""乱作为"零容忍,加强队伍建设、深化执法管理。2016 年以来,全省先后发布执法偏差和异常行为预警 2975 人次,群众对民警的投诉举报由原来月均 10 起下降至月均 1.2 起,真正用数据管住了人、管住了事、管住了权。

三 阳光警务+数据铁笼建设

按照厅党委部署,厅交通管理局结合贵州公安交通安全管理工作实际,在全省全面启动"阳光警务 + 数据铁笼"项目建设,创建公安交警阳光警务平台,自主开发"阳光警务"App,制定《"阳光警务 + 数据铁笼"监管平台运行管理办法》,出台《全省公安交警系统推进"制度铁笼 + 数据铁笼"阳光警务监管体系建设应用的指导意见》《全省公安交警"制度铁笼 + 数据铁笼"阳光警务监管体系运行工作机制》,进一步拓展了"数据铁笼"的内涵和外延。

一是加固"数据铁笼"。通过"阳光警务 + 数据铁笼"监管平台全面加强对车管、驾管、事故、违法等热点业务办理流程实时动态监督,紧盯 72 类异常数据和 46 个执法环节,按照三级风险预警即时推送至省、市、县交管部门。通过实时监测违法违纪行为,实现了"数据留痕"的执法风险闭环监管,对"买分卖分""汽车违规入户"等案件予以精准打击,依法严肃追究了含 6 名民警在内的 64 名涉案人员行政、刑事责任。同时,厅交管局为基层民警配备执法记录仪、酒检仪和具有用户权限分配、IP 绑定、数字证书认定的手持 PDA 警务终端,搭建了涵盖"执法智能助手、智能笔录、执法监管、视音频监管功能模块"的执法监督管理云平台,"从端到云"汇聚含酒驾违法查处数据在内的海量执法数据，实现执法办案"全警触网"，执法行为"全程记录"，执法记录"一网汇聚"，酒驾查处"一吹定音"。

二是实施数据管理。利用"阳光警务+数据铁笼"App，创建由个人学习记录、勤务、日志、评价构成的"四看"队伍管理新模式。学习看记录：全省交警无论身在何地，一键登录App，即可了解党建最新资讯、领受党建任务、撰写心得体会、参与交流互动；勤务看轨迹：利用GPS轨迹实时记录民警出勤情况；工作看日志：民警通过平台领受任务，每日在网上晾晒成果；成效看评价：建立领导主评、同级互评、下级参评的评价机制，为能干事的民警"全力点赞"，对不干事的民警"亮出黄牌"。通过"四看"模式，实现对民警的精准管理和对工作绩效的科学评估，激发了民警特别是党员领导干部干事创业的积极性，破解了少数民警"不干事、耽误事"的难题。

三是推行"数据考核"。建立与警务机制改革创新相适应的全省公安交警分级分类评价体系，借助大数据手段优化目标绩效考核，对交警总队内设处室、10个建制交警支队工作绩效实施精准考评，对全省150个建制交警大队按照"高速、城市、农村三个板块""业务工作常量+变量"实施分级分类评定，评分结果加权地区差异系数确保评价结果公平公正。以大数据为支撑，建立了"指标体系设计科学、系统自动抽取数据、实时分析动态趋势、智慧评价重点工作"的数据考核方式，一改传统目标管理考核"人为干预因素过多、指标烦冗不科学"等问题，真正将数据变成了指挥棒，有力地促进了业务工作。2016年，贵州公安交警以大数据管权、管人、管事的先进经验，在全国501个案例中脱颖而出，被中央国家机关工委组织部和《紫光阁》杂志社评为全国机关党组织"两学一做"最佳案例。

四 增强数据安全保障

通过深入实施"云安工程"，贵州公安大数据服务信息数据安全的能力进一步提升。公安系统牢固树立"没有安全，一切为零"的理念，始终坚持大数据发展与大数据安全并重，主动承担保卫大数据安全的职责使命，着力将数据安全打造成贵州公安大数据发展的一大优势。省公安厅与贵州师范大学签订了大数据及网络安全合作协议，成立了"大数据及网络安全发展研究中心"，协作开展网络安全防范、重大网络安全事件处置、大数据等级保护、大数据安全课题研究等工作。积极推动大数据安全地方性立法，密切参与了对数据权益保护、公众信息安全、个人隐私保护等数据安全保卫工作的法制探索。组织开展了大数据与网络安全攻防应急演习活动，在省、市、县三级自上而下建立了重点单位、重点系统、重点设施大数据安全防御机制。2017 年 5 月，国家发改委在贵州省成立全国首个"大数据安全保障国家实验室"，贵阳市被公安部列为全国唯一"大数据及网络安全示范城市"。完成贵阳大数据及网络安全示范试点城市和贵州大数据安全靶场一期建设，健全以国家关键基础设施为重点的网络安全等级保护制度和通报预警机制，对全省 2410 个国家关键信息基础设施和 1.64 万个重要系统落实了安全等级保护制度，发现、消除安全隐患漏洞 7.41 万个，成功抵御网络攻击 1000 余万次。积极主导城市综合网络安全状况研究，在 2018 年《大数据城市网络安全指数报告》中，贵阳在全国各城市中排名第 10。

未来，贵州省公安机关将继续坚持把实施公安大数据战略作为一项"龙头工程"，在持续深化大数据建设应用、推动技术体系转型升级的同时，紧扣全面深化公安信息公开的要求，进一步依托公安大数据建设，全力深化公安便民利民服务和政务警务信息公开，抢占全国公安大数据发展制高点，实现贵州公安战斗力的跨越式发展。

打造公开透明营商环境的六盘水实践

六盘水以政务公开推动营商环境优化研究项目组[*]

摘　要： 为持续优化营商环境，加强培育新兴产业，打造新的经济增长点，六盘水市探索以政务公开助推营商环境优化，将全面推进政务公开与优化营商环境相结合，以"为群众或企业办成一件事"为目标，围绕"事前引导、事中服务、事后监管"，完善政策解读机制，推进政务服务标准化建设，做细做实"双随机、一公开"监管，把政务公开链条不断向前端扩展，建立健全政务公开的全过程、全链条、全网络机制，将公开、服务、监督贯穿权力运行全流程、政务服务全过程，营造更加公开透明的市场营商环境。

关键词： 政务公开；营商环境；政策解读；政务服务；双随机一公开

一　六盘水市以政务公开助推营商环境优化的背景

党的十九届四中全会提出："到2035年，各方面制度更加完善，基本实现国家治理体系和治理能力现代化；到新中国成立一百年时，全面

---

[*] 项目组负责人：秦海峰，六盘水市人民政府办公室党组成员、副主任。项目组成员：徐韬、彭云、贺锋铖。执笔人：贺锋铖，六盘水市电子政务办工作人员。

实现国家治理体系和治理能力现代化，使中国特色社会主义制度更加巩固、优越性充分展现。"2019年11月5日，习近平总书记在上海进博会开幕式上发表的题为《开放合作 命运与共》的主旨演讲中强调："中国将继续针对制约经济发展的突出矛盾，在关键环节和重要领域加快改革步伐，以国家治理体系和治理能力现代化为高水平开放、高质量发展提供制度保障。中国将不断完善市场化、法治化、国际化的营商环境，放宽外资市场准入，继续缩减负面清单，完善投资促进和保护、信息报告等制度，完善知识产权保护法律体系。"营商环境是一个综合、复杂和有机的体系，客观上反映了政府依法行政水平、政务服务效率和透明度，正在成为一个国家治理体系和治理能力现代化的重要标志。

2019年10月22日，国务院行政法规《优化营商环境条例》正式颁布，明确："各级人民政府及其部门应当坚持政务公开透明，以公开为常态、不公开为例外，全面推进决策、执行、管理、服务、结果公开"，政务公开作为优化营商环境的重要抓手正式被固化。建立公平开放透明的市场规则和法治化营商环境，既可促进正向激励和优胜劣汰，也可促进更多的优质企业做大做强，而政务公开作为规范权力运行、提高政府工作透明度、推动"放管服"改革的内在要求，逐步成为优化营商环境、密切政府与企业关系的有效途径。

六盘水市位于贵州省西部，从地理位置上看处于云南、四川、湖南、广西4个省（区）中心城市的中部，有"四省立交"之称。建市40多年来，全市经济总量从1978年的4.01亿元（国民收入）发展到2019年的1265.97亿元（地区生产总值），特别是过去十年，全市抢抓西部大开发、《国务院关于进一步促进贵州经济社会又好又快发展的若干意见》（国发〔2012〕2号）等系列政策机遇，大力推进产业转型升级，经济发展呈现良好态势。但作为一座老工业城市，近年来，传统产业转型升级乏力、城乡和工农二元结构矛盾突出、新业态新模式发展动能不足、生态环保压力较大等成为制约六盘水市经济发展的瓶颈。对此，我们对转型发展的探索从未停歇，构建良好的市场环境，充分发挥"四省立交"优势，加快培育引进新兴产业，成为六盘水市经济转型发展的新方向。

营造公开、透明的营商环境，是吸引企业、引进投资的重要保障。

近年来，六盘水市全市上下勠力同心，形成合力，齐抓共管，通过专题调研、定期召开营商环境问题整改联席会、建立健全体制机制、严肃执纪问责等一系列举措，进一步改善政务服务，降低企业生产成本，提升群众满意度。

从总体上看，六盘水市营商环境得到持续优化，投资吸引力不断增强，但离企业关切、群众期盼仍有差距。一是政务服务大厅管理不够规范，代办人员占用窗口现象时有发生，业务办理效率有待提高。二是政策透明度不高，"一次性告知"落实不到位，信息不对称，间接增加了企业综合成本。三是主动服务企业意识有待提升，企业办理手续、项目立项建设不够顺畅。四是政务服务窗口单位事项授权不充分、工作流程不顺畅、办事环节烦琐，仍存在擅自增加申请材料导致办理时限延长等现象。

二 围绕"事前引导、事中服务、事后监管"，营造公开透明的营商环境

为营造一个公开、透明的营商环境，六盘水市将全面推进政务公开与优化营商环境相结合，以"为群众或企业办成一件事"为目标，围绕"事前引导、事中服务、事后监管"，以结果公开为导引，推动政务公开从终点式公开向全过程公开转变，把政务公开链条不断向前端扩展，建立健全政务公开的全过程、全链条、全网络机制，将公开、服务、监督贯穿权力运行全流程、政务服务全过程。

（一）完善政策解读机制，提高政策透明度，做优"事前引导"

政策解读作为全面推进政务公开的最前端，既是提高政策透明度、解决信息不对称问题的有力措施，也是提升群众获得感和满意度最直接的方式。但是，政策解读工作推进一直不是很理想，原因有多方面，一方面，没有具体的解读范围和解读标准，工作人员没有明确的解读方向；另一方面，业务人员主动解读意识不强，"谁起草、谁解读"的要求落实不到位，解读形式多样化等方面比较欠缺，从而导致政策解读质

量不高，解读内容不够贴近群众或企业的需求，造成群众和企业对政策的了解"云里雾里"，增加办事综合成本。

政府政策解读水平直接关乎营商环境的公开透明度，六盘水市将政策解读作为打造良好营商环境的有力手段，以问题为导向，立足实际，积极探索，以新出台的政策文件与解读方案、解读材料同步组织、同步审签、同步部署、及时发布为总目标，着力从解读机制、解读形式和解读质量上下功夫，切实提升全市政策解读水平，准确发布信息，当好"事前引导"的先锋，有效引导市场预期。

首先，明确解读范围。政策解读该解读什么政策？一直是困扰六盘水市政策解读工作的一个问题，近年来，通过开展多次调研，结合实际，连续印发了《市人民政府办公室关于进一步加强公平竞争审查和政策解读工作的通知》和《市人民政府办公室关于进一步做好政策解读工作的通知》等文件，将政策解读的范围明确为以"六盘水市府发"和"六盘水市府办发"为名下发、与民生密切相关和市场主体高度关注的政策文件，为政策解读工作纳入政务公开考核提供切实依据，指明了今后政策解读工作方向。

其次，理顺解读机制。文件的起草和印发多数情况下不是同一个部门，虽然国家、省要求按照"谁起草、谁解读"的原则来落实政策解读工作，但是要做到新出台的政策文件与解读方案、解读材料同步组织、同步审签、同步部署、及时发布，需要从根本上解决机制协调困难的问题。对此，六盘水市以市政务公开工作领导小组办公室牵头，多次召开协调会，初步构建"部门起草+政府审核+网站公开"的解读流程，进一步理顺解读机制。

——部门起草，压实解读责任。按照"谁起草、谁解读"的原则，要求牵头起草政策文件的政府部门，在起草政策文件的同时须同步起草解读方案和解读材料，将政策文件与解读方案、解读材料一同报市政府办公室，市政府办公室文书科对上述资料进行审核，如发现没有同步报送解读方案和解读材料等问题，则进行退文处理，同时纳入全市政府公文来文错情考核，并进行通报，迫使各部门提高对这项工作重要性的认识。

——政府审核，把好质量关口。市政府办公室收到政策文件、解读方案和解读材料后,将分配给对口联系的市政府办公室秘书科室,由其对解读材料的质量进行审核,审核后的解读材料由分管的副秘书长签字把关同意后,市政府办公室才能进行发文的下一步程序。

——网站公开,做到及时发布。市政府办公室对政策文件、解读方案和解读材料审核后,在正式发文的同时,将政策文件与解读方案、解读资料推送到市人民政府网站,第一时间向社会公开。

最后,外包解读业务。对政策进行解读,目的在于让群众和企业对政策内容清楚明白,但近年来一些地方的政策解读实践表明,群众对有的政策解读,看了相应解读材料后,对相关内容仍然不清楚、不明白,让政策解读失去了意义。出现这种现象的原因:一方面是解读形式单一,解读材料主要依靠文字堆叠,利用图片、动漫、动画等解读形式较少,解读内容"呆板",不够贴近群众需求;另一方面是工作人员解读能力欠缺,且大部分工作人员缺乏制作图片、动漫、动画等解读形式的技术能力。为突破这一瓶颈,六盘水市采取业务外包的方式,将图片、动画、动漫等技术业务外包给第三方机构制作,由政策起草部门梳理解读材料,交给第三方机构进行图片、动画、动漫转换,进一步提升政策解读的可读、可观、可视效果。

总之,六盘水市对政策解读的实践探索,核心是将政策文件与解读方案、解读材料统筹推进,建立一个部门统一起草、一个关口统一"进出"、一个渠道统一公开的解读程序,优化完善了政策解读机制,让解读工作得以做实做细,为群众和企业通过政策解读营造透明、信息对称的营商环境奠定了坚实基础。2019年,六盘水市本级共进行政策解读35次,对工程建设、生活垃圾处理、优化不动产登记流程等9份民生领域政策文件进行了解读,其中,文字解读22次,图片解读10次,视频解读2次,专家解读1次。

(二)推进政务服务标准化建设,增强政府服务效能,提升"事中服务"

政务公开可以促进政务服务更加优化,政务服务优化可以提升群众获得感,政务公开与政务服务历来都是深度融合的有机整体,在共同促进营商环境优化方面同时发挥作用。六盘水市水城县和六枝特区先后作为国家政务服务和政务公开标准化建设的"试验田",为六盘水市全面推进政务服务标准化建设提供了宝贵经验。

1. 以点及面,层层推开,政务服务标准化建设全覆盖

2014年,六盘水市水城县作为贵州省唯一一个政务服务标准化建设试点县,以统一机构名称、统一窗口前台、统一大厅背景、统一设备设施、统一"一窗式受理"办理模式、统一进驻事项、统一窗口设置、统一办事指南、统一村级需出具的证明"九统一"为标准,将政务服务标准化建设辐射至25个乡(镇、街道)、164个村(居、社区),并在实践的基础上,对政务服务标准化建设经验进一步固化,形成了包含538个标准的《水城县人民政府政务服务中心标准体系》,2015年至2018年连续4年在贵州省县级政务服务标准化考核中排名第一。

在水城县政务服务标准化试点建设的基础上,六盘水市由点及面,层层推开,按照有办事场地、有工作人员、有工作制度、有经费保障、有事项清单、有信息化设备、有工作台账、有标识标牌"八有"标准,由上及下,在全部建成市县两级实体政务服务大厅的基础上,将政务服务向基层延伸,建成了109个乡级政务大厅、1096个村级便民服务站,投入1700余万元资金打造出100余个乡村政务服务示范点,实现政务服务标准化建设全覆盖。

2. 推动"三减",细化"一单",提高政务服务体验度

推动"三减"。(1) 减次数:通过网上受理、上门服务、陪同办理、短信提醒、邮寄送达等一套组合拳,推进办事"最多跑一次",梳理出"最多跑一次"事项1160项,切实让群众少跑腿。(2) 减材料:按照合法、合理、精简、便民、共享的原则,开展"减证便民"专项行动,依法精简"奇葩证明""循环证明""重复证明"等100余个。(3) 减时限:对事项办理时限进行大幅压缩,压缩率达66%,办事效率提高近3倍。

细化办事指南清单。完善指南的名称、类型、收费标准、申请材料等60多个要素,细化规范申请材料、审批流程、审查标准,让群众明白办事。收集热点高频的事项,梳理了40个"集成套餐"项目、300余个申请书格式文本、100余个申请材料示范文本,以通俗易懂的语言,简洁明了的流程,直观多样的图例作为展现形式,为首次办事的群

众提供导航式服务；出台《行政许可要件精简办法》，将法律规定包含的"其他""等"字样删除，"去模糊化"，收集编制市级政务服务事项范文范本400余个，让群众易明白、好办事，切实提升政务服务体验度。

3. "一门"服务，"一网"通办，让群众办事"最多跑一次"

对标对表推进"一门服务"。按照国家、省提出的优化提升政务服务大厅"一站式"功能，"一级政府一个大厅对外服务"的工作要求，升级改造实体政务大厅服务功能，市、县两级政务服务标准化建设提前两年实现全覆盖，乡、村两级政务中心（便民服务点）基层服务能力建设和服务便捷显著提升。市司法局分厅、市人资社保局分厅、市公积金中心全部集中进驻市政务服务大厅规范办理，市公安交警车管分厅进驻市政府政务服务大厅实行"多点办理"，实现了实体大厅"多门"变"一门"，切实方便企业和群众"进一扇门、办全部事"。

奋勇争先提升"一网"通办。以贵州政务服务网为"一网"，率先建成覆盖市县乡村的网上服务平台，市县乡村共接入1200余个网上服务站点，开通3.4万余项网上服务事项；以国家梳理的事项目录为基础，深入推进政务数据互联互通、相互共享，做好同一事项与国家、省、市、县四级"事项名称""事项类型""实施依据""事项编码"四个信息要素相同的工作，将公积金查询服务和部分提取业务与贵州政务服务网实现互联互通，推动"贵人服务App"、微信小程序、微信公众号、刷脸办事、自助办理等服务应用。截至2020年3月，市级可网办率为95.9%，六枝特区可网办率为94.72%，盘州市可网办率为93.72%，水城县可网办率为98%，钟山区可网办率为93.69%。

4. 内外监督，合理授权，保障政务服务公开透明

一是强化内部管理。制定一次告知、首问责任、限时办结、文明服务用语等40余项大厅管理制度，安装摄像头、考勤机等各类信息化设施设备，对窗口人员的言谈举止进行实时录像采集，出台月度考核和年度考核实施细则，细化出对窗口工作人员的监督考核指标30余条，建立"日巡查、周公示、月通报、年考核"的监管机制。二是强化外部监督。制定大厅投诉办理规程，设置投诉处理中心，对外公布投诉热线电话。建立申请人回访暨满意度调查机制，每季度开展申请人回访工

作，零距离了解办事群众和企业诉求。邀请人大代表、政协委员、媒体记者等为政务服务监督员，不定期听取其对政务服务工作的建议，不断改进政务服务工作。三是合理授权到位。各部门与其窗口签订事项办理授权书，合理授予窗口日常管理权、受理决定权、一般事项的审批决定权、复杂事项的组织协调权、事项办理流程的管控代位权、行政审批服务专用章使用权以及全流程监督权等权力，切实遏制擅自随意增加申请材料导致办理时限延长等现象发生，让事项"进而能办、办而有效"。

（三）做细"双随机、一公开"监管，提升监管公开透明度，强化"事后监管"

"双随机、一公开"监管机制的推开，旨在增强监管科学性和执法公正性，为市场监管模式改革提供新思路。六盘水市坚持以此为重要抓手，做细做实"双随机、一公开"监管，着力推动简政放权、放管结合和优化服务，将监管重点从事前审批转向加强事中事后监管，为营造公平竞争的市场环境和法治化、便利化的营商环境提供有力保障。

1. 构建"一单两库"，实现监管事项全覆盖

建立抽查事项清单，全市市场监管系统根据业务工作职责，科学制定抽查事项清单，将产品质量、餐饮、食品、特种设备、商标、专利、广告等多个行业和领域共涉及21个大项68个小项的抽查事项纳入清单管理。建立完善检查对象库和执法人员库，实现科学随机抽取。通过行业、领域等分类方式将16万个检查对象分成若干小检查对象库，并按照一定的抽查比例随机抽取检查对象，实现对监管对象的分类、精准监管；建立共包含700余名执法人员的大库6个，根据监管事项和监管对象又将700余名执法人员分成若干执法人员小库，并按照随机抽取的检查对象随机匹配执法人员，实现执法人员的随机抽取和应对检查事项的相对专业化。

2. 科学制定检查指引，实现检查工作便利化

由于机构改革导致人员变动及执法人员不足等问题，执法检查人员对检查内容及尺度把握不准，可能会严重影响抽查检查质量。为此，全市市场监管系统根据省市场监管局制定下发的"双随机、一公开"监管工作抽查指引，抽查指引共涉及21个大项89个小项，涵盖了全市市

场监管系统所有抽查事项。检查指引对抽查事项、检查内容和方法、检查依据等方面进行了详细描述,并制定了相应的检查表格,为检查执法人员提供了有力武器,降低了行政成本,推进了检查工作的便利化和规范化。

3. 实行分类监管,实现监管资源合理、高效配置

通过与信用风险分类管理相结合,对不同信用水平、风险水平的市场主体实行分类监管,设定不同抽查比例,对有不良信用记录、风险高的加大抽查力度,对信用较好、风险较低的适当减少抽查,合理分配监管力量,实现监管资源合理、高效配置,有效降低行政成本。2019年全市市场监管系统对于一般检查事项(风险较低事项)检查比例不高于5%,重点检查事项如特种设备和检验检测机构相关事项检查比例分别为20%和50%。

4. 引进第三方检查,实现监管专业化

2019年,六盘水市市场监管局以装饰装潢、投融资担保、汽车销售、房地产等投诉较多及群众关注的行业企业为抽查对象,采取定向抽查的方式,委托会计师事务所作为第三方机构,对随机抽取的160户企业进行公示信息抽查检查,实现监管手段专业化,对双随机检查进行有效补充。

5. 加强部门协同联动,实现监管高效化

为充分发挥"双随机、一公开"监管的高效性,市政府召集涉及市场监管的18家市直单位,构建分管副市长为召集人的"双随机、一公开"监管联席会议制度,各个部门之间根据本部门监管的行业和领域中与其他部门相同或者相近的检查对象建立检查对象库,结合各自部门的监管内容制定检查事项和检查计划,对检查对象进行随机抽取、联合检查,实现进一次门查多项事。

三 政务公开助推营商环境优化所取得的成效

(一)政务服务效能进一步提升

政务服务标准化建设的推进,着力破解了市场主体"准入不准营"

的难题，2018年以来全市共办理涉及"证照分离"改革事项1.2万件，新办"多证合一"营业执照企业4.3万户。深入开展"减证便民"专项行动，市县共公布实施1160项"最多跑一次"事项清单，共减少各类证明材料3000多个。扎实推进"一云一网一平台"建设，市级政务服务网上可申请事项达到1147项，开通1100项，可网办率达到95.9%。在政务服务标准化建设考核中，六盘水市连续6年排名全省第一。

（二）营商环境优化成效明显

通过全面推进政务公开，设立网上办事大厅，实现服务事项在线咨询、网上办理、电子监察全覆盖，全市营商环境更加优化，投资吸引力不断增强，成效较为明显。2019年，六盘水市营商环境评估全省排名第二，较2018年进位2名。其中，盘州市、钟山区、六枝特区、水城县营商环境评估分别排全省第1名、第11名、第20名、第26名。

（三）市场监管更加公开透明

通过随机抽取检查对象，随机匹配执法人员，检查结果向社会公开的方式，将"双随机、一公开"贯穿市场主体从生产经营到流通服务全过程，实现全程监管更加公正、公开、透明，极大压缩了监管部门与市场主体双向寻租空间，降低了"监管俘获"发生概率，有效杜绝"想查谁就查谁""想查什么就查什么"等随意执法、任性执法等行为。

（四）失信市场主体信用受到约束

2019年全市市场监管系统抽查的4955户检查对象已全部完成检查结果录入公示，其中未按规定公示应当公示信息243户，通过登记的住所（经营场所）无法联系524户，公示信息隐瞒真实情况弄虚作假228户，这三种情况共计995户市场主体将被依法列入经营异常名录并向社会公示，在投融资、招投标、政府采购、取得荣誉、国有土地出让等方面中，受到了限制或者禁入的惩戒。依托"贵州省联合惩戒云平台"开展联合惩戒工作。对拒不履行司法裁判或行政处罚决定、屡犯不改、造成重大损失的市场主体及其相关责任人，通过"贵州省联合惩戒云平台"对其实施禁止招投标、禁止工商注册等市场禁入措施。自2019年6月系统开通至2019年底,全市范围内累计联合惩戒失信被执行人高消费行为90人(次)。

四 结语

营造良好的营商服务环境是吸引投资、培育新型产业的关键,客观反映了一个地方政策透明、政府效能和依法监管的水平。六盘水市从公开、服务和监管三方面,把服务和监督有机结合,做细做实政策解读,强化政策解读回应;推进市场监管专业化、高效化、科学化,在事中事后监管上做"加法";推动"三减""细化办事指南"等政务服务改革措施,在事前审批上做"减法",高效推进放管结合,提升政府效能。今后,六盘水市将围绕政务公开全面性、精准性和规范性三方面,进一步规范公开内容、完善公开制度、优化公开平台、增强公开实效,推动全市营商环境持续优化。

Ⅲ 政务公开效能发挥

政务公开与政务服务融合的贵州实践

李 超 段忠贤[*]

摘 要： 政务公开与政务服务融合是坚持和完善中国特色社会主义行政体制，推进国家治理体系和治理能力现代化的关键环节，以公开促服务、以服务强公开是一个自洽的辩证逻辑。近年来，贵州省认真贯彻落实党的十九大及十九届三中、四中全会精神，坚持以人民为中心的发展思想，以加快建设人民满意的服务型政府为目标，积极探索符合经济社会和电子政务发展的互联网+政务服务"贵州模式"，推进政务公开与政务服务融合发展，创新政务服务方式、转变政府职能、提升行政效能，切实解决企业和群众"办事门难找、满城跑，找不到人、办不成事"等问题，有效提升企业和群众的获得感和满意度。

关键词： 政务公开；政务服务；融合

深化政务公开、加强政务服务，推进政务公开与政务服务融合发展，是推进国家机构职能优化协同高效的应有之义，是加强政府自身建设和管理的有效举措，对于深入推进"放管服"改革、完善行政体制、提高行政效能、加强对行政权力的监督制约、从源头上防治腐败、改善营商环境，厘清政府与市场、政府和社会关系，提高依法行政和政务服务水平，都具有重要意义。

---

[*] 李超，贵州省政务服务中心综合处工作人员；段忠贤，贵州大学公共管理学院副教授。

一 政务公开与政务服务融合的背景介绍

党的十八大以来，以习近平同志为核心的党中央从全局出发，把政务公开与政务服务融合作为深化行政体制改革的关键，要求以信息化推进国家治理体系和治理能力现代化，统筹发展电子政务，构建一体化在线服务平台，更好地用信息化手段感知社会态势、畅通沟通渠道、辅助科学决策。国务院常务会议多次研究部署推进政务公开与政务服务相关工作，采取了一系列重大改革措施，有效释放了市场活力，激发了社会创造力，扩大了就业创业，促进了对外开放，推动了政府管理创新，取得了积极成效。贵州省委、省政府高度重视，认真落实党中央国务院决策，省委、省政府领导多次作出指示批示和召开专题会部署，强调要坚持以人民为中心的发展思想，加快建设人民满意的服务型政府，大力推动"一网通办"及"放管服"改革，加大推进政务公开力度，把公开透明的要求贯穿于政务服务各个环节，以公开促政务服务水平的提高，创造条件保障人民群众更好地了解和监督政府工作。贵州政务服务工作是推进政务公开的有效载体，推进线上和线下两端发力，推进行政权力运行程序化和公开透明，为人民群众提供了优质便捷高效的服务。

二 政务公开与政务服务融合的政策依据

国家高度重视政务公开和政务服务工作，2003年通过的《中华人民共和国行政许可法》第5条中就明确规定，"应当遵循公开、公平、公正的原则"，以法律形式明确了政务服务的"公开"要求。中办、国办先后下发《关于深化政务公开加强政务服务的意见》《关于开展依托电子政务平台加强县级政府政务公开和政务服务试点工作的意见》《关于深入推进审批服务便民化的指导意见》《进一步深化"互联网＋政务服务" 推进政务服务"一网、一门、一次"改革实施方案》等文件，对深化政务公开、加强政务服务做了安排部署并提出明确要求。贵州省按照国家政策文件要求，先后出台《贵州省人民政府办公厅关于进一步加强公共服务平台建设的意见》（黔府办发〔2015〕42号）、《贵州省人民政府关于深入推进"互联网+政务服务"工作的实施意见》（黔府发〔2016〕30号）、《中共贵州省委办公厅贵州省人民政府办公厅印发〈关于推进审批服务便民化深化"放管服"改革的意见〉的通知》等文件，并每年制发《贵州省政务公开工作要点》，对政务公开与政务服务融合作出政策性安排。

三 贵州省政务公开与政务服务融合的理论渊源

20世纪70年代以来，随着全球化、市场化和信息化的发展，西方积极推进新公共管理运动，打破了官僚式组织结构，将企业业务流程再造引入到行政部门当中，注重顾客导向和市场导向，对政府职能部门职能和流程进行了改良，对政府进行了重新定位，而政务公开与政务服务便是新公共管理运动在发展过程中的实践与应用。在国内，1999年浙江省金华市成立了全国首家集中办事大厅，2008年成都市武侯区设立了全国首家行政审批局，对政务公开与政务服务融合进行了初步探索。随着2016年国务院《政府工作报告》"互联网+政务服务"范畴的提出和《国家信息化发展战略纲要》的出台，"推进政务公开信息化，加强互联网政务信息数据服务平台和便民服务平台建设"成为中央明确要求与工作方向，信息化技术使政务公开与政务服务融合渐趋成熟与完善。

四 贵州省政务公开与政务服务融合的经验做法

近年来，贵州省以习近平新时代中国特色社会主义思想为指导，认真贯彻落实党的十九大及十九届三中、四中全会精神以及关于深化"放管服"改革的各项决策部署，始终坚持全省"工作一盘棋、办事一张网、平台一体化"，以全覆盖、全联通、全方位、全天候、全过程"五全服务"为引领，切实"做实实体大厅""做优网上大厅"，推进政务公开与政务服务融合发展，向改革要活力，向创新要动力，创新政务服务方式、转变政府职能、提升行政效能，切实解决"办事门难找、满城跑，找不到人、办不成事"等问题，加快释放改革红利，有效提升了企业和群众办事的获得感和满意度。

（一）通过政务公开标准化规范化全面提升政务服务水平

1. "六个统一"推进建设

全省"互联网＋政务服务"一体化平台——贵州政务服务网依托互联网、贵州省电子政务外网，利用"云上贵州"系统平台，坚持统一顶层设计、统一开发建设、统一推进应用、统一办理平台、统一数据共享、统一安全保障的"六个统一"建设原则，省级统筹建设，市、县、乡多点接入应用，让群众和企业"进一张网、办全省事"，实现"一号申请、一窗办理、一网通办"，确保业务高度协同、数据自动汇聚。据贵州省政务服务中心测算，通过集约化建设全省节约建设资金约3亿元，每年运维经费减少3000余万元，减少审批服务人员约6000人。

2. "五个固化"再造流程

从群众办事需求出发，线下与线上流程相统一，再造审批流程，实现由事项简化到整体优化，由任性的流程到固化的标准流程，减少审批人员自由裁量空间。一是固化审批环节。严格按照《行政许可法》的要求，制定由"接件、审查、特殊环节、决定"三至四个环节组成的全省统一审批流程，并在系统中逐项固化，实行流程化、标准化审批，通过技术与制度相结合，清理原有的于法无据的办理环节，让流程在"数据铁笼"里合规且固化地运行，杜绝只有熟人才能办成事的怪现象。二是固化各环节办理人员。按照窗口人员专职审批要求，在系统中将审批流程各个环节办理人员固化，防止越位审批、越权审批、外来审批，确保专职专岗审批。三是固化各环节办理时限。在法定时限和承诺时限基础上细化分解，合理设置各环节办理时限，通过系统对办理过程进行电子跟踪监控，自动预警提示，切实提升审批效率。四是固化各环节审批标准。针对各环节审批服务职责不同，逐项逐环节制定审查标准，实行标准化审批，让申请人对照贵州政务服务网公开的办事指南，就可以知晓申请事项结果，实现审批结果可预期。五是固化审批文书格式。在推进统一审批服务系统过程中，从省级制定了全省统一的收件、不予受理、决定受理、特殊环节、一次性告知补正、不予许可等通知文书，并按照"多动鼠标做选择、少用键盘编文字"的设计思路固化在系统平台中，审批人员只需轻点鼠标就可以自动生成要素齐全、格式规范的文书。

3. "三个标准"健全规范

进一步规范行政审批工作，优化审批流程，强化行政监督，实现标准化审批。一是健全全省审批服务事项及办件编码标准。全省各级各部门按照统一编码规则，明确每一事项编码由行政区划码、事项类别码、部门机构码、权力事项流水号依次组成，分别赋码，实现"一事一码、一件一码"，确保每一个事项和办件都有唯一的"身份编码"。二是健全审批文书内容标准。参照政务服务国家标准，结合贵州省实际，制定了全省统一内容标准的审批文书，并通过系统平台进行固化，让申请人不管在哪级政务中心窗口办理事项都可以拿到统一的通知书和决定书，统一的文书上不仅告知审批意见、结果，还告知办理时限、咨询投诉方式等信息，申请人可用该文书作为行政复议、质询、投诉的凭证。三是健全数据共享标准。各级各部门的审批人员在审批时经常需要申请人提供其他部门的业务数据、证照资料等，以前分散建设网上办事大厅的模式导致大多数地区和部门之间的数据不互通、不共享，造成了申请人需要重复提交材料。贵州政务服务网统一了行政审批数据共享标准、证照数据共享标准、信息公示数据标准，确保审批数据、证照数据可由各级各部门按需调用、按权限校验核对。

4. "五个必须"深化公开

全面公开政务服务信息，让公众知晓政务服务有哪些、找谁办、怎么办，实现事前、事中及事后信息公开透明。一是办事清单必须公开，强化事项公开。在贵州政务服务网设置专栏，集中公开全省9+X权力清单每项职权的名称、编码、类型、依据、行使主体、流程图和监督方式等，并建立权力清单动态管理和分类管理机制，摸清权力底数,让公众知晓政府权力边界,有效杜绝了"模糊边界""模糊权力"。二是办事指南必须逐项公开,强化事前公开。对审批服务事项按照统一的模板编制办事指南,集中在贵州政务服务网公开,详细明确事项申请条件、申请材料、收费标准、是否有特殊环节、办理时限等公众关心的所有信息要素,确保相关信息全面、清楚,同时提供申请材料中的格式文本和示范文本,避免办事群众来回修改材料,减少公众办事成本。三是过程信息必须公开,强化事中公开。将每一办件的每个环节审批信息在贵州政务服务网无遗漏公开,同时在线实现审批实际办理流程和标准办理流程实时动态对比,发挥社会公众"参与式监督、体验式监督",让审批行为全过程透明,实现"阳光审批"。四是审查标准必须公开,强化标准公开。在办事指南中逐项逐环节编制审查标准和审查结果,避免办理条件模糊、许可标准不明晰、不统一,做到同一事项全省同一审查标准,让不同地方的不同审批人员以"一把尺子"行使审批权力,实现申请人事前就可预知审批结果。五是办理结果必须公开,强化事后公开。将准予许可和不予许可信息通过贵州政务服务网向社会公开,并详尽罗列不予许可的决定意见,让同一事项的申请人相互对比,压缩审批人员自由裁量权,防止在条件相同时出现不同结果。

5. "五个提升"强化应用

进一步提升工作水平,不断提高群众办事的便捷性、获得感。一是提升事项服务覆盖面。根据9+X权力清单目录,将包括行政许可在内的行政权力、公共服务事项全部在贵州政务服务网公开或办理,实现"进一张网、办全省事"。二是提升网上办事体验。通过走访调研和学习借鉴外省经验做法,从公众网上办事操作便捷度、界面布局清晰度出发,设计开发贵州政务服务网电脑版和手机App,使网上申请、咨询、查询等操作简单、快捷,全面提升用户体验。三是提升电子监察水平。通过改进贵州政务服务网电子监察系统,制定电子化监督规则和考核机制,自动预警纠错、评价,实时跟踪监督审批行为,切实提升电子监察水平。四是提升平台智能化水平。引入大数据分析、可视化展示等互联网技术,各级政务服务中心事项数据集聚、审批业务过程数据集聚,审批业务结构数据集聚,建立政务服务主题库,通过一系列的分析对比,规范行政审批行为,形成政务服务生态圈,提升政务服务能力和智能化应用水平。五是提升平台安全保障能力。贵州政务服务网是基于"云上贵州"的云服务器、数据库、数据交换池、网络、存储等资源部署,提供云盾、异地容灾备份、网络等安全保障,全面提升了系统安全等级。

(二)公开让权力在阳光下运行

1. 坚持"一张网"公开

贵州省依托信息化技术的有力支撑,以政务服务数据"聚通用"为抓手,通过逐一对接争取支持、充分沟通了解需求、第三方评估倒逼整改等方式,全省统一使用贵州政务服务网审批服务系统,有效破解跨地区跨部门跨层级政务服务中标准不统一、平台不联通、数据不共享、业务不协同等突出问题,真正实现"全省一盘棋、办事一张网、平台一体化",使统一的审批服务系统具有最大包容性,政务公开具有便捷性。如原贵州省食药监局2016年4月取消了使用12年之久的自建系统,全面并入贵州政务服务网审批服务系统。又如,通过2016年全省"互联网+政务服务"第三方评估倒逼,贵阳市于2017年4月1日取消本市网上办事大厅网站,全面启用贵州政务服务网贵阳市站点,通过电脑端、网络电视端、移动App、微信公众号等多渠道提供服务。贵州政务服务网已覆盖省级、9个市州和贵安新区、101个县(区、市、特区、经开区、高新区)4024个部门,以及1543个乡镇、17317个村居,共计71万个政务服务事项、11万审批人员在"一张网"办理,全省实名注册用户2082万,在电子监察系统、电子证照批文库等7个系统基础上,新建综合受理平台、电子文件材料库等30个系统,页面响应速率从886毫秒提升到70毫秒。[①]

2. 坚持清单化公开

一是全面梳理服务清单。《国务院关于加快推进"互联网+政务服务"工作的指导意见》(国发〔2016〕55号)要求"全面公开服务信息",《省人民政府关于深入推进"互联网+政务服务"工作的实施意见》(黔府发〔2016〕30号)提出,要"全面梳理编制直接面向公众

---

① 贵州政务服务网监测采集数据。

提供的政务服务事项目录"。据此，贵州省梳理制定出"十四张服务清单"（权力清单、责任清单、投资负面清单、公共服务事项清单、投资核准目录清单、职业资格清单、跑腿次数清单、企业设立后经营许可清单、行政审批中介服务清单、财政专项资金管理清单、行政审批中介服务收费清单、行政事业性收费清单、政府定价或指导价经营服务性收费清单、特殊环节清单），在贵州政务服务网首页集中公开，各地各部门依据法定职责，全面梳理、集中公布并动态调整，让公众知晓政府权力边界。

二是持续优化用户体验。推出贵州政务服务网2.0版本，服务清单界面可查看相应办事指南并直接点击网上申请，首创按证照名称搜索办事指南功能，更加强调用户体验。建设了个人企业专属空间，围绕公民和企业的信息需求，打通143个数据接口，将涉及公民和企业的23类数据集成推送到个人企业空间，改变一网查一个数据就要登录一个系统的局面。较早推进政务服务"好差评"，实现省市县三级2622个审批服务部门、450876个政务服务事项、39379个窗口审批服务人员集中在一张网上接受群众评价。① 国务院办公厅两次将贵州推进"好差评"做法报中央领导参阅。

三是协同办理清单事项。建成贵州政务服务网投资项目在线审批监管平台，涉及18个部门的48个事项，并打通国家发改委投资项目在线审批监管平台，实现办事数据双向互通；建成贵州省政务服务网"多证合一"系统，涉及7个部门的18个事项，所有清单事项均在全省"一张网"协同办理。②

3. 坚持全环节公开

一是政府自由裁量权受到规范。通过充分研判大量"办事难、办事繁、办事慢"案例发现，制约群众办事的关键在于部门对申请材料和办理时间的自由裁量权过大。如特殊环节实施办理的时限没有法律法规明确要求、审批人员随意性太强、自由空间过大，是当前办事群众仍感叹办事难、办事慢的主要原因。贵州省下文要求各审批职能部门逐项明确

---

① 贵州政务服务网采集数据。
② 同上。

特殊环节法定依据、办理时限，且特殊环节时限不得超过该事项办结的承诺时限。要求特殊环节名称、法律依据、所需时间、参与人员范围、审查结果、是否收费等要素全部在贵州政务服务网公开。通过对特殊环节组织实施过程的全流程留痕，根治审批时限长、收费乱等痼疾。贵州省制定"特殊环节清单"，梳理出省级行政许可271个特殊环节，并在贵州政务服务网集中公开。① 凡列入"特殊环节清单"的特殊环节，必须列明环节名称、实施依据、所属事项、实施部门、完成时限，且实施特殊环节所需时限原则上不超过清单事项的承诺办结时限，让权力不再"任性"。二是网上办事日益成为公众首选。贵州省深入贯彻落实《国务院关于加快推进"互联网+政务服务"工作的指导意见》（国发〔2016〕55号）提出的"凡是能通过网络共享复用的材料，不得要求企业和群众重复提交；凡是能通过网络核验的信息，不得要求其他单位重复提供；凡是能实现网上办理的事项，不得要求必须到现场办理"理念，梳理出省级行政许可305②项目录清单的"跑腿次数清单"。以省政务服务中心市场监管局窗口为例，黔南州一家企业负责人介绍，企业以往到贵阳办事，要派一辆车，两个人，汽车油费、过路费，加上工作人员的补贴、餐费，有时候还有住宿费，一次得花2000元，顺利的话跑3次拿到证，至少也要花费6000元，现在不仅办事方便而且成本大大降低。该窗口所有行政许可事项已实现"零跑腿"办理，仅2017年一年就为400多名申请人节约办事成本100余万元。③ 显然，全环节的公开为办事群众提供了便利。

4. 坚持集成化公开

在充分调研掌握情况的基础上，从企业和群众的实际办事需求出发，深入分析痛点、难点问题，坚持以问题为导向，创新提出"集成套餐服务"，大力实施"一个事项只跑一次"到"一件事情只跑一次"改革，在2018年7月18日国务院常务会议上得到正面肯定，随后《国务院办公厅关于部分地方优化营商环境典型做法的通报》（国办函

---

① 贵州政务服务网采集数据。
② 同上。
③ 贵州省政务服务中心测算。

〔2018〕46号）对这一做法作了全国通报表扬。贵州省在工作实践中，一方面是推出一批全省通用型"集成套餐服务"并实时公开，解决办事难燃眉之急。通过意见征求、数据分析、专家论证等多种方式，选取了一批量大、面广、受益人数多的事项，推出通用型"集成套餐服务"，在全省110个综合性实体政务大厅同步推行①，解决企业和群众最迫切的需求。截至2019年底，全省已推出300平方米以下个体工商户餐馆开办、美发店开办、二手房买卖、幼儿园开办、小卖部开设、网吧开办、民爆物品购运、民办学校设立等共计21种"集成套餐服务"②。另一方面是推出一批特色型"集成套餐服务"并实时公开，助力各地特色产业高速发展。各地结合贵州省产业大招商重点项目，按照"三多一高"即产值多、就业岗位多、税收贡献多、办事频率高的要求，结合当地实际推出了一批"特色型"套餐。如三都县作为全省深度贫困县，将"集成套餐服务"与扶贫脱贫相结合，推出"助学贷款集成套餐服务"，2018年成功办理生源地信用助学贷款4500件次③，发放资金3600万元④，较2017年同期增长两倍多。金沙县结合本地煤矿产业，选取办件量最多的民爆物品购买、运输事项，推出民爆物品套餐，仅需提供1份材料，整个流程只要20分钟⑤，集成套餐服务开通以来共计办理25187件。⑥

五 取得成效

经过四年多努力，贵州省政务公开和政务服务水平得到快速提升，受到各方肯定。2015年6月，习近平总书记视察贵州时，要求中央改革办调研总结贵州省政务公开与政务服务融合的经验做法。当年8月，

---

① 贵州政务服务网采集数据。
② 贵州省政务服务中心统计数据。
③ 贵州省三都县政务服务中心统计数据。
④ 同上。
⑤ 贵州省金沙县政务服务中心统计数据。
⑥ 同上。

中央改革办以《变"群众跑"为"网上跑",贵州省公共服务中心"不下班"》为题,向全国推广了贵州的经验做法。在中央国家机关工委《紫光阁》杂志社、中国行政体制改革研究会、人民网、中国政府网联合举办的"全国行政服务大厅典型案例展示"活动中,贵州省 2015 年荣获"百优"称号,2017 年荣获"综合十佳"称号,并排名第一。清华大学发布的《2016 年中国互联网+政务服务调查评估报告》将贵州评为全国 31 个省级平台中的最高级。贵州政务服务网获中科院信息研究中心颁发的 2017 中国"互联网+政务"50 强。在国务院办公厅委托国家行政学院开展的第三方评估中,贵州省 2016 年、2017 年、2018 年全国省级政府网上政务服务能力排名全国前三。贵州统筹"一云一网一平台"建设提升"一网通办"效能典型经验做法被国务院办公厅通报表扬。国务院办公厅明确贵州为 2019 年"全国一体化在线政务服务平台""好差评"试点示范省。在新华社和南京大学联合开展的电子政务服务能力评估中,贵州位列全国第一。国务院办公厅将贵州做法概括为符合西部地区经济社会和电子政务发展的政务服务"贵州模式"。

第一,变"多厅跑"为"一窗办",群众办事"门好找"。截至 2019 年底,省级具有审批服务职能的 50 家省直部门及 1128 项行政权力事项全部进驻,做到"进一扇门、办全部事"。① 同时,以"集成套餐服务"为抓手,推行"承办单位集中收件、网络自动分送、协办部门同步办理、统一窗口出证办结"的办理模式,打破部门窗口间壁垒,让企业和群众从"满厅跑"变为"一窗办",让一件事"最多跑一次"改革落地生效。

第二,变"多网建"为"聚通用",政府服务"更智慧"。贵州省统筹建设贵州政务服务网"一张网"的做法,逐步打通国家部委数据接口,取消了省及以下部门自建的审批服务系统,让所有部门在"一张网"上办理业务,彻底打破数据壁垒。通过对汇聚的全省政务服务数据的挖掘、分析、建模,以需求为导向,智能分析政务服务数据关键信息,变不确定服务为精准服务,变部分公开为全面公开。截至 2019 年底,贵州政务服务省级网上可办率达 100%,实际办理率达 82.8%;市

---

① 贵州省政务服务中心统计数据。

州级网上可办率达79.31%，实际办理率达76.51%；县区级网上可办率达79.82%，实际办理率达14.77%。①

第三，变企业"来回跑"为部门"协同办"，群众办事"更高效"。依托贵州政务服务网，横向联通所有审批服务职能部门，纵向贯通省市县乡村五级，解决以往横向联通不畅、纵向联动不强、服务效率不高的问题，实现了跨部门、跨地区、跨层级的联动办理，变单点服务为集成服务，办事群众足不出户就可以一键直通省市县乡村，实现"异地申报、远程办理"。

第四，变"随意审"为"标准批"，审批人员"不任性"。贵州省推行的标准化作业，让不同地方的不同审批人员以"一把尺子"行使审批权力，并利用电子监察系统对审批业务的接件、审查、特殊环节、决定等进行时限监察和全过程监督，建立自动预警机制，及时纠正未按标准开展的审批行为，最大限度压缩审批人自由裁量权，审批人员审批有规有矩，办事群众无论到哪一级政务服务中心均能享受同等服务。

六 存在短板与展望

贵州省政务服务与政务公开融合工作虽然取得了显著成绩，但离党中央、国务院和省委、省政府要求以及人民群众对美好生活的向往还有不小差距，突出表现在：一是网厅功能还不完善。平台建设时间较早，系统交互性不够，展现方式还不够友好，新技术的应用还未充分到位，用户体验感不强。二是服务质量有待提升。部分实体政务大厅面积过小、窗口设置优化不到位、审批流程不顺畅、企业和群众办事排长队现象时有发生。三是法律法规保障不足。电子证照、电子公文、电子签章等在"互联网＋政务服务"应用的法律效力还不明确，各级各部门在使用政务数据时还存在风险。

针对上述问题，贵州省正在采取切实有效措施，努力走出一条符合贵州省实际、具有中西部特点的政务服务和政务公开新路。

---

① 贵州省政务服务中心统计数据。

一是着力夯实"一网通办"基础。为给审批人员和申请人"双减负",围绕"智能登录""智能审批""智能客服""智能监督""智能分析"等"五个智能",实现网上办事大厅的全面升级,并按照不同用户特点,设计审批端、用户端、监督端、调度端、运维端等"五端",充分利用智能手机、自助终端、有线电视网络终端等,推动政务服务进企业、进社区、进学校、进商场、进村寨,实现"服务到家""服务上手"。同时,坚持"联网是原则、孤网是例外",推进部门专网、独立审批服务信息系统的整合接入工作,实现数据互联互通,信息全面公开。

二是着力提升线下服务水平。完善省、市、县、乡镇综合性政务大厅集中服务模式,推动本行政区域内(含垂直管理部门)的政务服务事项纳入综合性实体政务大厅集中办理。推进"前台综合受理、后台分类审批、综合窗口出件",实现从"多头找部门""多次办理"转变为"一个窗口""一次办成"。全部取消部门独立服务大厅,因安全等特殊原因需保留的部门单设服务大厅,由同级政府政务服务中心实行统一的监督管理、业务考核、网络支撑。

三是着力深化改革创新成果。以企业和群众办好"一件事"为标准,建立部门协同开展审批服务工作机制,提高协同效率,打造"整体协同政府",实施"一个事项只跑一次"到"一件事情只跑一次"改革,针对套餐梳理出具体的业务场景、一张表单、一套材料,细化在线审批流程,打通关联系统,优化办理流程,推进"集成套餐服务"系统实际应用。对小套餐进行整合规划,探索推出一批"1+N"模式大集成服务套餐,不断扩大集成套餐服务办理深度和服务广度,进一步提高"集成套餐服务"的事项种类、实际办件、落地区域三个占比。

四是着力破除法律法规壁垒。加快出台《贵州省网上办事管理办法》,对推进网上办理、数据共享、政务公开、并联审批作出政策性安排。尽快制定出台《贵州省政务服务管理条例》,重点解决在线申请、网上审核、政务公开、数据比对、电子签章的法律支撑问题,为政务公开与政务服务融合提供法律保障,提升政务公开与政务服务规范化和便利化水平,优化营商环境。

政务公开促进诚信贵州建设

贵州省发展和改革委员会诚信贵州研究项目组*

摘　要：建立健全社会信用体系，打造"诚信贵州"，政务诚信首当其冲。实现政务诚信，政务公开是至关重要的第一步。因此，政务公开是诚信贵州建设的重要支点和基础核心。为回应社会关切、提升政务诚信，贵州省各级政府以创新载体为抓手，抓住群众最关心的问题，采用群众最乐于接受的形式，突出特色，开展了层次丰富、形式多样的政务公开创新实践，有效助推了贵州省社会信用体系建设。

关键词：政务公开；政务诚信；社会信用体系；创新实践

一　政务公开是诚信贵州建设的重要支点

诚信是中华民族的传统美德，是社会和谐的润滑剂和纽带。要打造良好社会环境，改善市场信用环境，诚信建设必不可少。党的十八届三中全会强调要"褒扬诚信，惩戒失信"，贵州省第十一次党代会提出要大力建设"诚信贵州"。2014 年，根据党中央、国务院以及省委、省政府关于建立健全社会诚信制度和社会信用体系建设的要求，贵州省人民政府印发了《贵州省社会信用体系建设规划纲要（2014—2020 年）》（以下简称《纲要》），对政务诚信、商务诚信、社会诚信以及司法公信

---

* 项目组负责人：杜建军，贵州省发展和改革委员会财政金融处处长、博士。成员：宋爽、邱中慧、尹静珏、袁涛、袁世为、王博。执笔人：李亮亮。

四个重要领域相关工作作出了详尽部署和安排，意在推动政府、企业和民众等社会主体之间彼此守信践诺，不断建立健全社会信用体系，持续建设"诚信贵州"。

在整个社会信用体系中，政务诚信最为关键。因为政府不仅是社会信用体系的建设者和维护者，更是公共信用的示范者，起着绝对的主导作用。俗话说："村看村，户看户，群众看干部"，要倡导企业和民众等社会主体讲诚信，政府必须率先垂范。正因如此，《纲要》将政务诚信置于各类诚信建设之首，充分体现出了政府对社会信用体系建设的引领与担当，也体现了党和政府"打铁必须自身硬"的坚定信念和决心。

政务诚信建设的重点在于加强政务公开，通过政务公开提高政府工作的透明度，进而促进社会公平公正，最终才能推进诚信贵州建设。正如列宁所说："只有当群众知道一切，能判断一切，并自觉地从事一切的时候，国家才有力量。"可见，政务诚信的实质是取信于民，取信于民的关键在于政务公开。政务公开工作做得越好，政府就越能贴近群众、越能取信于民。也只有敢于公开透明、敢于接受人民群众监督的政务诚信，才是实实在在的政务诚信。总之，政务公开带来的是政府效率提升和政务诚信，换来的是人民的信任。可见，政务公开的确是诚信贵州建设的重要支点。《纲要》中也提到要深入贯彻落实《政府信息公开条例》，相关信息按照主动公开、依申请公开、内部互通共享的原则进行分类管理；坚持"严格依法、全面真实、及时便民"的原则，实现"阳光行政"，切实加大政务公开力度；及时披露重大突发事件和群众关注热点问题，及时回应社会关切，切实保障人民群众的知情权、参与权和监督权，树立公开透明的政府形象。

政务公开并非空话，各级行政机关均是实实在在的责任主体。行政机关作为具有特定法律地位的公法人，直接承担着政务诚信的责任。为落实各级政府政务公开责任，党中央、国务院先后出台《关于全面推进政务公开工作的意见》和《〈关于全面推进政务公开工作的意见〉实施细则》（国办发〔2016〕80号），强调坚持以公开为常态，不公开为例外，推进决策、执行、管理、服务、结果"五公开"和重点领域信息公开，同时加强政策解读、回应社会关切以及公开平台建设等工作。这两个重要文件的出台，明确了各级政府机关政务公开的工作职责和方向,也为社会信用体系的建立健全提供了重要保障。

二 以载体创新促政务公开的贵州实践

政务公开主体责任的落实不仅体现在各级政府公开了哪些内容,更体现在政务公开内容的可及性、便利性和针对性。从这个意义上说,政务公开的渠道和载体是确保政务公开内容及时、准确、便捷送达的重要因素。近年来,贵州省各级政府认真履职,紧紧围绕"公开什么、如何公开、谁来监督公开"三个问题,积极利用大数据、互联网等新兴科技载体创新政务公开工作,既有省级层面组织推动的政务公开O2O模式(Online To Offline)和政务公开监督员制度,也有基层政府自觉建设政务公开的大量实践,内容丰富、形式多样,有效提升了政务公开的质量、效率和覆盖面,促进了政务诚信建设,有力推动了"诚信贵州"建设。

(一) 转变理念:抓住群众最关心的问题创新政务公开O2O模式

从群众角度出发,群众最关心什么呢?答案显然是涉及群众切身利益的民生问题。然而,从政府职能角度来说,民生问题涉及纵向上各个层级的政府,横向上各级政府的部门,导致群众难以完全了解和掌握其享有的补助补贴、公益事业建设、扶贫救灾等政策,政策信息公开的不完善甚至会引起群众怀疑和不满。因此,群众迫切希望有一个权威渠道,能够全面公开惠民政策、惠民资金投向、惠民项目实施情况等各类政策信息。为解决这一"痛点",贵州省积极转变服务观念,以群众最关心的民生问题作为政务公开的着力点,探索建立惠民政策信息公开的O2O模式,将线上信息公开平台和线下政策宣传资料相结合,把惠民政策明明白白、清清楚楚地交到群众手上,扫除惠民政策宣传盲区和死角,实现了惠民政策信息公开在村(居)层次上的全覆盖。

1. 建设线上惠民政策项目资金信息公开平台

"贵州省惠民政策项目资金信息公开平台"于2016年3月正式上线试运行。平台围绕"对内提升决策、对外公开信息、横向行业共享、纵向数据开放"的功能定位，设置了项目资金报批、项目信息录入、手机App查询、工作绩效考评、电子地图标注（GPS）、网上专项检查等42项主要功能。该平台整合了全省扶贫、水利、教育、财政、农业、民政、旅游、发展改革、人力资源和社会保障、林业、水库和生态移民、卫生计生、国土资源、住房和城乡建设、文化、环境保护、烟草、商务、交通运输、供销、广电、民族宗教等22个领域，9个市（州），88个县（市、区、特区），1400多个乡（镇、街道）的惠民政策、项目和资金信息，实现了惠民政策信息的公开透明。值得一提的是，该平台公开的工程类项目信息精确到了具体实施的乡、村，同时涵盖了项目资金拨付、实施图片、采购发票等近40项过程性数据；公开的补贴补助类项目则精确到了每户、每人的具体补贴金额。可见，该平台不仅具有信息公开的功能，还具备了对政策执行、项目资金等情况的监督功能。

2. 建设一网一云一平台，实现信用信息公开

"信用中国（贵州）"网站于2006年开通，网站以全省信用信息数据库作为后台支持，开设"贵州省信用信息综合查询平台""双公示""信易+"等专栏，通过网站、微信公众号、手机App面向社会公众提供公示、信息查询等服务，免费提供信用报告，是贵州"互联网+信用"的社会服务窗口。网站累计已发布信息3.6万条，累计访问量1270万人次，微信公众号访问量超过500万人次。

"贵州信用云"是贵州省社会信用体系建设与大数据融合发展的基础性工程，具有多级交换、全面覆盖、资源共享、分布处理、接口开放、多点应用的特点，是应用服务的总枢纽。"信用云"项目立足于数据，牢牢把握信用大数据与政务、信用大数据与实体经济融合这两个关键环节，围绕实体经济、社会管理、行业管理，推动信用信息共享共用，加快政府数据"聚通用"，打通"数据孤岛"，不断增强政府公信力和执行力，服务"放管服"改革，加快建设以信用为核心的事中事后监管，助力"诚信贵州"建设。完成信用主体数据采集入库总计1282万条，建成贵州省个人、企业、机关事业单位法人、社会组织法人四个主体信用信息基础数据库，分别归集778万、499万、3.2万、2.7万条主体基础数据。在2019年数博会上，"贵州信用云"荣获"2019中国政府信息化管理创新奖"。

全国信用信息共享平台（贵州）于2015年建成，通过与贵州政务服务网共建共享，传送、归集、汇总了省、市、县99%以上的公共管理部门的信用信息。全省九市（州）已全面建成市（州）级信用信息共享平台，建立信用信息共享交换渠道和机制，实现了信用数据的自动归集，平台横向已完成与省法院、省市场监管局、省税务局、人民银行贵阳中心支行等20多个部门的信用信息共享交换，实现上联国家、下接地方、横向与行业部门信用平台联通，是全省信用信息共享与交换的总枢纽。截至2020年初，平台共归集信用信息1.04亿条，向全国信用信息共享平台推送信息5138万条。

3. 加强政务诚信建设，推进行政许可和行政处罚等信用信息公示

2017年，贵州省人民政府印发《省人民政府关于加强政务诚信建设的实施意见》，从政务诚信建设的总体要求、基本原则、监督体系、管理体系、重点领域和保障措施等六个方面，围绕各级政府机构和公务员两个信用主体，对重点任务逐条细化实化，进一步增强针对性和可操作性，并明确了责任分工，加快全省政务诚信建设步伐。省发展改革委会同省高级人民法院等部门开展政府机构失信问题专项治理工作，对全省被列入全国法院失信被执行人名单的各级地方政府、地方政府部门、事业单位和居民委员会、村民委员会等基层自治组织的失信情况进行摸底调查和整改，敦促履行相关义务。

从2016年1月起，贵州省要求县级以上政府部门作出的行政许可和行政处罚等信用信息，自作出决定之日起，应于7个工作日内在本部门门户网站和本级信用门户网站进行公示。研究开发了"贵州省双公示系统"归集全省相关数据，形成了上联"信用中国"网站，下联市区县的信息上报和公示系统的有效渠道。省发展改革委、省政务服务中心联合印发《关于进一步规范行政许可和行政处罚信息公示工作的通知》，贵州省采用"省级统筹一点开发建设、全省各级多点接入应用"的建设模式，建成了全省统一的"互联网+政务服务"平台贵州政务服务网，在贵州政务服务网上建成"双公示"系统（行政许可和行政处罚信息系统），及时归集全省4000多个县级以上行政部门在各级政务服务中心集中办理的许可事项数据和行政处罚等信用信息。现已归集全省行政许可和行政处罚信息1411万条，在国家委托的第三方评估中，

贵州省双公示工作排名全国前列。

4. 发放线下惠民政策明白卡，增强政策知晓率和易懂性

为进一步确保政务信息全覆盖，切实提升群众政策知晓率、政策解读有效性和回应群众关切的及时性，特别是针对部分群众不能熟练应用互联网的情况，贵州省政府还在全省组织发放多种形式的纸质版惠民政策明白卡，形成了全省"1+N"的线下明白卡宣传体系。"1"即明白卡总卡，由省政府办公厅会同省有关部门制定参考内容，提供简要刊载教育、卫生健康服务、社会保障及救助、惠农惠民补贴、保障性住房等方面涉及群众切身利益、需群众广泛知晓的基本政策信息；"N"即明白卡分卡，由县级人民政府参考总卡样本内容，分类分行业梳理各项惠民政策措施，统一制定符合当地实施的明白卡，并组织向群众发放。另外，还建立了惠民政策咨询短信平台，群众通过发送手机短信就可轻松查询惠民政策、项目和资金情况；而针对偏远地区的群众和对惠民政策理解有困难的群众，则主动送政策上门，确保政策信息公开到位。

总之，通过创新政务公开的O2O模式，贵州省形成了"纸质明白卡+微博微信明白卡+手机短信明白卡+政府网站在线查询+便民服务点咨询"的多层次、立体化政务公开方式，有效解决了不同地区、不同年龄层次、不同文化水平的群众政策需求，有效提升了信息公开的质量和效率。

5. 推进社会信用体系建设，构建以信用为基础的新型监管机制

贵州省加快推进信用立法工作，《贵州省社会信用条例（草案）》于2019年3月通过省政府常务会议审议后，省人大常委会已两次审议，计划三次审议后表决，在条例"草案"中，对政务公开有专门章节要求。贵州是全国两个建设社会信用体系与大数据融合发展试点省之一，全面加快社会信用基础能力建设，依托贵州信用云、全国信用信息共享平台（贵州），加大信用信息归集共享力度，做到"应归尽归"，打破部门间、地区间存在的"信息孤岛、信息壁垒"，推动各级各部门信用信息互联互通、信息共享，全面形成社会主体的信用信息"一张网"，有效破解"放管服"改革中信息不对称的痛点难点问题，夯实以信用为基础的新型监管机制基础。在全国率先建成信用联合奖惩平台，通过信息化手段，实现"自动推送、自动比对、自动拦截、自动惩戒、自动

激励、自动监督、自动反馈"的"奖惩 7 自动"功能，全省已在省政务服务网累计实施信用核查 109 万次，累计依法拦截 3006 次；在省公共资源交易平台累计查询 24645 次，依法拦截 135 次。印发《贵州省建立完善守信联合激励和失信联合惩戒制度 加快推进社会诚信建设实施方案》《贵州省加快推进社会信用体系建设 构建以信用为基础的新型监管机制的实施方案》等文件，依法依规建立健全守信联合激励和失信联合惩戒制度，依据在事前、事中监管环节获取并认定的守信和失信记录，加快构建跨地区、跨行业、跨领域的守信联合激励和失信联合惩戒协同监管机制。

贵州还在全国率先完成法人和其他组织以及个体工商户统一社会信用代码存量技术赋码转换工作，归集统一社会信用代码数据 504 万条；编辑出版《贵州省公务员诚信读本》及《诚信贵州》刊物 44 期，编印并发放《诚信三字经》2 万余册。贵州加强城市信用建设工作，创新性地在全国首创"县级区域信用状况监测"，政务公开是信用监测的重要指标。

（二）智慧门牌：采用群众最乐于接受的形式创新基层政务公开

基层政务公开是保障群众知情权、维护群众利益的"最后一公里"。然而，基层政务公开的形式和渠道较为单一，缺少与群众互动交流的途径；从公开的内容来看，也往往过于笼统，难以及时回应社会关切，未能激发民众参与政务监督的积极性。另外，受各职能部门条块分割的限制，政务公开在政府各职能部门之间也缺乏交流联动、难以形成信息共享，从而制约了政务公开的实效性和及时性，群众难以及时搜寻和了解到自己所需的政务信息，致使基层政务公开流于形式。尤其是新媒体迅猛发展的时代，人口流动性明显增强，人们对信息传播的要求越来越高，传统政务公开方式的弊端越发凸显。

正是深刻感受到基层政务公开存在的诸多弊端，毕节市黔西县大关镇大胆尝试互联网等新媒体渠道，开辟了基层政府政务公开、了解民意、接受监督的新途径。镇政府为全镇每户人家的房屋门牌上设置了二维码，群众通过扫描二维码就能连接上政府的信息公开平台，快速便捷地了解惠民政策、镇情村情、村务公开等各类信息，并能够留言评论发表自己的看法。有了新媒体助力，大关镇的政务公开展现出较强的互动性和及时性，这使得镇里绝大多数人都乐意使用新媒体来接收信息、监督政务公开，反馈自己的意见建议，一些外出打工的群众甚至把门牌上的二维码保存在手机里，以便随时了解家乡的情况，就像群众说的那样，"微信扫一扫、政务全知晓"。可见，网络化、智能化、交互式的政务公开方式能够迅速拉近基层干部与群众之间的距离，改善干群关系，既为群众获取政务信息提供了最便捷的渠道，也为基层政务公开找到了新的途径，充分展现了基层政务与时俱进的工作理念和"以人民为中心"的工作作风。

（三）基层政务公开监督员：第三方力量成为重要一极

基层政务公开监督员制度是贵州省建设政务诚信和依法治省的重要创新。从2015年3月开始，贵州省在全省范围内将基层政务公开监督员制度纳入政务公开要点安排部署，通过引入社会力量参与基层权力运行的监督，促进基层政务公开透明，从而实现了基层政务公开监督从零散到系统、从局部到整体的跃升，充分保障了人民群众的知情权、监督权、参与权和表达权，确保人民群众有更多的获得感和幸福感。

为确保群众看得到、听得懂、能监督，基层政务公开监督员的监督内容包括了基层权力运行的全流程、政务活动的全过程，即"横向囊括所有部门、纵向覆盖县乡两级、时序涵盖政务活动全过程"。其目的就是要将第三方监督作为行政权力的伴生品，确保权力运行所到之处，公开监督如影随形。

在人员招募上，明确以县为单位自行确定监督员招募方式、招募人数、监督形式等，确保制度有特色、接地气、好实施、真管用。一些具备一定工作经验、热心公共事务、作风公道正派的一线群众被纳入了监督员队伍。全省共招募监督员近2万名，涵盖工人、农民、村干部、企业家、律师、教师、民主党派人士等多个行业和领域。

在队伍管理上，一是实行扁平化管理，由各县政府直接负责监督员的联络管理，监督员直接对县政府政务公开工作机构负责；二是实施"多员合一"管理，将政务公开监督与社会评议、民意调查、民生特派等其他监督机制相结合，监督员同时承担社会评议员、民意调查员、民生特派员等职责,既扩大了监督员的信息来源,又为基层工作节约了行政成本;三是建立考核与退出机制,定期对监督员工作情况进行考核,对不履职、不尽责、不胜任的人员进行清退,根据需要适时增补,确保监督员队伍始终是一湾"活水";四是配套建立监督员能力提升机制,通过培训及时为监督员提供与其履职有关的政策文件及学习资料,传递政务公开工作要求、监督重点和监督方法,不断提升监督员的监督能力。

自政务公开监督员制度实施以来,群众对政策措施有任何疑问,都可以通过监督员进行反映并督促公开,收获了良好的反响和口碑,也引起了权威新闻媒体的关注。[1] 所以,基层政务监督员不仅能够对基层政务公开起到第三方监督作用,其本身还成了群众和镇村干部的连心桥,真正做到"给群众一个明白,还干部一个清白"。

三 以政务公开促诚信贵州建设的经验启示

(一) 转变理念为做好新时代的政务公开奠定了基础

一方面,政府职能部门和工作人员要转变推进政务公开工作的理念。国家明确要求政务公开要"以公开为常态,不公开为例外",这就表明政务公开不是各级政府可以自由选择的一项权力,而是对社会公众应尽的一份义务。因此,各级政府必须适应新时代的新要求,从过去"政府公开什么,群众就看什么"的习惯做法向"群众关注什么,政府就公开什么"的服务模式转变,以政务诚信建设为目标,面向基层、面向群众,全面提升政务公开水平。同时,还要以开放的理念和姿态,善于运用新兴技术手段和新媒体,探索政务公开工作的新途径和新渠道。另一方面,人民群众也要转变参与政务公开的理念。每个公民都有质疑的权利,但如果把参与政务公开简单理解成在互联网上对政府"发发牢骚、批评挑刺",把"不相信"当作信仰,也难免过于偏激。质疑只是

---

[1] 中央电视台政论专题片《法治中国》以大关镇政务公开监督员罗昌友老人为典型案例,对贵州省的政务公开监督员制度进行了报道。

开始，更要站在理性、理解的角度，针对具体问题提供建设性意见或者有依据的批判性意见，把互联网上的"牢骚文化"变成"献策文化"，形成群策群力的良好局面，才能使公共政策更多地解决民生问题，更好地为人民服务，这样参与政务公开才有更积极、更现实的意义。

（二）深化改革为持续推进政务公开提供了不竭动力

如果没有惠民政策信息公开的O2O模式，群众就没有全面了解惠民政策的一站式综合服务平台；如果没有基层政务公开监督员，政府就会缺少一支重要的参与监管的社会力量；如果没有大关镇的"智慧门牌"，就难以打通政务公开的"最后一公里"。可见，只有坚持全面深化改革，政务公开才有源源不断的活力和动力。贵州省的深化改革体现在两个方面：首先，政务公开的制度创新，从工作机制上搭建了政府与企业、群众对话的平台，从而保障了群众的知情权、参与权、表达权和监督权，确保了政务公开取得实效。其次，政务公开的标准化建设，使得政务公开有了衡量、评估、考核的尺度和依据，有利于不同地区、部门信息整合，促进信息共享。例如，贵州省在发放惠民政策明白卡的过程中就特别注意了标准的制定，从而有序规范了重点领域信息公开，实现了政务公开目录的标准化管理。

（三）善用新兴技术能够有力助推政务公开迈上新台阶

大数据时代，政务公开的社会需求悄然发生了转变，从关注数量转向关注质量，从"看得懂就行"转向"用得上才好"。面对这种形势，政府只有敢于、善于尝试新兴技术，政务公开的平台才会更为广阔、实现方式才会更为丰富。贵州省利用新兴技术促进政务公开的效果显著，其经验成效可总结如下。

第一，政务公开的渠道要由单一化向综合化提升转变。除传统的政务信息"上墙进栏"，还要积极运用微博、微信、移动客户端等新媒体新形式，扩大信息传播范围，规范政务新媒体平台的内容编发程序和公众问询答复程序，配备专人进行管理、运营和维护。要重视新兴媒体的作用，把新兴媒体同样作为信息公开的主阵地，及时发布信息、解读政策内涵、引领社会舆论。

第二,政务公开信息平台要由分散型向集中型提升转变。要将原来分散在各部门各单位的信息进行整合,集中人力、物力、财力搭建政务公开的综合性平台,通过整合资源,将平台打造成更加全面的信息公开平台、更加权威的政策发布解读和舆论引导平台、更加及时的回应关切和便民服务平台。

第三,技术运用和外在形式要充分考虑群众的广泛参与。政务公开并不是政府自弹自唱的"独角戏",而是一项需要群众广泛参与的"民心工程",基层政务公开尤其如此。只有设计易于群众操作的平台(例如扫二维码),充分将群众的需求纳入政务公开工作中,群众才会积极参与、乐于分享、勤于提问。因此,需要熟悉不同层级、不同领域公众参与的事项种类和方式,搭建政民良性互动的优质平台,提高公众参与热情,不断增进公众对政府工作的认同与支持。

(四) 加强第三方监督进一步确保政务公开实效

针对政府内部监督力量单薄、方式单一的问题,引入第三方监督不失为对内部监管的一种有效补充,有利于提升各级政府及其政务公开结果的可信度和透明度。引入第三方监督,既可平衡内部矛盾,又可满足群众对社会公平正义的要求和愿望,在政务公开监督中扮演着越来越重要的角色,为政务公开建设提供了一个真实反映民意的评估样本。但是,光引入第三方监督还不够,还必须保证监督效果。要让第三方队伍从"不敢监督"到"敢监督""能监督",除了畅通监督渠道,更重要的是保证监督有回应、见效果,要从制度上保证群众的监督结果受到重视,快速给予反馈,工作偏差才能及时被纠正,政务公开才能真正取得实效。

四 结论与展望

政务公开是保障公民知情权、参与权、表达权和监督权,加强对公共权力制约与监督的一项制度安排。[①] 要实现政府的政务诚信,政务公

---

① 应松年:《创新推进政务公开的制度机制》,《人民日报》2016年12月30日第7版。

开是至关重要的第一步。因此，政务公开已然成为诚信贵州建设的基础性工作。随着中国特色社会主义进入新时代，政务公开的社会需求也在发生转变和提升。为回应社会关切、提升政务诚信，贵州省各级政府以创新载体为抓手，抓住群众最关心的问题、采用群众最乐于接受的形式，开展了内容丰富、形式多样的政务公开创新实践，效果显著，经验值得借鉴。

政务公开在实际运行中仍存在一些不足。例如，有的领导干部缺乏主动公开意识，公开的内容过于笼统和模糊，政务公开的保障机制还不够健全，基层政务公开标准有待细化等。这些问题需要在今后的工作和长期的实践中逐步加以解决。总之，政务公开是一项长期、艰巨、复杂的系统工程。

政务公开的每一次发布、每一项创新，都是在塑造政府在人民群众心目中的形象。各级政府要积极适应新常态，把握政务公开新要求，顺应人民群众新期待，在党的十九大精神指引下，切实增强政务公开工作的主动意识，持续完善政务公开工作的体制机制，努力营造政务公开工作的和谐环境，不断拓宽政务公开的平台领域，奋力提升政务公开工作的能力水平，为推进服务型政府和透明政府建设做出新的更大贡献。

政务公开推进贵州法治政府建设

贵州政务公开助推法治政府研究项目组*

摘　要： 政务公开是法治政府建设的重要内涵，全面实施政务公开是法治政府基本建成的重要标志之一。在建设法治政府的大背景下，贵州省司法厅以深入推进政务公开为抓手，认真贯彻落实中央和省里关于政务公开的法规文件，全面落实"决策、执行、管理、服务、结果"五公开工作机制，深入推进行政权力运行公开，加大行政决策、规范性文件和政府立法公开力度，推动行政执法和行政复议应诉信息公开，依法受理信息公开复议案件，加快政务公开平台建设，政务公开信息化水平进一步提高，促进了各级各部门依法行政，加快了法治政府建设进程。

关键词： 政务公开；法治政府；政府信息公开

习近平总书记指出，政务公开是法治政府建设的一项重要制度，要以制度安排把政务公开贯穿政务运行全过程，权力运行到哪里，公开和监督就延伸到哪里。尤其是涉及公众利益、民生保障、营商环境的政策举措，都应该加大公开力度，让群众像扫二维码一样清清楚楚、一览无余。重组后的贵州省司法厅深入贯彻落实党的十九大和十九届二中、三中、四中全会精神，坚定不移地把"深入推进依法行政、加快法治政府

---

* 项目组负责人：王剑波，贵州省司法厅办公室主任，借调到省纪委省监委派驻省检察院工作。项目组成员：赵文献，贵州省司法厅办公室副主任；唐瑜，贵州省司法厅办公室二级主任科员。执笔人，唐瑜。

建设"放在更加重要的战略性地位来推进，把深入推进政务公开全面贯穿到"一个统筹、四大职能"整体工作布局中去，将依法公开工作全面融入到依法治省、行政立法、行政执法、刑事执行、公共法律服务职能履行全过程，推动正义不仅要实现，而且要以看得见的方式实现，让行政权力真正在法治轨道上运行，坚定不移地朝着基本建成职能科学、权责法定、执法严明、公开公正、廉洁高效、守法诚信的法治政府建设目标阔步前进。

新一轮国家机构改革前，政府法制机构在法治政府建设中承担着统筹协调和督促指导的重要职能。机构改革后，法治政府建设工作随着机构重组得到全面提升和加强，重组后的司法行政机关成为全省法治政府建设的坚定践行者和努力推动者。贵州省司法厅高度重视政务公开工作，把推进政务公开作为加快法治政府建设的重要抓手，将政务公开作为加强自身建设的重要平台，并作为年度司法行政工作要点总体部署、重点安排，同时还将"全面推进政务公开"纳入2019年贵州省法治政府建设年度考评指标内容和厅机关二级目标绩效考核内容，促进各项公开制度有效落实，推动政务公开和法治政府建设互促共进、相互融合，较好地发挥了政务公开促落实、促规范、促服务的作用。贵州省司法厅成立了由厅主要领导担任组长的信息公开工作领导小组，在全省司法行政系统组建了信息联络员队伍，先后制定印发了《贵州省司法厅2019年政务公开工作要点》《贵州省司法行政新闻宣传工作制度》《贵州省司法厅关于进一步加强政务公开工作方案》《贵州省司法厅信息发布审核制度》等制度文件，建立起了"主要领导总抓、分管领导牵头抓、责任处室抓落实"的政务公开工作机制，搭建起了"一申请二目录三主动四互动五系统六重大"①的立体化多格局公开平台，在贯彻落实全

---

① "一申请二目录三主动四互动五系统六重大"：指在贵州省司法厅门户网站首页设置的信息公开平台，一申请是指"依申请公开平台"，二目录包括信息公开目录和非公开信息管理目录，三主动包括主动公开的国务院文件、省政府文件和省司法厅文件，四互动包括"热点回应""政务信箱（基层民意网络直通车）""在线访谈""信息公开意见箱"，五系统包括贵州省行政规范性文件备案审查系统、贵州省行政执法人员资格查询系统、司法部法规规章草案意见征集系统、贵州省行政立法意见征集系统和贵州省行政执法培训系统，六重大包括属于依法行政重要领域的信息公开，涵盖政府立法工作、行政执法监督管理、规范性文件审查、行政复议应诉情况、法律事务建设、政府法制研究六大板块的信息公开。

国、全省推进简政放权放管结合职能转变工作中，公开发布信息量居全国前列，得到国务院督查组和国家第三方评估组的高度评价。积极适应全省统一的"云上贵州+政务公开"模式，将贵州省司法厅门户网站正式迁入"中国·贵州政府门户网站云平台"，推动司法行政数据汇聚云上贵州，确保公开的司法行政数据资源信息安全，提升了数据资源集约化利用的质量和价值，为服务贵州省大扶贫、大数据、大生态三大战略行动和大数据综合试验区建设、国家生态文明试验区、国家内陆开放型经济试验区建设提供了坚强的法治保障。

一　深入推进行政权力公开，倒逼各级政府依法履行职能

近年来，贵州省深入推进"放管服"改革，坚持刀刃向内，掀起了一场推动服务型政府建设的自我革命，通过深入推进行政权力公开，使政府依法履职的意识和能力不断增强，行政权力运行更加规范，营商环境持续改善，经济增长速度连续位居全国前列。

（一）公开权力清单，激发市场活力

1. 清单管理"晒权"

一是推行权责清单公开。贵州省全面公布省、市、县三级政府工作部门和乡镇政府的权力清单和责任清单，并实行动态管理，在全省范围内推进权力清单责任清单标准化规范化建设。二是推行收费基金目录清单常态化公开。近年来，主动向社会公告《贵州省政府性基金目录清单》《贵州省行政事业性收费目录清单》《贵州省涉企行政事业性收费目录清单》，并发布《贵州省涉政府性基金、行政事业性收费目录清单（生产、销售环节）》。三是推行职业资格清单公开。开展全省职业资格清理整顿专项督查活动，取消并公布了贵州省自行设置的10项职业资格。四是推行行政审批中介服务事项清单公开。实现省、市、县三级行政审批中介服务事项清单的制定公布，明确要求未纳入行政审批中介服务清单的事项一律不得作为行政审批的受理条件。出台《贵州省人民政

府关于公布清理规范省政府部门行政审批中介服务事项及保留为省政府部门行政审批必要条件的中介服务事项的决定》，向社会主动公开《省政府决定清理规范的省政府部门行政审批中介服务事项目录》《省政府决定保留为省政府部门行政审批必要条件的中介服务事项目录》，要求各有关部门将本单位保留的行政审批中介服务事项名称、依据、程序、投诉举报渠道和方式等在政务服务办事大厅进行公示。

2. 流程公开"行权"

推动省、市、县三级政府部门全面编制和公布了行政权力运行流程图。其中，包含机构改革前55个省直部门的1440张权力运行流程图，实现权力清单中的事项件件有流程，事事有责任，过程全透明。建立完善市场主体信用信息公示制度，建立健全守信激励和失信惩戒机制，加强市场主体经营行为监管等方式，进一步激发市场活力，培育壮大市场主体。全面推行企业简易注销改革，对未开业企业和无债权债务企业，通过信息公开共享，优化登记流程，减少申请文件等举措，让有退出需求、债务关系清晰的企业快捷便利退出市场，并通过国家企业信用信息公示系统（贵州）发布简易注销公告。

3. 平台公开"亮权"

一是以"双随机一公开"为重点，推进监管执法更透明。贵州省率先建成全国首个全省统一、资源共享的"双随机一公开"监管平台，省、市、县三级2827家市场监管和行政执法部门、315余万户监管对象、7万余名执法人员，全部纳入平台进行动态管理。随机抽取检查对象、随机选派执法人员、抽查检查结果录入审核公示等各项工作流程固化到抽查平台中，做到抽查检查全程留痕，使监管执法"随机不能随意"，让透明执法、公正监管贯穿每一次抽查检查，公众可查询、社会可监督、责任可追溯，确保监管公开透明和有效震慑。二是围绕"协同服务"做实公开平台，推进政务环境更优化。坚持全省"工作一盘棋、办事一张网"，以全覆盖、全联通、全方位、全天候、全过程"五全服务"为引领，全面建成覆盖省、市、县、乡、村五级的贵州省网上办事大厅，汇集办理全省43万项政务服务事项。建成112个省、市、县三级政务服务中心，1500多个乡（镇、街道、社区）政务服务中心，1.7万多个村（居）便民服务站，实现了行政区划全覆盖。三是围绕"高效服务"统一公开指南，推进行政审批更便民。将行政审批"八公开"要素细化为包含80余项要素的办事指南统一模板，依托贵州省网上办事大厅，打造事前办事指南精细、事中审批流程明晰、事后结果信息翔实的全方位信息公开。整合审批服务流程，持续开展"减证便民"专项行动。全省43万政务服务事项已逐一编制办事指南，累计取消证明材料6000余项。

（二）聚焦"高效便捷"，优化服务模式

1. 实行"集成套餐服务"捆绑公开，推进审批服务理念再深入

对办"一件事"涉及的多个审批服务事项打包，为不同类型的企业和群众提供量身定制的套餐式、主题式集成服务，取消各类重复提交的证明材料，推行一表申请，最大限度减少申请人提交的各类证明材料。目前贵州省已编制完成300平方米以下个体工商户餐馆开办、药品零售店开办、美发店开办、二手房买卖、300平方米以上幼儿园开办、小卖部开设、网吧开办、民爆物品购运、200平方米以上旅馆开办、旅行社开办、诊所开办等共计13种"集成套餐服务"，并在实体政务大厅开设"集成套餐服务"窗口，企业群众办事只需要到"集成套餐服务"窗口提交申请即可"一站式"办结。

2. 打造"创新服务"智能化公开，推进政府服务更智能

围绕"智能登录、智能审批、智能客服、智能监督、智能分析"五个智能升级贵州省网上办事大厅，建设完善网厅申请人实名认证体系、网厅App、事项清单库、信息资源目录库、工商登记"先照后证"改革相关的"双告知"系统和"多证合一"审批系统。集成在线支付功能，推进电子印章、邮政速递、短信服务在全省应用，贵州省网上办事大厅可通过电脑端、网络电视端、移动App、微信公众号等多渠道提供服务，让企业和群众的获得感不断提升。

（三）健全奖惩机制，加强信用监管

1. 健全守信联合激励和失信联合惩戒制度

出台《贵州省建立完善守信联合激励和失信联合惩戒制度 加快推进社会诚信建设实施方案》，促进公共信用信息与商业信用信息共享融

合，制定对守信主体的61项联合奖励政策，向社会公布环境保护失信"黑名单"，管理企业经营异常名录信息，充分运用信用激励和约束手段，建立完善跨地区、跨部门、跨领域的联合激励和惩戒机制，促进市场主体依法诚信经营，维护市场正常秩序，营造"守信者处处受益、失信者处处受限"的社会信用环境。

2. 推进行政许可和行政处罚信息双公示

在贵州省网上办事大厅上建成行政许可和行政处罚信息"双公示"系统，归集全省4000多个县级以上行政部门在各级政务服务中心集中办理的许可事项数据和行政处罚等信用信息，向"信用中国"网站传送公开。

3. 加快统一社会信用代码制度建设

目前，已归集统一社会信用代码数据220余万条，在全国率先完成法人和其他组织以及个体工商户统一社会信用代码存量技术赋码转换工作，赋码率达100%，在"信用中国（贵州）网站"集中公示统一信用代码及相关信息，向社会提供查询服务。

二 狠抓政府立法和行政规范性文件公开的实践探索，让行政行为在公众监督下运行

加强政府立法和规范性文件公开是进一步规范权力运行，有效实施法规规章和规范性文件，促进行政行为公开透明、合法有效的前提，是维护人民群众合法权益的重要保障。现实中仍存在政府立法的公开性不足，社会公众参与度不高，规范性文件主动公开意识欠缺、公开不及时、公开渠道不畅通等现象，公开工作的滞后使行政管理相对人不能及时了解行政管理依据，造成对行政管理行为的误解，从而产生此类行政复议、行政诉讼、群众上访等问题。因此，充分认识规范性文件公开工作的重要性、紧迫性，增强政府立法的公众参与度，深入推进政府立法公开，对加快法治政府建设具有重要意义。贵州省司法厅不断加强对市州政府立法公开和规范性文件公开工作的指导，不断完善公众参与立法制度，增强了针对性、实用性和可操作性。

(一)拓宽公开渠道,主动公开地方性法规和政府规章草案编制计划、组织起草和审查修改情况

凡是由省司法厅组织起草和审查修改的地方性法规、政府规章草案,均通过贵州省人民政府门户网站"征集意见系统"及贵州省司法厅官方门户网站"行政立法意见征集"栏目,广泛征求和听取社会各界对地方性法规和政府规章起草、审查过程中的意见。近三年来,已完成对《贵州省社会信用暂行条例(征求意见稿)》《贵州省公共文化服务保障条例(草案)》《贵州省人民调解条例(草案)》《贵州省政府数据共享开放条例(草案)》《贵州省停车场管理办法(草案)》《贵州省城市养犬管理规定(草案)》《贵州省国有林场(草案)》等地方性法规、政府规章草案的意见征集,通过网上抽查、调研督查等方式督促各市州政府均在本级政府门户网站公开规章草案的意见征集,切实提高公众立法参与度。如黔西南州通过州政府门户网站公开广泛征求群众对《黔西南布依族苗族自治州马岭河峡谷风景名胜区保护条例》《黔西南州历史建筑保护办法》等法规规章草案的意见和建议。为解决公众关注度不高等问题,《省政府2020年立法项目建议》除在省政府门户网站和贵州省司法厅门户网站上公布外,还在《贵州日报》上刊登,并接受《百姓关注》专访,共收到立项建议44件,接到市民电话立法建议1件。

(二)积极探索创新,从源头上规范立项公开,有效增强立项的科学性和准确性

一是坚持"开门立法"原则。在编制2020年立法计划过程中,创新公众参与立法的方式,在各市(州)政府和省直各部门报送立项申请的基础上,通过厅门户网站、微信公众号等方式向社会广泛征集立法项目建议。同时,为了增强立法计划编制工作的公开性和透明度,保障公民有序参与地方立法工作,将前期征集到的立法项目建议通过《贵州日报》、门户网站、微信公众号等方式邀请社会各界投票推选,10万余名公众关注支持,投票数达60万张。二是组织专家进行立项评估。为充分发挥立法咨询专家的智囊、参谋作用,邀请省内立法专家、学者和立法部门相关领导、专业人员召开专家论证会,先由申请部门对提请的

立法项目进行陈述,然后组织专家就立法必要性、可行性、合法性、逻辑性进行评估,确保每个立法项目实现公共利益最大化。三是扩大立法宣传和政策解读。出台的地方性法规、规章,均在《贵州日报》上公布了正式解读文稿。同时,除通过省内媒体《贵州日报》、《贵州都市报》、省人民政府网和贵州省司法厅官方门户网站等宣传立法工作,还积极争取国家媒体《中国气象报》、人民网、搜狐网对立法工作进行宣传报道。

(三)完善立法公开制度,推动出台立法听证办法,推进立法程序民主化、正当化

《立法法》规定,各立法主体在立法过程中,应采取座谈会、论证会、听证会等多种形式听取社会各方面的意见。贵州省司法厅牵头制定了政府立法听证办法,细化了立法听证会相关程序性规定,切实做到听证程序、内容、手续办理的公开,做到听证前参与人选的公开,做到听证结果的公开,尤其是明确将争议报告和争议理由公开的做法,大大激发了公众参与立法的热情,通过引导社会公众在网络上充分发表意见,形成了公众在听证中学习,在学习中争论,在争论中提高认识的良性立法环境。

(四)加强规范性文件公开工作的规范化和制度化建设,凡未经公开的规范性文件不得作为执行依据

贵州省司法厅坚持"谁制定、谁公开"的原则,加强对全省各级各部门规范性文件公开工作的指导,督促各级政府及其工作部门切实承担起规范性文件公开工作的主体责任,要求制定的规范性文件应当标注"此件公开发布"字样,并在公众知晓的载体上公开发布,涉及公民、法人或其他组织权利义务关系的应当让行政管理相对人知晓,并将规范性文件公开工作纳入行政机关年度依法行政考核内容,确保公开工作要求得到贯彻落实。贵州省司法厅门户网站专门开设"贵州省行政规范性文件备案审查系统",以"便民、高效、透明"为宗旨,为社会公众查询现行有效的规范性文件提供了更为便捷的服务。此外,对全省规范性文件备案、登记情况和审查通过的目录实行季度公开制,及时在门户网站面向社会公众公开。2020年以来，贵州省司法厅深入推进创新审查机制，对全省纠错的规范性文件实行错情通报，对备案审查中发现存在违法问题的规范性文件，及时要求制定机关予以纠正，不纠正的责令纠正，并纳入年度法治政府建设考核内容。

在制度建设方面，贵州省司法厅制定印发了《关于进一步加强规范性文件公开工作的通知》，从以下方面对规范性文件公开工作进行了明确：一是起草规范性文件应当公开征求意见，法律、法规、规章规定应当公开听证或者公开征求社会公众意见的，制定机关应当按照规定进行。二是涉及公民、法人或其他组织权利义务关系的规范性文件，制定机关应当不迟于文件实施之日通过行政机关门户网站及其他便于公众知晓和查询的方式公布规范性文件。三是制发机关制定规范性文件要统一登记、统一编号、统一印发，并依照法定要求和程序予以公布。四是规范性文件制发机关积极探索现代信息化的公开方式，如通过微信公众号、手机消息推送等方式进行公布，使公开工作不流于形式，切实提高公众的知晓率。五是开展规范性文件定期清理和及时清理后，对清理的结果要及时向社会公布。六是针对公民、法人或其他组织提出的规范性文件公开申请，制定机关要认真核查文件性质，确属规范性文件的，应当立即整改，及时在相应的平台上予以公布，切实防止因规范性文件公开工作所引起的行政纠纷。

贵州省司法厅坚持"一手抓制定公开""一手抓清理公开"，结合政府职能转变，职权层级下放，审批事项改革等重大改革，多次组织开展规范性文件清理工作。截至目前，共组织开展涉及"创新政策与政府采购优惠挂钩""放管服改革""不符合生态环境建设和环境保护要求""著名商标""公平竞争""证明事项""产权保护"等各类规范性文件的专项清理和全面清理，并及时向社会公开了省政府、省政府办公厅现行有效的规范性文件目录，通过清理公开，及时将不适应经济社会发展的规范性文件按程序进行废止、宣布失效或者修改，实现规范性文件"新陈代谢"，从体制和机制上为全省经济社会的发展创造了良好环境。

三 深入推进行政决策公开，推动依法决策机制不断健全

加强重大行政决策公开是党中央关于全面深化改革和全面推进依法治国的一项重要安排部署，是推进国家治理体系和治理能力现代化的必然要求。贵州省司法厅有力指导各级各部门不断完善重大行政决策公开发布机制，建立决策规范体系，促进社会公众依法有序参与重大行政决策。贵州省司法厅先后制定了《厅党委会议制度》《厅长办公会制度》等文件，不断完善重大行政决策程序。根据《重大行政决策程序暂行条例》，起草了《贵州省重大行政决策程序实施办法（征求意见稿）》，现正在公开征求各级各部门意见。黔东南州出台了《黔东南州人民政府重大行政决策程序规定（试行）》《黔东南州人民政府重大行政决策第三方评估办法（试行）》，把公众参与、专家论证、风险评估、合法性审查和集体讨论决定作为重大决策的必经程序。此外，还不断加强重大决策事项合法性、公开性审查，印发了《关于规范提请州政府研究重大行政决策事项工作的通知》，要求部门在制定重大文件中，及时征求州直部门、各县市的意见，并在州政府网站上公开征求收集群众意见和建议，进一步规范重大决策事项的合法性审查工作，为全省行政决策公开工作提供了可供复制的样本。

贵州省司法厅在深入推进行政决策公开工作的同时，注重法律顾问服务重大行政决策信息的公开。如在厅门户网站开辟政府法律顾问专栏公开政府法律顾问建设相关工作情况，既公开了国家、省、市、县法律顾问政策文件，又公开了全省法律顾问服务重大决策相关工作信息。一是实行法律顾问选聘公开。组织开展了省政府法律顾问室法律顾问选聘工作，全程在官网发布选聘公告，公开选聘流程、选聘条件等，对拟选聘的法律顾问进行公示，征求社会各界意见，确保法律顾问选聘工作做到公平公正公开。二是实行法律顾问制度公开。如制定了《贵州省人民政府法律顾问室法律顾问聘用规则（试行）》《贵州省人民政府法律顾问室聘用法律顾问工作考核办法（试行）》等法律顾问工作制度，均通

过门户网站及时向社会公开。三是实行法律顾问履职公开。如公开省政府法律顾问室的工作总结、省国税局的法律顾问工作先进经验、福泉市总法律顾问制度的工作经验等，持续向社会公布法律顾问制度工作开展情况。

四　深入推进行政执法和行政复议信息公开，切实保障行政相对人合法权益

实施行政执法信息公开对于促进行政机关严格规范公正文明执法，保障和监督行政机关有效履行职责，维护人民群众合法权益，具有重要意义。

（一）实行行政执法公示制度，搭建统一的执法信息公示平台

贵州省司法厅按照国务院办公厅和省政府办公厅关于全面推行行政执法"三项制度"工作部署要求，及时召开了贵州省全面推行行政执法"三项制度"动员培训电视电话会，并以省政府办公厅名义制定印发了全面推行行政执法"三项制度"的实施意见，要求各级各部门要加大行政执法信息公开力度，促进执法办案程序更加规范，执法过程更加透明，重大执法决定更加科学严谨。各地各部门充分借力"大数据"信息技术，建设行政执法信息统一公示平台，依法及时主动向社会公开有关行政执法信息，接受社会和群众监督，行政执法活动更加规范透明。如毕节市建成统一公示平台，开发执法办案应用系统，有效实现了市、县、乡三级政府及市、县两级执法部门信息统一公示和执法信息互联互通，让权力以看得见的方式规范运行。通过该平台将全市631个执法单位共12158名执法人员信息、权责清单、受理咨询投诉件、执法结果等各类执法信息主动向社会公开公示。贵安新区充分利用大数据发展优势，结合贵安新区扁平化、大部门制行政管理体制，围绕"全流程重塑、全要素公示、全数据立交"，积极推进行政执法监督云平台建设。通过行政执法监督云平台主动向社会公布新区各执法单位行使的行政许可、行政处罚、行政强制、行政征收、行政检查、行政奖励、行政裁决

等执法事项，并配套公布每项行政权力的法律依据、责任事项依据、承办机构、追责对象范围和运行流程图。探索"大数据+行政执法"，重塑行政执法全流程，探索将权力清单管理、双随机一公开监管、行政执法人员资格管理标准化、模块化后植入行政执法公示平台，推动形成大数据精准执法的贵安模式。

（二）公布实施《贵州省行政执法监督办法》，加强行政执法案件信息公开

《贵州省行政执法监督办法》（以下简称《办法》）制定出台，并于2018年2月1日起正式实施。《办法》已通过省政府门户网站、贵州省司法厅门户网站、《贵州日报》等多种媒体向社会公开。《办法》明确县级以上人民政府应当主动向社会公开行政执法主体资格、执法主体名称、执法职能等信息，接受社会监督等。此外，还有效整合刑事司法信息资源，在系统内部深入推进行政执法案件信息公开共享。如黔东南州出台了《黔东南州行政执法与刑事司法衔接工作办法》《黔东南州行政执法与刑事司法衔接工作联席会议制度》，建立健全行政执法与刑事司法衔接机制，州公安局、州环保局、州林业局、州国土局、州食药监局与州检察院建立了黔东南州"两法衔接"信息管理平台，实现行政执法案件信息网上录入、移送、受理、监督和资源共享。

（三）实行行政执法人员信息公开查询

创建"贵州省行政执法管理系统"，并于2017年底正式投入运行，改变了以往通过人工收集、填报信息、纸质审核、审制分离的工作模式，有效实现了通过系统平台完成行政执法人员信息填报、分级审核、数据监管等信息化管理工作，进一步提高了办证效率。2019年贵州省司法厅依托"贵州司法云"建设项目，将"贵州省行政执法管理系统"升级打造成"贵州省行政执法综合管理监督信息系统"，该系统已覆盖了贵州省、市（州）、县（市、区）、乡镇（街道办）四级用户，用户高达71430人，其中执法部门用户70980人，执法监督用户450人，已完成执法部门维护4924个，监督部门维护104个，拆分法律法规1182部，录入权责252077条、许可事项13970条。该系统通过对全省行政执法信息资源的采集加工，利用数据挖掘、大数据分析等技术手段，构建法治政府考核指标体系和分析评价模型，通过全数字的方式量化考核指标，确保法治政府考核公平公正，提升法治政府考核可信度，同时对安全生产、违法建设、食品安全和黑车治理等社会关注的热点难点问题进行专题分析，增强政府与社会间的互动，有利于政府更好履行市场监管职能，改善执法效果，提升政府公信力。

（四）深入推进行政复议信息公开，依法办理信息公开复议案件

贵州省司法厅在指导各级各部门深化行政复议体制改革过程中，坚持做到行政复议受理、审理、决定三公开。在受理阶段，收到申请书和相关材料均出具收据。决定立案的，向申请人发出行政复议受理通知书，向被申请人发出行政复议答复通知书；不予立案的，向申请人发出行政复议不予受理决定书。在审理阶段，对被申请人没有质证的证据，公开进行质证；对需要核实的证据，公开进行核实。当事人申请听证或案件承办人认为应当听证审理的，公开听证审理。对部分复议案件，拟作出的复议决定在决定前告知，听取当事人的最后陈述和申辩。在决定阶段，行政复议决定书除依法送达当事人外，要求复议机关统一向社会公众公开。

一直以来，申请人对政府相关部门的行政行为提起行政复议只能采用书面形式提起申请，导致申请的时间成本、邮寄成本、交通成本、人力成本等过高。为了降低申请人行政复议的成本，提高行政复议案件申请效率，贵州省司法厅正在积极推动全省复议机关探索开展"互联网+行政复议申请"的案件受理模式，让申请人通过网站、手机App等渠道直接提出申请，并可在线提交证据，查看处理结果，进行法律咨询，在线对行政复议工作提出意见等。如黔南州率先探索在州政府门户网站"中国·黔南"开通"行政复议专栏"，向群众公开了行政复议案件受理范围、受理条件和复议申请系统的使用说明。公民、法人或者其他组织可以对符合州政府管辖的行政复议案件在网上提交复议申请书并上传相关材料，州司法局在收到网上申请信息后第一时间进行回复，并及时把相关办理情况反馈到申请人，申请人还可通过系统生成的"查询号"查询申请办理结果，真正做到了"想群众之所想、急群众之所急"。

近年来，贵州省各级行政复议机关不断加强行政复议信息的公开，通过门户网站、办案场所公示栏、微博微信等信息公开平台，主动公开公示行政复议受案范围、行政复议机构及工作人员、《行政复议文书格式》等标准文书模板、行政复议人员在岗情况等信息，进一步畅通了行政复议案件受理渠道，为申请人提供了办案指南，方便申请人依法申请行政复议事项。如贵州省司法厅公开了《贵州省行政复议条例》《行政复议指南》以及《行政复议常见问题解答和说明》等信息；黔南州公开了《行政复议委员会试点工作实施方案》《行政复议受理下移规定》等，进一步规范了行政复议案件审理，达到了便民、安民、利民的效果。

此外，还进一步加强对信息公开复议案件的办理。随着经济社会的发展，群众对利用政府信息公开维权的意识普遍增强，因政府信息公开不及时、公开内容不全面、政府部门没有及时履行职责申请行政复议的案件时有发生，从申请政府信息公开的内容看，大部分是土地征收、房屋拆迁等社会热点、难点问题。以2017年为例，全省共收到行政复议申请3973件，其中信息公开类案件234件，占5.89%，同比上升3.20%；全省各级行政机关共办理信息公开应诉案件259件，占总应诉案件量的2.56%。① 从以上数据可知，政府信息公开领域的行政争议日益增多，上升较快。为有效化解因政府信息公开引发的行政复议矛盾，贵州省司法厅指导各级行政复议机关采取"事前事中事后三步工作法"，加大纠纷化解力度。一是转变思想意识，事前重视政府信息公开申请。要求各级复议机关要树立服务意识，加强行政指导，采取提醒、示范、建议、劝导等方式，指导行政管理相对人依法申请信息公开，同时变被动接受公开申请为主动公开，对接受的政府信息公开申请，积极主动依法答复，减少因不予公开而提起行政复议案件的数量。二是规范行政执法，事中重视行政复议办案程序。严把受理关，进一步明确举证责任，注重调解等，如安顺市出台了《关于完善矛盾纠纷多元化解机制的实施意见》《安顺市行政调解联席会议制度》等系列制度，加强行政调解与司法调解联动配合，积极推行重大行政争议诉前沟通协调机制，

---

① 数据来源于贵州省2017年度行政复议、行政应诉案件统计分析报告。

成立安顺市重大行政争议诉前沟通协商领导小组,及时化解了多起群体性、时间跨度大、多次上访、反复诉讼的行政复议信息公开案件,实现了法律效果和社会效果的有机统一。三是履行职责,事后重视政府信息公开保障工作。对行政复议机关作出责令限期履行、撤销、确认违法的行政复议决定,督促行政机关按照行政复议决定内容主动履行公开义务。

五 利用政务公开推进法治政府建设的相关对策及建议

(一) 进一步理顺体制机制,提高政务公开及时性高效性

党的十九大以来,党中央针对国家治理面临的新形势新任务新要求,通过一系列重大制度安排和体制机制改革创新,加快推进国家治理体系和治理能力现代化,实现政府治理模式全面转型。因此,只有按照公众的服务需求来确定政府的职能职责和机构设置,理顺政府运行的机制和程序,才能实现法治政府的根本转型。建议落实"党委统一领导,政府主抓,部门落实,纪检监察机关监督检查"的政务公开领导体制和工作机制要求,从中央和省级层面进一步完善政务公开领导机构和工作机构,并在人员、经费等方面予以充分保障,把政务公开工作与其他各项工作同步统筹研究和部署,层层压实责任。

(二) 加强配套制度建设,为政务公开实施提供保障

建议进一步完善信息公开管理制度,建立健全行政机关信息的筛选、发布和查询机制。各级政府及其工作部门要加强基层调研,深入群众、及时沟通并反馈,获悉公众急需的信息需求,使政府与公众间的沟通机制能够制度化、常态化。深入推进重大公共决策过程的公开透明,进一步完善新闻发言人制度和政策解读等相关公开制度。进一步完善信息公开监督制度和责任追究制度,除加强政务公开主管部门和行政监察机关的监督之外,同时还要强化外部的监督,即人大、政协、司法机关和媒体、公众对政务公开工作的监督,通过社会监督,把群众对公开内

容是否满意纳入政府部门及其领导班子的工作绩效考核。

(三) 修订相关法律、法规和规章，确保政务公开法治统一

建议加大对新修订《政府信息公开条例》的学习宣传和贯彻执行力度，加快推进与新修订条例相矛盾或相冲突的法律法规规章的修订，如《中华人民共和国保守国家秘密法》《中华人民共和国档案法》《预算法》《政府采购法》等，减少法律适用中的矛盾冲突，进一步完善相关配套的法律法规和规章制度。此外，还可探索从法治政府建设的高度调研制定政务公开领域的基本法，适时将《政府信息公开条例》上升为《政府信息公开法》，把好的做法和经验固定为法律，进而切实保障公民的知情权，确保政府依法行政，推进法治政府建设。

(四) 加大政务公开考评力度，持续推进法治政府建设质量

近年来，各地都将政务公开纳入年度依法行政、法治政府建设考评指标，但所占分值不高，考核指标针对性不够强。公开是最好的防腐剂。只有把政务公开做细、做实，把权力置于阳光下，才能够避免权力寻租。需要合理设定考核指标，采取第三方评估、网上征集意见、平时考核与年终考核相结合，提高考评分值，并将政务公开作为法治政府建设的基础工作和关键指标之一，以公开促法治政府建设质量的提高。

信息公开促进贵州省电梯安全有效监管

贵州省电梯安全监管信息化建设项目组*

摘　要：电梯是现代文明社会不可或缺的立体交通工具，电梯安全不仅涉及地方经济社会发展，而且关乎人民群众的出行安全。电梯使用、维保、检验检测、安全监管和乘坐电梯群众"五方"共同发力，才能确保电梯安全运行。当前，全国电梯安全保障涉及的"五方"责任主体，仍然处于单打独斗、各自为政的局面，如何有效落实各方责任形成社会共治，是各省（区、市）特种设备安全监督管理部门共同面对且必须解决的重大课题。贵州省坚持问题导向，通过运用大数据、"互联网+"信息化技术，开发建设电梯安全监管大数据平台，打造"五方"共同发力的"电梯安全管家"，建立电梯质量安全追溯体系，实现了对全省电梯安全的全过程管理，社会公众可方便便捷查看电梯基本信息以及维保、检验情况，提高了电梯安全管理总体水平，安全形势持续向好。

关键词：电梯安全；大数据；"互联网+"；社会共治

作为城市立体交通重要工具的电梯，已越来越与人民群众的生产生活密不可分，电梯安全关系人民群众出行安全，受到乘客和社会各界的广泛关注。统计数据显示，截至2018年底，全国共有电梯627.83万

---

* 项目组负责人：徐国骏，贵州省市场监管局党组成员、副局长。项目组成员：徐国骏、宋万贵、杨鹏、李洪浩、王韬、潘胜荣、陈池、王明英、关志华、郑传彬、梁坤、管新文、邹志嘉、熊穗平、胡万刚。执笔人：杨鹏，贵州省市场监管局特种设备安全监察处处长。

台，2018年全国共发生电梯伤亡事故31起，死亡22人，给人民群众生命财产安全造成了较大潜在威胁。[①]

近年来，随着贵州省城市化、工业化进程加快，全省电梯数量年均以20%以上的速度快速增加，全省在册电梯已达13.9万余台，其中在用电梯10万余台，电梯使用已覆盖全省所有县（市、区、特区），并形成向乡镇发展的趋势，呈现出总量增速快、使用面广、老旧程度逐年增高的特点。[②] 传统的监管模式和方法已不能满足电梯安全形势的需要，改革监管模式势在必行。如何切实保障电梯安全运行，满足人民群众对安全环境的美好需要，已成为各级特种设备安全监管部门必须面对并亟待解决的重大课题。

为此，贵州省市场监管部门在深入调查研究的基础上，决定运用大数据、"互联网+"、物联网等技术，开发建设"贵州省电梯维保单位管理服务平台""贵州省电梯使用单位服务平台""电梯检验检测系统"以及"贵州省电梯应急救援处置服务平台"等信息化平台，建立贵州省12365电梯应急救援指挥中心，推动电梯使用单位、电梯维保单位、电梯检验机构、电梯安全监管部门、乘坐电梯人民群众"五方"责任主体共同做好电梯安全管理工作，积极打造"电梯安全管家"，探索构建电梯安全管理社会共治机制，确保全省电梯安全稳定运行。

一　电梯安全管理涉及的"五方"责任主体

电梯安全包括电梯本质安全和运行过程安全，涉及电梯使用单位、电梯维保单位、电梯检验检测机构、电梯安全监管部门、乘坐电梯的人民群众"五方"责任主体，仅靠任何一方单打独斗不可能保证电梯安全运行。只有全面落实"五方"电梯安全监督管理责任，且相互协调配合，才能确保电梯运行安全。

---

① 数据来源：市场监管总局关于2018年全国特种设备安全状况的通告。
② 数据来源：贵州省特种设备监督管理平台提供，以及《贵州省市场监督管理局关于2019年贵州省特种设备安全状况的通告》，下同。

(一) 贵州省电梯安全管理形势

贵州省电梯安全管理特别是电梯维护保养工作，存在电梯数量不清，安全状况不明；使用单位安全意识不强，主体责任落实不力；维护保养质量不高，故障频发；监管力量不足、监管手段落后；违法违规使用、维保电梯行为屡禁不止、共治机制未有效建立等问题，严重威胁人民群众生命财产安全。

(二) 电梯安全管理的"五方"责任

电梯使用单位要采购符合国家法律法规、安全技术规范和标准且经检验合格的电梯，依法登记注册并做好使用过程的日常管理，从源头上把好电梯质量安全关；电梯维保单位受电梯使用单位委托，做好电梯维护保养工作，及时维修电梯较大故障，并依照国家安全技术规范要求做好电梯日常维护保养，保障电梯长期安全运行；电梯检验检测机构对电梯开展安装监督检验和定期检验，向电梯安装单位和电梯使用单位提供电梯安全符合性检验检测数据，指导电梯使用单位加强电梯安全管理和维护；电梯安全监管部门对电梯使用单位、电梯维保单位和电梯检验检测机构监督管理，宣传、引导广大电梯乘客安全乘梯、文明乘梯，并杜绝破坏"电梯困人救援提示牌"等电梯设备设施违法行为，督促其他参与方落实各自主体责任，确保电梯全过程安全运行；乘坐电梯的群众应当了解电梯安全知识，增强安全乘梯意识，自觉爱护电梯，并主动参与对电梯安全运行的社会监督，才能逐渐营造人人关注电梯、人人爱护电梯、人人安全乘梯的良好社会氛围。

在电梯安装、使用、检验、维保到报废全过程安全监督和管理工作中，"五方"责任主体要相互协作、各负其责，共同构建职责清晰、任务明确、权责一致、协调配合的安全管理共治机制。其中，电梯维护保养工作是电梯安全管理的关键环节，维保单位能否及时处置电梯运行故障、是否按期维保、是否诚信维保已成为电梯安全监管部门、使用单位和人民群众共同关心的问题。

鉴于电梯安全监管人机矛盾突出、社会诚信体系不够完善等社会现实，运用信息化手段加快推动落实"五方"责任，是当前加强电梯安全管理和监督的最佳选择。

二 运用"互联网+"信息化技术打造"电梯安全管家"的创新举措

为了创新电梯安全管理方法,打造"电梯安全管家",全面推动"五方"落实安全主体责任,贵州省市场监管局开发建设了贵州省电梯安全监管大数据平台,对全省电梯安全实施动态监管和科学监管。

(一)电梯安全监管大数据平台的建设思路

建设覆盖全省的电梯安全管理大数据平台,就是要使电梯使用单位、电梯维保单位、电梯检验检测机构、电梯安全监管部门以及公众投诉举报相关信息数据的互联互通互享,形成电梯安全监管全省一盘棋,让该平台成为全省电梯使用单位、电梯维保单位、电梯检验检测机构、电梯安全监管部门的工作平台、管理平台和服务平台,进而为"五方"责任主体落实主体责任提供科学手段。

(二)电梯安全监管大数据平台的构成及功能

贵州省电梯安全监管大数据平台(以下简称贵州电梯监管平台)由"电梯使用单位服务平台""电梯维保单位管理服务平台""电梯检验检测系统""电梯安全监管决策分析系统""电梯应急救援处置服务平台""电梯安全责任保险统保系统"6个子平台构成,其中"电梯维保单位管理服务平台"是基础,"电梯应急救援处置服务平台"是关键,是"家长"。

1. 电梯使用单位服务平台

电梯使用单位服务平台是贵州省市场监管局免费推送给全省所有电梯使用单位对本单位电梯进行自我管理的信息化服务平台。该平台实现了对电梯使用单位的许可资质、使用电梯数量及地点、作业人员数量及持证信息、电梯检验状况、委托的维保单位及维保人员、网上电梯安装施工告知、电梯网上报检以及网上学习法律法规和安全技术规范等自我管理数据的实时在线动态管理。

2. 电梯维保单位管理服务平台

电梯维保单位管理服务平台是贵州省市场监管局免费推送给全省所有电梯维保单位对本单位维保电梯进行自我管理的信息化服务平台。该平台实现了对维保单位的许可资质、维保电梯数量及地点、维保合同、维保人员、维保计划安排、刷卡维保、电梯困人应急救援处置情况以及本单位在全省维保单位中综合排位情况等数据的实时在线动态管理。

3. 电梯检验检测系统

电梯检验检测系统是全省电梯检验检测机构受理企业报检并对本机构检验工作进行自我管理的信息化工作平台。该系统实现了对电梯检验机构资质许可、承检电梯数量及地点、受理报检、检验计划安排、检验报告审核出具等数据的实时在线动态管理。

4. 电梯安全监管决策分析系统

电梯安全监管决策分析系统是全省各级电梯安全监管部门对电梯安全状况进行分析研判、调度指挥、督促企业消除安全隐患的管理平台和工作平台。该系统实现了对全省电梯使用单位和维保单位的数量及地点；电梯的数量、分布、使用场所、安全隐患及类别；电梯维保合同签订及刷卡维保情况；电梯检验情况及超期未检预警；全省电梯使用单位安全管理综合排位、电梯维保单位维保管理综合排位、电梯困人应急救援情况汇总、电梯安全评估进度、电梯监管部门安全检查及案件查处情况以及最新法律法规、安全技术规范和工作要求网上学习了解等数据信息的实时在线动态管理。省、市、县三级安全监管部门通过该系统，能够对存在较大电梯安全隐患的地区、企业及其设备实施重点监管，及时排查并督促企业消除安全隐患，不断提高电梯安全监管的针对性和有效性。

5. 电梯应急救援处置服务平台

作为"家长"，电梯应急救援处置服务平台是全省各级电梯安全监管部门对电梯违法行为投诉举报、电梯运行故障反映、电梯困人应急救援进行统一指挥和处置的管理平台和工作平台。贵州省市场监管局成立贵州省12365电梯应急救援处置服务中心，开通"12365"应急救援热线电话，配备24小时接线值守人员，值守人员通过运用该平台能够精准调度指挥各地发生的电梯困人应急救援处置工作。该平台实现了全省电梯困人应急救援处置情况、实施救援单位、困人时段、困人场所、困人电梯投用年限、困人电梯制造单位、困人电梯维保单位、困人电梯数量、困人发生次数、解救被困人数、困人故障类别及占比、救援人员到达现场平均时间、电梯困人率等数据的实时在线动态分析和管理，并将群众投诉举报通报相关安全监管部门及时调查核实处理。

6. 电梯安全责任保险统保系统

电梯安全责任保险统保系统是全省电梯使用单位、维保单位和相关保险机构开展电梯安全责任保险投保的工作平台和服务平台。该系统实现了投保主体统计、投保费及约定赔付金额、投保电梯类别及使用场所、投保工作进展情况等数据的实时在线动态管理。运用该系统，相关保险机构能够精准掌握电梯投保单位详细信息，主动参与和支持投保单位加强电梯安全日常管理，不断减少电梯运行故障，积极预防电梯事故，共同提高电梯安全运行水平。

（三）"电梯安全管家"的运行机制

电梯使用单位运用电梯使用单位服务平台，向电梯安全监管决策分析系统上传本单位使用电梯的安装告知、使用登记、报检、委托的维保单位以及对维保人员维护保养记录审核签字等数据。电梯维保单位运用电梯维保单位管理服务平台，向电梯安全监管决策分析系统上传本单位维保电梯的维保合同、维保人员、维保记录以及困人电梯应急救援处置情况等数据，控制维保人员只能在本单位从事电梯维护保养工作，不允许在其他维保单位兼职。电梯检验检测机构运用电梯检验检测系统，向电梯安全监管决策分析系统上传本机构电梯检验、安全评估数据。各级电梯安全监管部门运用电梯安全监管决策分析系统，向电梯应急救援处置服务平台上报电梯使用单位、电梯维保单位、电梯检验检测机构的电梯使用管理数据、维护保养数据和检验检测数据，进而实现了贵州省12365电梯应急救援指挥中心对全省每台电梯进行准确定位和精准救援。

贵州省市场监管局运用"互联网+"和物联网信息化技术，制作并在电梯轿厢内张贴了"电梯困人救援提示牌"，并通过"电梯困人救援提示牌"上的二维码、"NFC"芯片和每台电梯的唯一编号,将电梯的使用单位及其安全管理人员、电梯使用准确位置、电梯检验状况、电梯维保单位及其维护保养人员、电梯刷卡维保情况等数据信息上传至"电梯应急救援处置服务平台",实现了对全省每一台在用电梯困人的及时精准救援。包括电梯乘客在内的所有社会公众,均可通过扫描"电梯困人救援提示牌"上的二维码,了解该台电梯的使用许可情况、检验状况等数据信息,进而对该台电梯的使用单位、维保单位、检验检测机构和安全监管部门的履职情况进行社会监督,并对这些单位履职不到位的问题向相关部门举报或投诉,倒逼相关部门和单位履职尽职,从而全面提升全省电梯安全管理水平,最大限度地满足人民群众安全乘梯的美好需求。

三 打造"电梯安全管家"实现社会共治取得的阶段性成效

(一)基本构建了电梯安全管理社会共治机制

以电梯维保单位管理服务平台为基础,电梯应急救援处置服务平台为"家长"的"电梯安全管家",通过给乡镇、街道办事处以及社区相关单位和组织分配"电梯安全监管决策分析系统"账号,鼓励基层单位组织参与对电梯的社会管理,贵州省市场监管局做到了全省电梯底数清、状况明,实现了电梯行政许可、安装告知、安装监检、使用管理、维护保养、检验检测、安全评估、责任保险、安全检查、案件查处、应急救援、公众反馈、信息公布等电梯安全全过程的动态管理,基本构建了当地党委政府统一领导,电梯使用单位、维保单位、检验检测机构、安全监管部门、乘坐电梯群众、基层单位组织以及新闻媒体共同参与的电梯安全监督管理社会共治机制,为逐步实现政府电梯安全监管治理体系和治理能力现代化奠定了基础。贵州省在电梯安全管理方面做了很多积极的探索,取得了不错的成效。如在贵阳市云岩区电梯安全示范区建设中探索总结出的电梯五级网格体系已写入了2020年1月1日的《贵州省电梯条例》。

(二) 推进了电梯安全监管状况透明制度建设

贵州省各级特种设备安全监管部门运用电梯安全监管大数据平台统计分析数据,已累计受理并及时反馈公众反映问题信息2762条,畅通了群众通过"电梯困人救援提示牌"参与电梯安全社会监督的渠道,并通过报纸、电视、网络等新闻媒体定期向社会公布《贵州省电梯维保单位维保管理综合排位公告》《贵州省特种设备安全状况通报》《贵州省电梯维保单位维护保养质量监督抽查公告》,不断提升政府电梯安全监督管理工作透明度,保障了公众对电梯安全管理的知情权、参与权和监督权。同时,通过公布《贵州省电梯维保单位维保管理综合排位公告》和将全省维保单位维保管理综合排位名次上传到贵州省电梯维保单位管理服务平台等措施,倒逼维保单位加强业务管理水平,不断提高电梯维护保养质量,维护公平竞争的电梯维保市场秩序,进而在全省营造了电梯维保企业比学赶超、争先创优的良好氛围。

(三) 电梯困人应急救援处置服务工作成效明显

贵州省是全国率先在全省范围内实施电梯应急救援处置服务的省份,全省统一使用省级救援处置服务平台,市县两级不需要再建救援处置平台,既避免了省市县重复建设信息化平台,又提高了电梯困人应急救援处置服务工作的效率。截至2019年底,全省累计成功处置电梯困人事件6.2万余次,解救被困群众15.5万余人次,维保救援人员到达困人现场平均时间仅10.5分钟,远远低于国家关于中心城区30分钟、其他地区1小时的规定。在2018年新投入电梯比2017年增加1万余台的前提下,全省电梯困人率从2017年的13.8%下降到2018年的12.33%;因机电故障造成的困人率从2017年的32.1%下降到2018年的31.6%。[①]

(四) 电梯安全管理总体水平进一步提高

全省18555家电梯使用单位和554家维保单位分别运用电梯使用单位服务平台、电梯维保单位管理服务平台对本单位管理和维保的电梯进

---

① 参见《贵州省市场监督管理局关于2019年贵州省特种设备安全状况的通告》。

行自我管理。2019年，全省9家电梯检验检测机构运用电梯检验检测系统开展电梯安装监督检验和定期检验，共检验电梯9.9万余台，检验率96.82%；开展老旧电梯安全评估664台，评估计划完成率264.54%；电梯使用、维保单位投保电梯安全责任保险42042台，比2018年增长97.7%；全省各级电梯安全监管部门对电梯安全实施动态精准监管，共检查电梯使用、维保单位5000余家，检查电梯3.9万余台，查封扣押存在事故安全隐患电梯29台，对存在安全隐患的电梯使用单位下达特种设备安全监察指令书917份，立案查处电梯违法违规案件235件，年平均电梯安全隐患率从2018年的3.35%下降至2019年的2.42%，连续5年未发生电梯安全事故，全省电梯安全形势持续向好。

（五）贵州电梯安全监管大数据平台影响力较大

贵州省在全国率先打造"电梯安全管家"监管模式，开发建设并免费向电梯使用单位和维保单位推送电梯使用单位服务平台和电梯维保单位管理服务平台，在全省范围内开展电梯困人应急救援处置服务工作。2016年以来，贵州在建设运用电梯安全监管大数据平台方面始终走在全国前列，电梯安全监管工作成效得到了国家和贵州省领导的肯定，并受到了全国同行的广泛关注。

2016中国数博会（贵阳）期间，《人民日报》5月25日第9版要闻"倾听·转型中国"栏目刊载《贵州建成电梯应急救援处置服务平台：大数据守护电梯安全》，对贵州运用大数据开展电梯应急救援取得成效进行了半版2000余字的宣传报道，被媒体广泛转载，引起社会各界关注；2018年原贵州省质监局邀请甘肃、新疆等8省（区）和长春市、无锡市等6个城市质监（市场监管）局，以及国家市场监管总局、中国特检院共16个单位在贵州召开了深化特种设备监管平台建设应用座谈会，会议达成了《深化特种设备监管平台建设和应用贵阳共识》；全国31个省（市、区）质监（市场监管）主管部门先后前来贵州交流座谈电梯安全监管信息化建设，甘肃省、青海省、新疆自治区、长春市、无锡市已与贵州省建立了共建、共享、共赢电梯安全监管大数据平台的合作机制，为今后建设全国特种设备大数据应用中心打下了基础。

四 贵州运用电梯安全监管大数据平台构建安全管理社会共治机制的经验启示

(一) 国家总局和省委省政府的关心支持是关键

原国家质检总局2015年批复贵州开展电梯应急处置服务平台建设试点，2016年贵州省委省政府将"建立全省电梯应急救援处置服务平台，统一实施电梯应急救援"纳入2016年度贵州省民生工程建设项目，充分体现了以人民为中心的发展理念，既为贵州电梯安全监管信息化建设工作指明了方向和重点，又为具体建设工作提供了政策保障。国家总局和省委省政府的正确领导和关心支持，是贵州省电梯安全监管大数据平台得以建成并广泛运用的关键。

(二) 做好顶层设计是建设大数据平台的前提

如何结合贵州电梯安全监管工作和企业自我管理的需要，设计电梯安全监管大数据平台的结构和功能，进而调动"五方"责任主体的积极性形成安全管理社会共治格局，是开发建设电梯安全监管大数据平台的前提。为此，贵州省市场监管局提出了"管用、实用、会用"的建设思路，确立了"强基层、强企业"的服务理念，决定按照"共建、共用、共享"的原则，将平台建设定位为全省统一的电梯安全管理的"工作平台、管理平台、服务平台"。

(三) 组建大数据平台建设工作团队是保障

要推进全省统一的电梯安全监管大数据平台，必须调动省市县三级电梯安全监管部门以及电梯使用、维保单位的积极性，同时发挥电梯安全监管、检验检测以及信息化单位的职能优势。为此，原贵州省质监局主要领导靠前指挥，分管领导深入一线督促指导，形成了横向联合、上下联动、齐抓共管的平台建设合力，并听取了部分电梯使用、维保单位的意见和建议，制定了平台建设工作方案，明确了省市县三级监管部门的任务分工，组建了电梯安全监察、检验、稽查、信息中心等部门组成的平台建设工作团队，全面完成了平台开发建设任务。

（四）深化平台建设运用是电梯安全监管的永恒主题

国家电梯安全监管的新要求、基层监管部门和企业的新需要以及人民群众对电梯安全的新期盼，必然要求不断拓展和完善电梯安全监管大数据平台，贵州省电梯安全监管大数据平台也只有在实践中推广应用，才能不断改进提升。

下一步，贵州省市场监管局将在如何增强电梯使用单位和维保单位安全管理主体责任意识，提升电梯使用管理水平，提高电梯维护保养质量，加强对电梯维保人员刷卡维保工作的监控，完善电梯安全监管大数据平台档案信息，提高电梯使用单位服务平台和电梯维保单位管理服务平台使用率，增加电梯安全知识宣传，提升社会公众参与电梯安全使用和监督水平，全面实现电梯行政许可、电梯检验检测、安全隐患排查消除、公众问题留言解答网上办理，降低电梯运行故障率以及增强政府电梯安全监管数据透明度等方面，持续深化贵州省电梯安全监管大数据平台建设运用，着力打造全省统一、全国领先的电梯安全监管大数据平台，并推动建设全国电梯安全管理大数据平台，为全国内陆开放型试验区（贵州）建设提供大数据应用项目的典范，为贵州乃至全国电梯安全监管工作做出更大贡献。

政务公开推动农业农村发展的贵州实践

贵州省农业农村厅政务公开研究课题组[*]

摘　要：贵州省农业农村部门把党中央、国务院关于政务公开的一系列安排部署，落实到"三农"工作实践中，立足广大农民群众需求，创新性地采取多种形式公开、宣传和解读相关政策措施，实现农民群众当家做主，参与农业农村政策制定与落实；将行政审批事项统一纳入省政府政务服务窗口集中受理，动真格、出实招，减证便民，助推企业发展；将政务公开与为民服务有机结合，促进农民增收。贵州实践表明，政务越公开，群众越信任、参与度越高、行政效率越高，政务公开不仅是保障人民群众知情权、参与权、表达权和监督权的重要抓手，也是政府部门服务"三农"，促进农业农村经济发展、农民增收的助推器。

关键词：政务公开；"三农"发展；政务服务

一　概述

党的十九大报告指出，"要加强对权力运行的制约和监督，让人民监督权力，让权力在阳光下运行"。政务公开是制约和监督权力运行的重要手段，是落实依法治国基本方略的重要举措。在对实践经验总结提炼的基础上，党中央、国务院全面安排部署政务公开工作，从1998年《关于在农村普遍实行村务公开和民主管理制度的通知》、2000年《关

---

[*] 执笔人：刘桂桂，贵州省农业农村厅干部。

于在全国乡镇机关全面推行政务公开制度的通知》、2005年《关于进一步推行政务公开的意见》，再到2007年《政府信息公开条例》、2011年《关于深化政务公开加强政务服务的意见》，公开范围逐步拓展，责任主体逐步明晰，公开内容逐步深化，目的就是要打造廉洁政府、阳光政府、法治政府、开放政府，切实尊重和保障人民群众的知情权、参与权、表达权和监督权。

在具体工作实践中，由于偏远地区信息相对闭塞，加之政务公开工作政策要求性较高，涉及面较广，部分从事政务公开的工作人员为人民服务的初心淡薄，公仆意识不强、工作能力不高等因素，政务公开存在内容表面化、形式化等问题，政务公开效果打了折扣。2016年，中办、国办在对相关政务公开实践经验提炼和总结的基础上，出台了《关于全面推进政务公开工作的意见》（以下简称《意见》）及其实施细则，强调崇法善治、开放参与、利益共享、全面公开，明确公开是权力运行全流程和行政服务全过程的公开，其发布标志着国家全力推进政务改革尤其是政策透明度和政务服务水平的坚强信心和决心。贵州省农业农村部门把《意见》明确的一系列部署，落实到具体农业农村工作实践中，促进政务公开制度化、常态化，全面推进农业农村工作决策、执行、管理、服务和结果的公开，以公开促落实、以公开促规范、以公开促服务，有力地推动了农业产业发展，农村改革深化，农民增收致富。

二　贵州政务公开助力"三农"发展的实践探索

（一）多措并举，以决策公开促公众参与

人民群众是历史的创造者，是一切工作的出发点和力量源头。列宁说过"只有当群众知道一切，能判断一切，并自觉地从事一切的时候，国家才有力量"。公众意见得到尊重和体现，有利于激发公众的参与热情，增加对政府部门和政策的信任度，同时，促使政府部门在决策过程中把人民群众的基本利益和诉求放在首位。同时，政策制定了，公开了，群众知道了，但由于部分政策专业性较强，可能仍然有群众对政策信息理解不到位，甚至误解误读。《意见》明确要求，"加强政策解读，

将政策解读与政策制定工作同步考虑,同步安排,通过新闻发布、政策吹风、接受访谈、发表文章等方式做好解读"。但在实际工作中,由于农业农村经济发展相关政策的受众是农民群众,受知识文化水平较低,主人翁意识不强、所在地交通不便、信息相对滞后等因素影响,农民群众参与政策制定,接受解读过程较难,对出台政策的认识不够,理解不透、参与度不强。

针对这一现状,贵州省制定农村重要改革方案、重大政策措施时,除通过互联网和政务微博、政务微信等政务新媒体方式公开征求意见,还采取到基层调研,走访利益相关方,编印宣传小册子,组织专题培训,驻村干部讲解,地方电视台、手机、农村大喇叭滚动播放,张榜公示,喷涂宣传标语,组织召开会议等方式,公开、宣传和解读相关政策措施,使广大农民群众积极参与到政策制定和政策执行全过程,极大地增强了农民群众的获得感和幸福感。如,2019年5月,贵州省农业农村厅启动了第十批农业产业化经营省级重点龙头企业的申报认定工作,经企业申请、市(州)审核推荐、省级复审、征求省农业产业化经营联席会议成员单位意见、省人民政府分管领导同意等程序,贵州省农业农村厅确定了贵州中康农业科技有限公司、湄潭县永兴米业有限公司等40家拟认定企业名单。2020年1月13日,省农业农村厅按照公开原则在网站上公布了《关于对第十批农业产业化经营省级重点龙头企业名单进行公示的公告》,公示结果得到群众认同,公示期间未收到任何异议。3月16日贵州省农业农村厅印发《省农业产业化经营联席会议办公室关于公布第十批农业产业化经营省级重点龙头企业认定名单的通知》(黔农产办〔2020〕1号),并于3月18日在网站上对40家新认定企业名单面向社会进行公布。

又如,2018年1月1日起施行的《贵州省动物防疫条例》(以下简称《条例》),省农业农村厅在制定前、制定中,除通过门户网站公开征集公众意见外,还多次组织调研组到基层,通过召开座谈会、走访企业和群众等方式征求意见,在《条例》草案起草过程中,部分群众建议将动物狂犬病强制免疫范围从城镇扩展到城乡,后经有关专家评估,在颁布实施的《条例》第11条中明确了"对在城乡饲养的犬实行狂犬病强制免疫,饲养人应当定期携带犬到所在地动物疫病预防控制机构、动物诊疗机构或者乡镇人民政府指定的地点注射兽用狂犬病疫苗，领取免疫证明"。在第 34 条对不按要求实施免疫的行为明确了相应的处罚措施。动物狂犬病强制免疫范围的扩展，进一步保障了农村地区公共卫生安全。

通过广泛的宣传解读，公众进一步了解明晰相关政策，积极参与到农村建设中来，有力地促进了农业农村经济发展和农民群众增收。如，贵州省六盘水市探索推出"农村资源变资产、资金变股金、农民变股东"的"三变"改革模式后，贵州省及时总结经验，制定印发《贵州省全面推进农村资源变资产资金变股金农民变股东改革工作方案》《贵州省农村"三变"改革试点操作指导流程》等文件，并通过多种形式宣传解读，引导企业、经营主体、农户纷纷投入到"三变"改革中来。2019 年，改革试点村 11404 个，其中贫困村 3883 个，分别占行政村和贫困村总数的 72.3% 和 92.1%；承接"三变"改革经营主体 21550 个；实现农民变股东 287.1 万户 1101.5 万人，其中贫困人口 66.08 万户 252.04 万人（含已脱贫人口），参与"三变"的大部分贫困户财产性收入大幅增长，改革成效逐步显现并在全国推广，"三变"改革模式被纳入国家农业农村经济发展的顶层设计。2017 年和 2018 年的中央一号文件和中共中央、国务院印发的《乡村振兴战略规划（2018—2022 年）》《关于打赢脱贫攻坚三年行动的指导意见》等文件均写入"三变"改革，在全国部署推广。

贵州省农业农村厅紧紧围绕国务院办公厅《政府网站发展指引》文件要求，贯彻落实省委省政府对全省政务公开工作的有关部署，结合有关业务开展要求，以政府门户网站为抓手，积极开展网上政务公开和便民服务等工作。如进一步规范网站标识的设置，对"政务公开""农村产业革命""价格行情"等多个专栏进行优化，在"公众服务"板块嵌入了省网上办事大厅有关页面，做到了省农业农村厅各项政府服务在贵州省政务服务网一网通办和信息共享。

（二）简政放权，以管理公开促便民利民

坚决贯彻"以人民为中心"的理念，认真落实国务院关于深化"放管服"改革工作决策部署，按照省委省政府、农业农村部工作安

排,扎实推进"放管服"改革系列工作,努力提升政务服务质量,营造良好的农业农村经济发展环境。

全省各级农业农村部门将行政服务事项全部纳入政务服务大厅办理,逐步实现了农业行政审批事项互联网网上申办,"让数据多跑腿,群众少跑路"的服务理念不断深化,用最短的时间,最便捷的服务办理农民朋友提交的申请事项。省农业农村厅派任常驻省政府服务中心窗口工作人员不少于3人,通过上下联动、培训指导和到市、县开展督促指导、下发提示文件等工作方式,同步推进市、县两级农业政务服务工作。

农业农村部门依照法律法规,紧密结合农业农村特点,严格规范编制权责清单,完善办事指南和优化行政权力运行流程,按照行政审批改革"六个一"目录,即,当场办结一批、网上办结一批、承诺办理一批、限时办结一批、上门服务一批、从严监管一批,围绕"放要既彻底又稳当、管要既严格又审慎、服要既优质又高效"的要求,全面优化政务服务,提升服务效率。

进一步优化行政服务事项具体办理,开展"证照分离"改革工作,通过事中、事后加强监管的行政审批事项,大幅度减少相对人提供的材料。如,"设立饲料、饲料添加剂生产企业审批""农作物种子生产经营许可证核发"和"动物防疫条件合格证核发"等事项,来办事的群众,可以承诺部分条件符合法律法规要求,而不必提供相关材料,减轻了群众办事负担。

落实"双公示"要求,及时在信用中国、社会信用网站以及门户网站公示行政许可、行政处罚办理结果,确保了行政审批、行政处罚事项的公开、公正、透明。

集中清理妨碍公平竞争的政策措施,利企便民,营造更好的农业发展环境。如,贵州省兽药饲料监察所以"合理、合法、精简、便民"为原则,主动加强与相关职能部门的沟通协调,在多次到企业调研论证,听取服务群体意见的基础上,取消了《贵州省饲料产品免税检验合格证》,饲料企业只需出具检验检测报告即可作为申请饲料产品免税的证明材料。在"减证"的同时,积极争取政策扶持和资金支持,全部取消饲料产品免税检验收费,每个饲料产品免税检验可为企业减少成本500元,大大降低了饲料企业检验成本,减轻了企业负担。2017年,贵州省兽药饲料监察所检测样品数量较上年同比增加40%。2018年6月6日《人民日报》以《减证动真格、便民有实效》为题，报道相关工作。

（三）聚焦民生，以服务公开促农民增收

转变政府职能、构建服务型政府是中国行政改革的重要内容。贵州省充分运用政府机关是社会资源信息的最大保存者、管理者这一优势，做好上情下达，主动对接，助农增收。

近年来，贵州省着力推进农业供给侧结构性改革、农村产业革命，调整种养结构，大力发展蔬菜、家禽等十二大特色产业，并利用多种平台收集、公开产销信息，做好产销对接。建立贵州省农业产业脱贫攻坚监测调度系统，按月收集全省各市、州、县蔬菜、家禽等主要农产品生产、销售情况，及时准确掌握蔬菜、生态畜牧业等产业发展动态，做好市场预判，定期通过省政府电子政务网、农业部门门户网站等渠道发布蔬菜、水果、食用菌产销形势分析，指导生产者按照市场需求，调整种植养殖品种结构，满足省内外市场的需要，生产出更多适销对路产品。农业、商务、教育等部门协同做好产品进学校、进超市、进社区、进机关、进企业食堂等。以信息公开助推农民销售农产品。非洲猪瘟疫情发生后，为有效应对疫情，稳定生猪生产，省农业农村厅积极推动省政府出台了《贵州省加快生猪生产恢复发展行动方案》《贵州省农村产业革命振兴生猪产业实施方案（2020—2022年）》，会同省发改、商务等6部门出台《贵州省生猪市场保供稳价工作应急预案》，会同财政部门安排1亿元省级财政资金用于生猪生产临时性补贴。扎实做好主要畜产品及饲料集市、屠宰企业数据调度监测等工作，及时发布预测预警信息，为农户、企业做好信息服务，指导养殖场（户）科学有序出栏。

2020年新冠疫情发生后，省农业厅建立首问工作机制，公布农产品调度热线电话，协调开设"绿色通道"，为43家饲料生产企业提供民生保供企业资质证明，点对点解决饲料生产和生猪养殖企业交通运输受阻等问题40余件。保障生猪、饲料等产品在疫情期间运输通畅，推动全省生猪和饲料加工企业全部复工复产。会同贵州大学、贵州省农科院等单位，编写发放《贵州农村养猪实用技术要领》《新冠肺炎疫情期间

生猪养殖潜在风险及对策措施》等宣传资料，组织专家赴养殖场（户）指导企业复工复产，解决养殖生产技术难题。

三 贵州省政务公开助力"三农"发展的启示

（一）领导重视、机构健全是做好政务公开工作的基础

坚强的组织领导是做好工作的前提和保证。《意见》明确要求，各级党委和政府要加强组织领导，扎实抓好政务公开工作。贵州省高度重视农业农村工作部门政务公开工作，省地县农业农村部门均成立政务公开领导小组，领导小组由部门主要负责同志任组长、分管负责同志任副组长，领导小组下设办公室，具体负责政务公开工作的牵头协调和监督检查，落实政务公开的各项要求，做到领导、机构、人员"三到位"。部门主要领导多次安排部署强调政务公开工作，结合工作实际，每年制定政务公开工作方案、要点等，将工作任务分解到有关部门和人员，构建"分管领导负总责、责任到处室、落实到人头、层层有人抓、事事有人管"的领导体制和工作机制。

（二）认识到位、内涵明确是做好政务公开工作的关键

政务公开不仅是工作信息、政策文件的公开，还包含行政决策、行政管理、行政服务等行政活动的动态公开，涉及新闻媒体、网络舆情、政务服务等领域。但也要看到，在具体工作实践中，部分公职人员认识不到位，将政务公开简单等同于信息公开甚至认为是简单的工作动态公开，导致公开表面化形式化，公开工作动态、业务动态、法律法规、机构职责、年度报告等常规信息多，公众关注度高、有强烈诉求的内容较少，公开效果不好，影响了政府公信力。这就要求部门主要负责同志、分管负责同志和具体从事信息公开的工作人员做到认识到位，能力到位，通过深读政策文件、积极参加培训等多种方式学习了解掌握政务公开工作的具体内涵、工作要求，创新工作方法，强化公共产品和公共服务的有效供给，真正打造阳光政府、透明政府和法治政府。

（三）平台完善、工作创新是做好政务公开工作的根本

政府有公开愿望，公众有公开诉求，还需要有好的公开平台。贵州省创新性地整合建设贵州省惠民政策项目资金信息平台，平台设置了项目资金报批、项目信息录入、手机 App 查询、工作绩效考评、网上专项检查等功能，整合农业、扶贫、民政、水利、林业等多个行业，88 个县 1400 个乡镇的惠民政策、项目、资金信息，实现公开、服务、监督三位一体的政府数据信息公开。省地县各级农业部门进一步强化政府门户网站信息公开第一平台作用，科学设置相应栏目，强化管理，把网站打造成全面的信息公开平台、权威的政策发布解读和舆论引导平台、及时地回应关切和便民服务平台。如贵州省农业农村厅门户网站，根据政务公开工作需要和内容拓展，及时增设了文件公开，依申请公开、意见征集、政策解读、文件转载、回应关切、互动交流、重点领域等栏目，进一步完善站内查询检索功能，同时，充分发挥政务微信、政务微博等政务新媒体传播面广、传播速度快的优势，强化日常管理和内容保障工作。各地也结合工作实际，搭建多种平台，满足偏远村寨农民群众的公开需求。

（四）运行规范、监管有力是做好政务公开的保障

没有规矩，不成方圆。政务公开是一项行政性、权利性、法定性较强的工作，涉及面广、内容繁杂，虽然党中央、国务院、省委省政府制定出台政务公开的法规文件，但作为总的行动指南，不可能对各行各业面面俱到。贵州省结合工作实际，制定农业行业年度公开实施细则、方案、办法等，明确行业的具体公开内容、公开要求、责任主体，突出年度工作重点，如，省农业农村厅 2018 年的政务公开工作方案，结合年度工作重点，明确提出："推进产业精准扶贫信息公开，加强脱贫攻坚春风行动及落实八要素，深化农村产业革命相关信息公开，重点公开行动目标、工作举措、实施情况及成效等信息"以及"抓好农业产业结构调整相关政策的解读引导，及时回应公众关切"等内容，并制定印发《新闻发布工作制度（暂行）》《舆情发布及回应专项工作制度（试行）》等制度文件，进一步规范政务公开、农业行业新闻发布和政务舆

情处置等工作，确保工作有章可循。同时，进一步强化对政务公开工作的监管，贵州省将政务公开工作纳入对各部门、各单位的工作绩效目标考核，并实行第三方评估通报制度。各级农业部门也加大了政务公开工作的考核监督力度，建立门户网站信息发布、政务公开有关责任通报制度，并将结果运用到机关二级目标考核，从被动监督向主动监管转变，倒逼政务公开工作推进。

四 结语

贵州省政务公开助力"三农"发展的实践表明，政务越公开，群众越信任，参与度越高，行政效率越高，政务公开不仅是保障人民群众知情权、参与权、表达权和监督权的重要抓手，也是政府部门服务"三农"，促进农业农村经济发展、农民增收的助推器。党的十九大报告指出，农业农村农民问题是关系国计民生的根本性问题，必须始终把解决好"三农"问题作为全党工作重中之重，实施乡村振兴战略。对此，一方面，要以更加务实、更加开放的心态，强化村民的主人翁意识，引导广大农民群众当家做主，全面参与到行政运行全流程和行政服务全过程中来。另一方面，要进一步强化对政务公开工作人员的培训，提高工作能力和水平，深化其对政务公开工作的认识，把政务公开化为自觉行动，从"要我公开"变成"我要公开"，从选择性公开到全面公开；运用大数据、互联网等，推进各行业、各领域和各级农业部门信息数据共享，深化公开范围和内容；强化农村电子政务和信息平台建设，拓展公开渠道；健全完善政务公开考核监督机制，多渠道、多形式、全方位推进政务公开工作，增强广大农民群众的获得感和幸福感，使农业真正成为有奔头的产业，农民成为有吸引力的职业，农村成为安居乐业的美丽家园。

贵阳市探索构建"数据铁笼"规范制约公权力运行

贵阳市政务公开课题组

摘　要：为贯彻习近平总书记"把权力关进制度的笼子里"的重要精神，落实中央"把执法权力关进'数据铁笼'"的指示要求，贵州省贵阳市创新提出实施"数据铁笼"行动计划，逐步打造出一个基于大数据的权力监督及技术反腐体系，规范制约权力的运行，实现政府权力运行全覆盖、监管过程"全留痕"，有效减少和消除权力寻租空间，促进党风廉政建设，提升政府治理能力，为"把权力关进制度笼子里"提供了可复制推广的贵阳经验和模式。

关键词：权力运行；大数据；数据铁笼

一　贵阳"数据铁笼"工程建设背景

2013年1月22日，习近平总书记在第十八届中央纪律检查委员会第二次全体会议上提出"要加强对权力运行的制约和监督，把权力关进制度的笼子里，形成不敢腐的惩戒机制、不能腐的防范机制、不易腐的保障机制"，明确了制度建设对于反腐败的重要性。党的十九大报告要

---

* 课题组负责人：许俊松，贵阳市人民政府秘书长；李波，贵阳市人民政府副秘书长。课题组成员兼执笔人：胡丹，贵阳市人民政府办公厅新闻信息处副处长；胡玮，贵阳市人民政府办公厅新闻信息处四级主任科员。

求"加强对权力运行的制约和监督,让人民监督权力,让权力在阳光下运行,把权力关进制度的笼子",为各地各部门防止权力的滥用指明了方向。只有用制度的笼子紧紧约束权力,让权力在制度允许的范围里发挥作用,才能消除权力运行的随意性和任意性,引导权力为民做实事,为民谋福利。

近年来,尽管各地各有关部门已采取多项措施强化对权力运行的监督和制约,取得了明显成效,但在一些领域和环节,权力的运行仍然存在着监督盲区,致使腐败案件屡屡发生,相关制度建设存在漏洞和薄弱环节,需进一步健全和完善。

为破解规范制约权力运行难题,贵阳市提出"运用大数据编织制约权力的笼子",即通过数据的记录和监督,及时查处和纠正发生在权力行使过程中的违法违纪行为,倒逼政府进行权力制度的约束与改革。通过不断编织制约权力的笼子,形成对权力制约的"拧螺丝",拧得越来越牢固。

贵阳市发展大数据产业依托了中关村贵阳科技园和贵安新区大数据基地。贵阳市启动规范制约权力实施"数据铁笼"行动计划,依托全市发展大数据产业的优势,把能够纳入网络的行政权力全部纳入网络运行。在这一过程中,通过制定统一的数据技术标准,优化、细化、固化权力运行流程和办事环节,合理、合法地分配各项职责,实现网上办公、网上审批、网上执法,权力运行全程电子化、处处留"痕迹",让权力在"阳光"下清晰、透明、规范运行,置于社会公众的监督之下。

二 贵阳"数据铁笼"工程的探索实践

2015年2月1日,贵阳市"数据铁笼"行动计划正式实施,运用大数据编织制约权力的笼子,逐步建立"用数据说话、用数据决策、用数据管理、用数据创新"的管理机制,推进管理型政府向透明、高效、廉洁的服务型、责任型政府全面转变提上日程。为确保工作有序推进,贵阳市"数据铁笼"工程主要采取了试点探索、扎实推进、工程推广、提质增效、构建体系的"五步"工作法。

第一步：试点探索。为做好贵阳"数据铁笼"工程建设，贵阳市委、市政府首先拟订贵阳市"数据铁笼"反腐行动计划，选择贵阳市公安交通管理局、贵阳市住房和城乡建设局为"数据铁笼"工程试点，要求试点单位组织成立"数据铁笼"工程建设工作专班，坚持每日工作调度，就硬件建设、平台及系统开发、构建个人诚信档案、梳理权力清单、政府采购等方面的工作开展专题研究，先行先试为贵阳"数据铁笼"工程建设积累宝贵经验。

第二步：扎实推进。在试点单位"数据铁笼"工程建设成果的基础上，为加强组织保障，推动贵阳"数据铁笼"工程建设工作，进一步巩固试点成果，充分总结运用试点工作经验，进一步完善权力制约和监督系统，成立推进"数据铁笼"工程建设领导小组，确保工程建设顺利实施。

为扎实有序推进贵阳"数据铁笼"工程建设，"数据铁笼"工程建设领导小组划分为综合协调组、技术指导组、政策研究组和督促检查组。综合协调组主要负责统筹协调、安排调度、后勤保障、起草相关文件、编发工作简报、向领导小组汇报工作进展、筹备领导小组会议、做好宣传报道和资料的立卷归档等工作；技术指导组负责统筹全市实施单位的信息化基础设施建设，做好技术层面的顶层设计，加强"数据铁笼"规范化建设开展工作，明确分类标准，指导实施单位完成建模工作，制定建设规范，统筹建设资金，对各单位项目建设进行技术指导和评审验收；政策研究组负责"数据铁笼"理论研究工作，做好顶层设计形成工作指导意见，指导、协助各单位开展工作，全面总结贵阳"数据铁笼"实施路径和模式；督促检查组负责督促检查各实施单位工作推进落实情况，适时向综合协调组报送工作进展情况和实施单位好的做法及成效，将"数据铁笼"工程纳入年度目标考核，推动"数据铁笼"工程建设相关工作扎实有序开展。

对于贵阳"数据铁笼"各实施单位，明确要求成立领导工作机构（各单位铁笼工程建设领导小组），"一把手"要亲自抓落实，分管领导具体抓执行，确保各项任务落实到位；并及时将有关情况报告领导小组办公室，就有关问题进行协商沟通，确保"数据铁笼"工程建设工作顺利开展。

第三步：工程推广。在总结两家试点单位建设经验后，研究决定开展试点扩面工作，贵阳市发展和改革委、贵阳市民政局、贵阳市人力资源社会保障局等十家部门作为贵阳"数据铁笼"建设的试点扩面单位，通过所有试点单位的精心组织实施，积极探索实践，在取得一定实效的基础上，印发《贵阳市"数据铁笼"工程建设规范》，对总体技术、系统建设、数据建设、调研、需求分析、方案编制、建设管理等内容进行了规范，确保工程建设工作到位。随后开展"数据铁笼"推广工作，将贵阳"数据铁笼"工程建设单位推广至41家市直行政单位。

第四步：提质增效。一是完善工程规范标准，提升工程质量。首先是根据最新政策指引、指导精神以及市内最新实际情况，对原有技术规定与建设指导文件在政策指引、建设内容、技术要求等方面予以补充与更新；其次是聚焦"数据铁笼"应用成果，做好"数据铁笼"工程建设经验总结工作，总结优秀成果提升理念，完善"数据铁笼"建设规范与标准，整理完善调研方式、业务模型、应用模块、数据建设、集成部署相关参考模型，统一技术规范与标准，为整合应用以及跨部门的全局应用奠定基础；最后是对"三清单一流程"①进行再梳理再完善，切实提升"数据铁笼"监管督导的规范性和科学性，进一步明确模块建设必须可配置、模块数据必须可融合、平台必须支撑模块可扩展，确保贵阳"数据铁笼"工程发挥实效。二是开展"回头看"，加强督促考核。根据完善后的工程建设规范不断创新工作机制，加大工作督查力度，定期组织对各单位建设情况进行检查，强化绩效评估，通报有关情况，对工作进度缓慢、延误项目验收的单位，按照有关问责办法对相关负责人及具体责任人实行问责。数据铁笼工程建设领导小组督促各建设单位对建设思路、整体架构、技术规范、功能模块、上线运行等情况开展"回头看"活动，重点看建设思路是否清晰、重点是否聚焦、方案是否可行、问题是否找准、风险是否找全、措施是否管用、运行是否通畅、效果是否达到。对排查出来的问题，逐一进行认真梳理，研究制定解决方案，督促整改落实。

贵阳市委、市政府进一步加大统筹协调和督促指导，对于已经建成

---

① 即权力、责任、问题"清单"，公共权力运行流程。

并投入运行的单位,督促领导班子以上率下,带头使用,建立"数据铁笼"系统运用监督管理机制。通过在运用中完善,在完善中提升,不断丰富功能模块,让"数据铁笼"真正发挥作用。

第五步:构建体系。贵阳"数据铁笼"是应用大数据技术提升国家治理体系和治理能力现代化水平的典型案例,有效增强了贵阳"数据铁笼"建设单位的队伍管理能力,提高了政府服务能力和政府治理能力,但是由各行政机构各自建设,形成了众多的"小笼子",却未形成一套完整体系,借鉴推广经验累积还不够,价值还未得到充分体现,为此,贵阳市提出构建市一级"数据铁笼"总笼,将众多"小笼子"定位为子笼,用子笼管住事、管住人、管权力,用总笼管住子笼、管住行政机构。通过总笼联通各子笼系统,监控和规范子笼的建设和运行,融通各子笼数据,形成覆盖贵阳市各级政府的"笼网",实现对全市各级政府部门的监察、问效、目标任务管控;利用总笼统一子笼模块应用标准和数据标准、统一各子笼监督边界和监管内容、统一收紧所有子笼的"笼条"密度,最终构建贵阳"数据铁笼"体系,切实提高政府服务能力和政府治理能力。

截至 2019 年 12 月,"数据铁笼"工程建设的 41 家已基本完成项目建设工作,市发改委、市公安交管局、市交委等 36 家单位已完成项目验收并正式投入使用。总体来看,通过四年多的实践探索,"数据铁笼"工程建设方向逐渐明晰,核心内容逐渐凸显,"数据铁笼"在规制权力、防控风险、提高效能方面的积极作用正在逐步显现。

三 实施成效

贵阳市基于 41 个"数据铁笼"的实施经验,总结提炼编织完善"数据铁笼"项目建设指南和研究报告,初步形成了一批可复制、可借鉴、可推广的廉洁政府高效大数据应用整体解决方案,并在行政流程评估优化、行政审批风险预警、岗位履职监督评价、规范行政权力行使等方面取得了一定成效。初步统计,截至 2019 年 12 月,全市"数据铁笼"建设单位通过"数据铁笼"工程监管的行政权力和服务事项数量共3942个，查找风险点4589个，工程运行中累计产生数据约41.54亿条，预警推送异常信息约298.69万条，通过"数据铁笼"监管发现的问题总数约263.72万条。

（一）对行政流程进行评估优化

通过窗口服务信息化平台建设运用，所有信息网上流转分办，推进政府职能转变，主动、高效开展各项政务服务。原贵阳市国土资源局在用地管理方面遇到很多分散环节、不同环节数据无法相互印证，不动产登记审批流程过长，过程中常常出现发证效率低和登记办理插队加塞等问题。实施数据铁笼工程后，不但原本分散的各个用地管理环节被铁笼系统相互联通和印证，而且相关工作人员的诚信考核档案也被纳入铁笼系统，不动产统一登记压缩了审批流程13项，简化了审批流程7项，实现了流程再造。同时，通过降低各个业务节点风险以及对各业务流程逐步分析、监督，超快、超慢件和异常办件趋势明显下降，大大提高了办事效率，最大限度遏制了权力寻租的空间。贵阳市公安交通管理局"异常退办数据铁笼模块"进一步加强对中介市场和代办行为的管理，严厉打击车驾管业务非法中介，净化车管工作环境，维护群众合法权益和窗口的良好形象；窗口接待信息平台接到群众投诉、咨询后首接窗口立即录入系统流转，逾期没有办理的事项系统第一时间向单位和承办人预警督办，及时跟踪，近年来流转数据近2万条，及时高效地为群众解决了困难和诉求。贵阳市交通委员会执法人员通过铁笼系统，可查询到全市隶属26家出租车公司、近2万名从业驾驶员信息及9000余辆出租车运行轨迹、载客情况等，对全市出租车进行数字化管理。如遇乘客电话投诉出租车驾驶员以吃饭、交班为由拒载，运管局可利用大数据平台调取当天GPS定位、路线实时数据，准确判定出租车是否停留、巡游，驾驶员是否属于拒载。

（二）对行政审批进行风险预警

如，原贵阳市城乡规划局数据铁笼对行政审批进行全流程监管，重点量化行政审批、行政执法、行政办公、党风廉政、重大决策、事务管理、规划编制、对外服务、数据安全等九大类风险防控，对风险进行自动提取、预警提醒、督办警告或控制限办,形成了联合监督和多方预警的风险防控机制。截至2019年4月底,通过规划"数据铁笼"平台结件数量为62523件,风险预警7487次,审批效率由2014年的57%提升到2019年初的91.55%,总风险率为19.92%,风险系数为1.99,风险处置率为90%以上。出租车、公交车、货车、班线车、旅游车、危险品运输车从业人员都必须经过各类别的从业资格考试,才能取得从业资格证。贵阳市交通委员会使用数据铁笼之前,从业资格培训和审核分别独立,有人"钻空子",通过伪造考试合格证或者找熟人办"人情证"等方式蒙混过关。实施数据铁笼之后,工作人员可通过平台监控、数据比对,有效避免人员操作失误和人为数据造假而发放从业资格证书,进一步保障从业人员职业素质。

(三) 对岗位履职进行监督评价

贵阳市纪委监察委通过数据铁笼建设,探索了纪检监察干部监督工作的新思路,明确了"用电子日志管住痕迹、用审批程序管住权力、用关键行为管住过程、用任务时限管住效率、用关联数据管住行为、用预警推送管住责任、用综合评价管住绩效、用分析结果管住风险"的干部监督模式,从"是谁、人在哪里、在干什么、怎么干的、干得如何、能干什么"六个关键角度,对纪检监察干部进行多维度刻画和全视角监督。实现日常任务项目化管理,用任务时限、难度系数、评价评分等方法精准控制和度量工作效率与质量。构建干部综合能力素质评价指标体系,建立了廉政分析、能力分析、勤政分析、履职意识和学习成长等五项评分指标,进一步强化对干部的监督和干预,进一步提高了施政能力和工作效率。贵阳市公安交通管理局勤务民警在岗督查,以前要靠纪检监察部门、勤务考核部门以及各个大队定期不定期明察暗访,现在通过系统自动判断民警是否在室外工作,进行工作数据分析,每周仅支队机关的监督警力就可以减少近20人次,节省与之对应的燃油、在途时间等。贵阳市公安交通管理局建立民警个人诚信档案"数据核查"机制,凡民警个人评先创优、入党、晋职,一律先行调阅并核查诚信记录,如有数据不实、诚信不佳的,一律不予通过。这些数据与年度考核、立功受奖等有机结合起来,形成科学的绩效评价管理机制,此举极大地激发民警高度重视自己工作中的言行和表现，自觉接受监督，像爱护眼睛一样爱护自己的诚信记录，使"数据铁笼"在助推民警遵纪尽职、规范执勤执法方面真正起到积累和养成的作用。

（四）对行政权力行使进行规范

通过数据铁笼综合平台和各个子系统形成的监督合力，进一步提高异常业务监管的覆盖面，增强对异常行为的发现、预警和处置能力，各项制度不再是"稻草人"。如，贵阳市公安交通管理局"数据铁笼"针对非法查询公民信息入刑的情况，开展了对公安民警数字证书使用查询大调查，结合民警工作岗位、基层大队执法数据、交通事故勘验规范、指挥中心台账记录、计算机 IP 地址定位、夜检夜查工作部署，通过大数据方式建议核查模块，异常信息的自动预警推送，短期内有效解决了口令管理混乱、数字证书适用不规范等问题。近年来，收到异常信息两千余条，督促基层单位及时核实各类异常数据上千余起，并责成对相关责任人警示、约谈、追责，下达督查整改通知书 25 期，约谈当事人、责任人 80 余人。又如，贵阳市公安交通管理局醉驾案件模型，针对醉驾案件，从酒精测试开始到获得检测结果就实现了数据的不可更改和秒级传输，再结合血样监测系统等的数据关联，实现对全部案件进行预警提醒，减少久拖不决和压案不查等情况。再如，贵阳市公安交通管理局按照数据铁笼过程影像化要求，全部执法执勤要求全程执法记录，并通过数据关联，及时发现和纠正没有使用执法记录仪的情况，执法记录仪得到广泛使用，执法过程进一步规范。

数据铁笼作为破解监督制约权力运行这一重大课题的创新之举，受到了中央、省委和社会各界的广泛关注和好评。2017 年 4 月，贵州省大数据发展领导小组印发了《贵州省"数据铁笼"工作推进方案》，总结数据铁笼省级试点部门和贵阳市建设的成功经验，在全省各市（州）人民政府、贵安新区管委会、省直各部门全面推广数据铁笼工程建设。遵义市按照"先试点、后覆盖"的思路，在市发改委、市住建局、市交通局、市民政局、市科技局等 5 家单位先行先试，建设"数据铁笼"子平台，并将建设市级"数据铁笼"总平台。广东、浙江、江苏、湖南、陕西、山东等 10 余个省份前来学习考察"数据铁笼"建设模式，并正逐步启动建设。新华网、《中国纪检监察报》、搜狐网等多家媒体也对贵阳市数据铁笼工程进行了宣传报道。2018年初，中央电视台《经济半小时》栏目对贵阳数据铁笼进行了专题报道。贵阳"数据铁笼"工程已成为贵州省乃至全国大数据政务应用创新示范。

四 贵阳"数据铁笼"工程的经验启示

"数据铁笼"是运用大数据思维和相关技术，将政府权力运行过程数据化、自动流程化、规范化，实现对政府部门"三重一大"、两个责任落实、一岗双责等权力运行的监管、预警、分析、反馈、评价和展示，从而构建出的一套基于数据的权力监督及技术反腐体系。

习近平总书记反复强调，要把权力关进制度的笼子。贵阳市"数据铁笼"建设，就是通过制度建设与现代技术的结合，管住公权力运行的一种创新探索。"数据铁笼"的建设，就是要通过数据留痕、时时监控，构建一个不敢腐、不能腐、不想腐的生态，实现对权力和责任监督的全覆盖，进而提升政府治理能力和服务人民的水平。

（一）"数据铁笼"是行政权力运行有迹可循的新手段

"数据铁笼"让每一次的权力使用都留下"案底"，以精准、客观、及时的运行数据为基础，实现政府权力的追踪溯源和政府效能评价，有效催生一股高效可靠的监督力量以及一套科学的内部考核机制，有助于解决传统上权力运行无迹可寻的弊端。

（二）"数据铁笼"是大数据时代权力监督的新方法

"数据铁笼"运用大数据思维，通过对权力行使行为进行留痕存证，使得违纪、违规、违法行为原形毕露，有力支撑法律法规建立起来的"不敢腐"的威慑力；通过对权力行使流程进行建模分析，寻找潜在风险、填补监控盲区、构建防控机制，夯实巩固制度规章构建的"不能腐"的保障力；通过对权力行使的方方面面、时时刻刻的全面不间断监督评价，逐步使尽职尽责、廉洁奉公成为政府各部门以及每一个公职人员的习惯和自觉，配合思想道德建设从根本上消除腐败的动机，达到"不想腐"的最高境界和终极目标。

（三）"数据铁笼"是倒逼行政管理改革的新举措

"数据铁笼"使行政权力运行全程数据化，每一个细节都暴露在阳光之下，让"不作为、慢作为、乱作为"的行为无所遁形，倒逼权力部门认真履职、规范执法。同时，基于对权力运行流程数据的挖掘、分析，发现行政管理过程中政府管理机构职能交叉、业务办理环节烦琐等问题漏洞，予以优化和再造，并为行政管理改革提供数据和技术支撑。

贵阳"数据铁笼"实践表明，数据铁笼通过大数据技术与监督机制的有机结合，构建了有效的权力制约和监督体系，管住人、管住事、管住权，实现权力运行可视化、监督具体化、管理预判化，切实解决权力不能有效监督的问题，极大地提高了人民群众的满意度，初步达到了"人在干、数在转、云在算、天在看"的目标。

五　问题与展望

尽管贵阳市"数据铁笼"工程建设成绩突出，但仍然存在一些问题。

一是认识实践有待深化。部分单位对权力的理解认识和"数据铁笼"的功能定位、建设机理把握不准，建设重点停留在办公信息化、提升管理效能层面，权责和风险的"痛点"找得不够准，解决问题的办法针对性不强，在运用大数据思维手段对权力运行进行风险控制上聚焦不够。

二是建设质量有待提高。有的单位基础薄弱，信息化水平低，建设质量不高。有的单位数据铁笼使用率低、数据产生量小，有沦为僵尸系统的趋势。个别单位建设需求与技术路径不能实现有机统一，影响了建设质量。有的单位过度依赖项目承建方，忽略了自身建设"数据铁笼"的主体责任和主导作用。同时，不同批次的单位建设"数据铁笼"所采用的标准规范存在差异，在实际权力运行的过程中出现跨部门、跨区域缺乏协调、联动的问题。

三是数据融合有待加快。在实际权力运行的过程中会存在许多交叉、协同等跨部门、跨区域的场景，如专项治理、联合执法等。现有的"数据铁笼"尚缺乏行之有效的监督和预警手段，无法实现跨部门行政行为中各部门数据的相互关联、行政风险点挖掘和流程盲点监控，使大数据碰撞分析模型较为单一。同时，部分单位的业务应用由国家部委、省级厅局统筹建设、垂直管理，对接困难，获取数据难度大，影响建设效果。

四是建设力量有待加强。目前参与"数据铁笼"设计建设的技术公司有20余家，技出多门、条块分割，技术力量良莠不齐，尤其是一些技术公司没有大数据运用方面的开发技术，建设过程中难以实现实施单位的真实意图。同时，项目建成后，对于后续服务、完善提升、拓展运用等无法提供统一保障，影响"数据铁笼"正常运行。

针对出现的问题，贵阳市下一步将以数据总笼建设为总抓手，坚持问题导向，着力规范提质，扎实推进"数据铁笼"工程建设。

（一）强化思想认识

把思想统一到市委、市政府关于"数据铁笼"工程建设决策部署上来，通过加强培训、学习等多种方式和手段解决部分单位和个别人员对实施"数据铁笼"的重要性认识不高、积极性不强的问题，切实增强建设"数据铁笼"工作的责任感和使命感，提高"数据铁笼"建设的质量和水平。

（二）扩大工程覆盖面

一方面，扩大"数据铁笼"对行政业务的监管覆盖面和政务数据采集融合的覆盖面，扩充"数据铁笼"监管的风险点，优化风险处置流程，力争逐步实现"数据铁笼"行政业务监管的全覆盖。另一方面，扩大"数据铁笼"建设单位的覆盖面，推进其他市直部门、区县和市企事业单位开展铁笼建设，尽快实现"数据铁笼"工程完全覆盖全市政府系统行政企事业单位。

(三) 加快总笼建设

加快推进贵阳"数据铁笼"总笼建设步伐，防止"数据铁笼"对行政职能的监管覆盖面萎缩。一是规范子笼建设标准。对行政单位的"数据铁笼"子笼的建设情况、运行状态进行评估，解决各子笼笼条疏密不一的问题，规范数据铁笼系统设计。二是监控子笼运行健康状态。对子笼运行情况进行综合监督，对运行产生数据较少、使用量不够的单位进行督促和预警，提高子笼的使用率，解决建而不用、僵尸系统等问题。三是跨部门行政行为风险预警。对跨部门行政行为进行监督，挖掘各类跨部门协同场景中的行政风险，监控行政权力运行的交叉过程和单一部门的流程盲点，形成多部门联合监督、多方预警机制。四是权力运行流程优化。结合"一网通办"工程，梳理和分析其中流程数据和部门协同产生的数据，为权力运行流程优化提供过程数据和分析支撑，提高权力运行效率。五是建立科学客观的评估体系。对各单位铁笼建设、行政过程风险等进行评估，为干部的精准画像与激励奖惩提供数据支撑。

(四) 紧跟机构改革步伐

强化服务新机构的"数据铁笼"工程适应性改造工作，依据机构改革方案和新制定的"三定方案"重新梳理"三清单一流程"，对已建"数据铁笼"进行升级改造或合并调整，对新设立单位或未建"数据铁笼"的单位，根据机构改革后的职能职责加快建设"数据铁笼"，紧跟机构改革步伐，巩固"数据铁笼"工程成果。

创新推进政务公开 打造良好营商环境的遵义实践

遵义营商环境研究课题组[*]

摘　要：地处贵州省北部的遵义市，面对人口多、底子薄、欠发达等客观实际，近年来通过全面推进政务公开，健全机制体系、回应社会关切、强化社会监督、拓宽服务领域等一系列举措，持续推进全市营商环境大优化大提升，为全市人民群众和各类市场主体投资兴业营造稳定、公平、透明的良好环境，为遵义市打造"西部内陆开放新高地""黔川渝接合部中心城市"做出了积极贡献。

关键词：政务公开；营商环境；实践探索

遵义市地处贵州省北部，紧临重庆市，是连接黔中经济区和成渝经济区的经济走廊，是长江上游城市圈的重要城市，对贵州省向北开放融入"一带一路"、长江经济带等具有不可替代的作用。全市国土面积30762平方公里，辖3区2市9县和1个新区，总人口800余万，中心城区人口200余万。近年来，遵义市深刻践行"坚定信念，实事求是，独立自主，敢闯新路，民主团结"的遵义精神，持续推进政务公开工作，通过建立健全机制，拓宽公开渠道，强化社会监督，有效保障了人民群众的知情权、参与权、表达权和监督权，提升了政府治理能力与公

---

[*] 课题组成员：缪光宇，遵义市营商环境建设局局长；杨启梅，遵义市营商环境建设局副局长；曾伟，遵义市道真自治县常务副县长；彭江颖画，遵义市营商环境建设局机关党委副书记；饶明杰，遵义市政务服务中心审批服务科副科长。执笔人：饶明杰。

信力，政务服务质量与成效得到有力提升，为打造服务最优的"洼地"和市场活跃、公平竞争的"高地"奠定了坚实基础。

一 背景缘起

营商环境是当下备受关注的范畴，优化营商环境，是政府和社会各界都高度关注的事项。政府工作的方方面面，都被不同程度地放置在这个语境下加以思考和谋划。政务公开作为基础性工作，是营商环境的重要组成部分，对于优化营商环境至关重要。

党中央、国务院历来十分重视政务公开工作。习近平总书记指出，"以制度安排把政务公开贯穿政务运行全过程，权力运行到哪里，公开和监督就延伸到哪里，以公开促落实、促规范、促服务"。《优化营商环境条例》（国务院令第 722 号）第 3 条规定："各级人民政府及其部门应当坚持政务公开透明，以公开为常态、不公开为例外，全面推进决策、执行、管理、服务、结果公开。"并将政务公开贯穿于优化营商环境建设的全过程。近年来，党中央、国务院针对政务公开工作作出一系列重大部署，为各级各部门推动政务公开工作提供了根本遵循和行动指南。尽管各地政府有关部门采取有效措施积极落实政务公开各项工作，也取得了明显成效。但是，由于地方、部门、个人利益驱动和政务公开制度建设不完善等因素，各地不同程度地存在政务公开重视不够、浮于形式、避重就轻、监督不力等问题，还不能满足社会公众的合理诉求。

党的十九大以来，遵义市委立足遵义所处的地理方位和历史方位，深入分析遵义市面临的机遇和挑战，提出把遵义市建成黔川渝接合部中心城市，全力打造"一枢纽两中心三基地"（综合交通枢纽，教育科创中心、医疗康养中心，世界酱香白酒产业基地、世界辣椒加工贸易基地、全国著名红色文化传承基地），推动遵义市在黔川渝接合部形成引领地位。而区域性中心城市，是以人民为中心的城市，不仅要构筑快捷的交通、快速的通信，而且还要有良好的环境、方便的服务等，可以说，是全方位、全领域做精、做细、做美城市，满足群众各方面的需求。建设黔川渝接合部中心城市，就是要把遵义打造成为这个区域内处于引领地位、起着主导作用，具有较强的集聚、辐射、带动功能的区域性节点城市，实现自身转型升级，推动区域协调发展。围绕建设黔川渝接合部中心城市这项庞大的系统工程，遵义市委、市政府审时度势，于2018年9月6日召开全市营商环境整治大会，提出在全省和黔川渝接合部形成"行政审批事项最少、办事效率最高、营商成本最低、政府服务最优、创新创业活力最强"的良好营商环境，着力还权于市场、还权于社会，进一步激发社会、市场和基层活力，为打造"西部内陆开放新高地""黔川渝接合部中心城市"提供良好环境保障。

二 做法与实践

近年来，遵义市围绕国家、省系列工作部署，精准发力，狠抓落实，全面推进政务公开。特别是2019年以来，遵义市空前重视营商环境建设，将政务公开贯穿于优化营商环境全过程，取得了实实在在的成效。

（一）强化体制建设，组织保障更加有力

1. 建强组织机构

2004年，遵义市政府与各县（市、区）政府分别成立了政务服务中心，同时设立了政务公开领导小组办公室（在政务服务中心，实行两块牌子一套人马），将政务公开工作与政务服务工作同安排、同部署。各级各部门认真落实机构和人员配备，扎实推进政务公开工作，服务于民、问需于民、政民互动效果良好，为构建"亲、清"政商关系，营造稳定、公平、透明的政务环境起到了积极作用。2019年机构改革中，遵义市在全省创新设立了市、县两级营商环境建设局，成为西部地区第一个成立营商环境建设专门机构的市（州）。市营商环境建设局下设市政务服务中心、市招商项目代办服务中心、市"12345"热线服务中心，代管市公共资源交易中心，形成"一局四中心"格局，实现了各中心集中办公，结束了多年来窗口单位办公阵地分散、群企办事不便的局面。

2. 明晰工作职责

机构改革中，市人民政府政务服务中心（市政务公开领导小组办公室）的职责被划入市营商环境建设局，明确了工作职责，重点统筹负责政务公开、投诉监督、"互联网＋政务服务"、"12345"政务服务热线平台工作，以及公共资源交易等工作。各县（市、区）也迅速比照进行了制定和划转，各地各单位政务公开工作由主要领导负总责，分管领导直接管，工作人员具体抓，保证了政务公开工作不脱节，服务群众不走样。

3. 高位调度推动

2019年6月，市委成立营商环境建设委员会，由市委书记任主任，市人民政府市长、市委副书记、市人民政府副市长、市人大常委会副主任、市中级人民法院院长、市人民检察院检察长等任副主任，各相关部门主要负责人为成员，负责营商环境工作重要决策制定、部署及执行。机构成立后，市委书记、市长以及其他市领导多次调度全市营商环境建设工作，有力保障了全市营商环境优化提升及政务公开工作的顺利推进。2020年4月，遵义市人民政府明确，将全市政务公开领导小组办公室职能划转到市政府办公室，各县（市、区）也陆续进行划转，进一步理顺了体制机制，政务公开工作推进更加有力。

（二）强化规范公开，体系制度更加健全

1. 健全政务公开制度

为推动政府机关信息面向社会公开，用制度管人、用制度管事，促使权力在阳光下运行。遵义市着眼于本地社会各阶层，更加关注民生热点，特别是减税降费、金融安全、生态环境、脱贫攻坚、教育改革、食品药品、卫生健康、养老服务、公正监管、社会保障、社会治安等经济社会热点，以及市场主体和群众办事创业的痛点堵点，狠抓政务公开制度体系建设。先后出台了《政府信息公开工作考核制度》《政府信息公开社会评议制度》《政府信息公开规定》《政府信息公开发布协调制度》《政府信息公开责任追究制度》《新闻发布工作办法》《信息公开保密审查机制》等近20项工作制度文件，重点围绕政府信息公开工作落实、考核考评和责任追究，政府信息公开指南、目录编制、内容更新，政府

信息主动公开、依申请公开，政府信息公开服务体系建设，政府信息公开中的举报、投诉、行政复议、行政应诉，政府新闻发布制度及新闻发布会实施办法等，全方位、多角度进行明确并确保执行落实。

2. 落实公开标准规范

2019年，遵义市在不断健全政务公开制度、优化公开体系、规范公开行为的基础上，根据《政府信息公开条例》和《贵州省政务公开标准规范体系（试行）》要求，精准制定和完善本地本单位政务公开标准规范体系，形成相对符合市、县、乡三级政府及市、县两级单位部门实际情况的政务公开《标准规范》，涉及市级政府一级公开事项11类、二级公开事项276类，县级政府一级公开事项11类、二级公开事项230类，乡镇政府一级公开事项6类、二级公开事项31类；公共事业单位一级公开事项19类、二级公开事项600余类；县级城市综合执法标准规范行政许可事项522类；城市社区一级公开事项7类、二级公开事项22类。规范简化职责清单和工作程序，在"宽放、严管、优服"上下功夫，推进"七张责任清单目录"的全面公开。梳理公开责任清单事项1093项，其中：网上办理事项清单目录147项、当场办理事项清单目录68项、承诺办理事项清单目录28项、限时办理事项清单目录284项、便民化服务事项清单目录130项、从严监管（处罚）事项清单目录406项、就近办理事项清单目录30项。

3. 强化依申请公开

2019年《政府信息公开条例》修订后，遵义市更新了《政府信息公开指南》，进一步明确如何申请、怎样办理、多久答复、是否收费、注意事项等关键环节工作要求，为公众申请公开政府信息提供清晰指引。2019年，全市各级各部门共办理政府信息公开申请452件（其中：市级政府及部门收到235件，占52.1%）。其中，申请量居前的事项是：城市规划、建设用地批复、征地拆迁"一书四方案"报件、征地拆迁补偿安置方案等与群众生产生活密切相关的信息。申请用途主要为诉讼维权、征收工作合法性知悉、个人补偿费用计算等，部分用于学术研究。

4. 构建营商环境体系

政务公开制度有效促进营商环境的优化提升，反之，营商环境体系建设推动政务公开体系更加科学化、透明化、常态化。遵义市营商环境建设局成立之初,参照世界银行集团《2019年营商环境报告》和《中国营商环境评价指标体系》,根据省委、省政府要求,制定出台了《遵义市2019年营商环境大提升攻坚行动方案》,细化了"20+1"项营商环境攻坚指标(贵州省列入第三方评估20项,遵义市自选动作增加1项),通过政府门户网站、贵州政务服务网、微信公众号、云上贵州"多彩宝"("掌上办")等多种途径面向社会公开,贴近基层、贴近实际,全方位服务群众和企业。为强化对营商环境及公开过程的监督,遵义市先后制定了《营商环境投诉举报处理暂行办法》《营商环境特邀监督员工作办法》《营商环境建设问责办法(试行)》《整治营商环境突出问题暗访暗查工作方案》《2019年营商环境建设工作考核方案》《整治营商环境问题协作联动机制》等制度文件,切实保障社会公众对政府信息公开和社会事务管理的知情权、参与权、表达权、监督权。在此基础上,更加注重政务公开对助推营商环境优化的实效性,要求市直有关部门继续对标泸州、南川等周边城市,力保实现川黔渝接合部中心城市"审批环节最少,办事效率最高"目标。

(三)强化义务监督,社会参与更加广泛

1. 选聘监督员,推进政务公开

为充分发挥人民群众对政务公开工作的社会评价作用,强化社会监督,促进政务公开真实、规范、有效开展,多年来,遵义市坚持面向社会,从人大、政协、民主党派、离退休老干部、企事业单位、新闻单位、国家机关、群团组织、律师、社区、居委会等群体中选聘市、县、镇、村四级政务公开及村务公开义务监督员,确保全市监督员人数在1000名以上。同时,根据监督需要,从企业、行业协会、法律工作者、新闻媒体工作者及基层组织工作人员中,聘请了30名人员担任市级营商环境建设特邀监督员,参与宣传方针政策、监督政策执行、反映问题线索并协助开展暗访暗查工作。

2. 强化监督投诉办理,优化营商环境

为加强诚信政府、阳光政府建设,推动营商环境优化,遵义市建立了《营商环境建设调研收集问题线索及整改落实情况反馈台账》《公共资源进场交易台账》《政府部门拖欠企业账款台账》等，发布了《关于市场主体反映问题核查处理工作情况的通报》《关于整治营商环境突出问题暗访暗查情况的通报》《关于调研发现问题交办督办情况的通报》。2019年共受理营商环境及政务公开投诉举报263件，移送市纪委监委处理案件6件，市委督查局10件。

（四）强化平台服务，群众办事更加省心

1. 打造"一站式"便民服务平台

积极构建"多功能"大厅，市人社、医保、公积金、不动产登记、公安交管、公安出入境等窗口全面进驻政务大厅，并扩展水、电、气、网络、通信及中介等服务事项进驻，购置自助设备，提升服务能力，一站式办理格局初步形成。加快推进"一窗式"改革，将政务服务大厅分为4个综合服务区和4个专业服务区，推行"一窗受理"，并设立综合受理窗口，纳入14个单位事项。

2. 推动"互联网＋政务服务"融合应用

统筹推进实体政务大厅和网上办事大厅建设、一个平台办理全市所有政务服务事项，已接入市、县、乡、村四级事项政务服务共78147项，实现100%全覆盖。推进政务服务移动端应用，推广运用云上贵州"多彩宝"App作为全省移动政务唯一平台，推进社保线上缴费和制卡、退休人员年审、公交卡年审等移动端本地化应用。推进网上办理，市县两级70%以上政务服务事项可以网上办理，市级408项行政许可事项中有344项可实现网上申请，占比83.8%。2019年通过网上申请超过8100件。

3. 创新推出系列便民利企新举措

持续实施"容缺受理""容缺审批"，在原有容缺事项55项、可容缺材料128份的基础上，不断扩大容缺受理事项范围。市、县两级大力推进"集成套餐服务"，市级推行企业开办、不动产登记、律师事务所设立等10项集成套餐服务，县级推行242项集成套餐服务，2019年累计办理业务106298件。积极推行七天工作制、延时服务、预约服务、绿色通道服务、上门服务，免费为新开办企业刻制印章、免费复印照相、证照免费速递，设立洽谈室为企业提供定制服务等服务措施。2019

年，窗口共开展延时服务、预约服务1016次，周末为群众办理事项8430次。

4. 全面推进12345政务服务热线建设

2019年，遵义市大力推进"12345"政务服务热线建设，并列入市政府十大民生实事之一，通过将各类非紧急类政府热线电话整合到12345热线，着力打造具有遵义特色的服务热线。从2019年11月初开通试运行到12月底，接听群众来电5.9万件；运行至2020年3月底，接听群众来电已超13万件，搭起了政府和群众的"连心桥"。

5. 探索推行政务新媒体公开

充分运用政务微信、政务微博、政务抖音号等新兴媒体，开设栏目或直接发布便民信息，面向全社会全方位公开。2019年5月开通"遵义市人民政府网"微信公众号，至年底共发布信息489条；2019年9月开通"遵义政务微博"，至年底共发布信息159条。各县（市、区）政府及市直有关部门同步开展新媒体建设和管理工作，县（市、区）及1个新区顺利完成了官方政务新媒体的开设，部分市直部门也陆续开设了政务新媒体。

通过不断开拓创新、持续推进，并将各项便民举措、办事流程、投诉渠道及时面向全社会公开，市内外企业和当地群众办事越来越方便，越来越省心，党群关系、干群关系越来越密切，"亲、清"政商关系越来越向好。

三 困难与挑战

政务公开工作已成为保障公民、法人和其他组织依法获取政府信息，提高政府透明度，充分发挥政府信息对人民群众生产、生活和经济社会活动服务作用的有效抓手，也是营商环境建设优化提升的"催化剂"和"助推器"。近年来，遵义市大力推进政务公开，营商环境有了较大改善，但依然面临诸多困境，亟待破解。

（一）认识不到位，工作开展被动

1. 重视程度不够

有的单位没有将政务公开工作与本地本单位中心工作同研究、同部署、同推进，工作过问少，落实慢，成效不明显。究其原因，主要是单位主要领导缺乏对认真推进政务公开的重要性和必要性的深刻认识，还没有把政务公开工作作为增强政府公信力执行力，提升政府治理能力的有效抓手。

2. 人员配备不强

很多单位没有从事政务公开工作的专职人员，且兼职人员也一般身兼数职，事务繁多、疲于应付；工作人员专业素养参差不齐，加之人事变动和分工变化，工作队伍缺乏稳定性，导致政务公开工作推进乏力。

（二）措施不到位，内容流于形式

1. 主体责任缺乏

有的单位缺乏主动公开的责任意识，没有做到"以公开为常态、不公开为例外"。

2. 信息公开单薄

有的单位只是公布了机关的工作流程、机构设置、规划方案、工作制度等；有的单位在公开内容上不同程度地存在着笼统、过时等现象，内容更新不及时、不准确；一些部门只公开不得不公开的、大家都知道的事项，或者只公开一些程序性要求，回避实质性事项。

3. 政策解读滞后

有的单位政策解读与发布文件未同步进行，解读政策针对性不强、流于形式。甚至有的单位只发布了相关重点政策，但未进行相应的政策解读，办事群众对政策不了解、不明白，增加了二次咨询的数量。

4. 依申请办理不规范

有的单位对依申请公开工作认识不到位，理解不深不透，答复不精准、不及时，书面答复内容格式不规范，与申请人沟通不够热情，导致申请人的满意度不高。

(三) 管理不到位，网站建设滞后

1. 网站建设有差距

有的门户网站存在检索功能不完善、网站容量不够大、栏目设置不科学等问题。尤其是2019年机构改革后，新建、变更、合并的单位较多，职能职责、公开内容等随之变化，有的门户网站需要新建，有的需要重建，有的需要优化完善。

2. 信息发布不严谨

有的部门信息发布不规范、不及时，信息发布没有做到应公开尽公开，存在有关栏目下无内容更新，或者信息更新不快，以及意见建议回应慢等现象。

3. 共建共管意识弱

有的网站栏目如"审批办事"频道栏目直接链接贵州省网上办事大厅县级站点，存在发布内容缺失，部门跟踪不到位，整改落实不及时的现象。

(四) 定位不精准，政务新媒体互动乏力

1. 管理跟进不佳

大部分单位申请了微信公众号、微博号、抖音号，制定了信息发布及管理流程和机制，但信息发布量小、受众面窄，发挥作用较小，部分甚至成为"僵尸号"。

2. 运行维护参差不齐

有的单位有一定专业素养且相对固定的人员开展政务新媒体的运行、管理和维护，有的单位则选择第三方公司参与运维，但一些部门相对缺乏专业的人才和技术支撑，也未选择第三方公司参与运维，导致政务新媒体的运行维护参差不齐。

3. 新旧媒体融合不好

在热点舆情回应、重点领域信息公开方面，政务微信、政务微博等政务新媒体发挥作用不够，未实现服务互通。部分政务新媒体和传统媒体还没有形成信息传播的矩阵联动效应。

四 展望与突围

政务公开作为现代行政的一项基本制度,在管理经济社会事务方面发挥着越来越重要的作用。随着形势的发展、客观条件的变化,政务公开的内容、重点也在不断变化。当前和今后一个时期,遵义市要围绕"怎么样能有利于市场主体发育发展,怎么样能有利于人民群众便捷办事,让市场主体、人民群众觉得遵义好办事,容易办成事"这个核心,内外兼修、突围突破,认真梳理和清理权力、责任、服务清单,构建透明、公平、法治政府,以优质的政务环境助力营商环境优化提升,推动遵义市在新一轮发展上增强核心竞争力。

(一)以顶层设计为先导,力求政务公开标准化

1. 强化组织保障

各级各部门主要负责人要切实提高思想认识,高度重视、关心政务公开工作,常关注、常调度、常过问,真正将政务公开工作同单位中心工作同安排、同部署。各级政府办公厅(室)是政务公开工作的直接责任单位,要切实牵头负责做好政务公开工作;各级工作部门也要指定专门的处(科、室)等机构负责推进。市、县人民政府要明确专职人员负责,各部门要明确专人或相对固定的人员专抓。同时,提供必要的工作要素保障,将工作经费纳入年度预算等。

2. 健全审核机制

严格遵循"谁公开、谁审查,谁审查、谁负责,先审查、后公开"的信息发布原则,进一步建立健全政府信息发布审查工作机制。坚持对拟发布信息内容的准确性、完整性、时效性,是否危及国家安全、公共安全、经济安全和社会稳定,是否涉及国家秘密、商业秘密、个人隐私等进行审核,确保发布的政府信息合法合规、准确无误。

3. 压实工作责任

进一步强化政策解读、回应关切、平台建设、数据开放,保障公众知情权、参与权、表达权和监督权,增强政府公信力执行力,提升政府

治理能力。进一步压实责任,推动各项工作任务落实到单位,责任落实到人,做到有人问、有人管、有人抓。进一步增强做好政务公开工作的责任感和紧迫感,针对重形式轻内容、重公开轻审查、重随机轻调度、不主动不及时、避重就轻、避实就虚等问题,特别是推进重大建设项目批准和实施领域、推进社会公益事业建设领域、推进公共资源配置领域等的焦点热点问题,抓好整改,抓出成效。

(二)以标准示范为引领,推进政务公开规范化

1. 坚持全面公开

根据《政府信息公开条例》的规定,行政机关公开政府信息,"应当坚持以公开为常态、不公开为例外,遵循公正、公平、合法、便民的原则"。既要遵循保密原则、符合标准规范,又要做到"应公开尽公开"。

2. 推进规范公开

认真落实《贵州省政务公开标准规范(试行)》要求,及时发现问题,及时整改落实,进一步精准制定和完善本地本单位政务公开标准规范体系,形成更加符合市、县、乡三级政府及市、县两级单位实际情况的政务公开标准规范。

3. 把握公开内容

各级各部门政务公开应重点突出"事权、财权、人权"公开,职能部门政务公开突出单位及其内设机构的职权,单位的办事程序、纪律、时限、结果,单位的收费项目、收费依据、收费标准等。

(三)以做优平台为基础,实现公开渠道多元化

1. 创新政务服务模式

深入推进"互联网+政务服务",扩大网上服务范围,延伸平台功能,升级平台系统,促进信息公开、服务集成、流程再造,促进各部门、各层级之间政务服务数据共享和政府高效施政,让群众和企业"只进一扇门""最多跑一次"。

2. 加强政府网站建设

加强协同推进,强化信息发布、政策解读和办事服务功能,重点解

决政府门户网站公开信息更新不及时、信息量小、信息内容不完善等问题，坚决杜绝"僵尸网站""睡眠栏目"，努力把政府网站建成政务公开的重要窗口和建设阳光政府、效能政府的重要平台，提高社会管理和公共服务水平。

3. 促进政务新媒体融合发展

政务新媒体的发展趋势是从传递政务信息到为公众提供办事服务和政民互动。要切实明确主体责任，强化引导回应，完善考核问责，使新媒体与政府门户网站、广播电视、报纸杂志等传统媒体形成新型"融媒体"，实现融媒体的"矩阵效应"。

黔南州龙里县政务公开促服务型政府建设的探索实践

张 静[*]

摘　要：近年来，随着信息公开力度不断加大，政务信息公开在提升政府公信力、促进交流、推动政府部门依法行政，加速地方发展等方面发挥重要作用。龙里县通过探索建立"一套体系、一站服务、一门导引、一网通办、一个平台、一体联动、一库共享"的"七个一"模式，全面推进决策、执行、管理、服务、结果全过程公开，加强政策解读、回应关切、平台建设、数据开放等，保障公众知情权、参与权、表达权和监督权，努力建设人民满意的服务型政府。

关键词：政务公开；服务型政府；七个一

全面推进政务公开，畅通的不只是政府与群众之间的交流互动，更是为了以公开推动理念转变与流程再造，建设人民满意的服务型政府。县级政府在中国政权体系中具有十分重要的地位，是国家法律法规和政策的重要执行者。在实际工作中，直接涉及人民群众具体利益的行政行为，大多数由县级政府作出，直接面向群众的政务服务大多数由县级政府提供。深化政务公开和加强政务服务的重点在基层、难点在基层。党的十八大以来，政府部门主动公开信息的范围和深度不断扩大，行政机关每年主动公开的信息以千万计。各地各部门在决策公开、管理服务公开、信息公开等方面取得了长足进步。但也不同程度出现各种问题，如

---

[*] 张静，龙里县政府办公室工作人员。

信息发布质量不高、信息来源面窄、互动交流较差等。随着体制改革深化，服务半径增大，群众关注度日益增高，为此，龙里县强化政府主导，扩大平台建设，以"七个一"模式打造全县政务公开新样板，促进阳光型、服务型、法治型政府建设。

一 概述

龙里县位于贵州省中部，隶属黔南布依族苗族自治州，距贵阳市中心28公里。全县总面积1521平方公里，常住人口约27万人，少数民族约占41%。① 近年来，龙里县以"打造黔南区域经济开放合作样板区，建成贵阳副中心城市"为定位，经济发展迅速，位列全省县域第一方阵，经济社会发展群众满意度2015年至2017年连续位居全省第一，2018年成功退出国家贫困县，2019年GDP突破200亿大关，经济发展综合测评位列全省县域第一方阵第一位。② 在这样一个大背景下，龙里县政务公开工作面临的形势极其复杂，人民群众对政策公开、执行情况公开要求更高，经过多年的实践，龙里县初步探索总结出符合本地县情实际的政务公开工作方法。

二 "七个一"模式的主要做法

（一）"一套体系"固化政务主体

龙里县政务公开工作在党的全面领导下，建立坚强严密的组织体系，推动形成强大组织力，构建完整的政务公开主体，推行政务阳光化。建立由县委常委、县政府常务副县长任组长，县政府办公室主任为副组长，各镇（街道）、行政服务中心、融媒体中心、财政、工信、民政、市监、教育、医保、交通、住建等部门为成员的政务公开工作领导

---

① 数据来源：2019年龙里县县情。
② 数据来源：2019年全省市州和县域经济发展综合测评。

小组。近年来，县政府主要领导多次专题听取政务公开工作汇报，研究部署全县政务公开工作。各镇（街道）、县直各部门相应成立政务公开领导小组，制定本单位、本部门的政务公开工作实施方案，镇、村设立政务公开栏、举报箱，利用标语、横幅等形式广泛宣传政策，督促推进工作落实。

从2017年起，龙里县将政务公开工作以不低于4%的分值权重纳入年度目标绩效考核体系；制定印发《龙里县政务公开管理办法》《龙里县政务公开工作规则》《龙里县基层政务公开监督工作制度》等文件，及时公开政务公开监督员数量、人员更换情况。每年制定工作要点，明确目标任务并抓好落实，每年组织开展1次以上政务公开工作培训，不定时督促各镇（街道）和有关部门开展政务公开工作，形成上下联动、职能部门齐抓共管的工作格局。

（二）"一站服务"简化办事流程

根据《国务院办公厅关于印发进一步深化"互联网+政务服务"推进政务服务"一网、一门、一次"改革实施方案的通知》（国办发〔2018〕45号）要求，优化提升政务服务大厅"一站式"功能，完善省、州、县、镇综合性政务大厅集中服务模式，推动将垂直管理部门在本县办理的政务服务事项纳入综合性政务大厅集中办理，推进政府信息公开平台与政务服务平台融合，加快实现前台综合受理、后台分类审批、综合窗口出件，实现企业和群众必须到现场办理的事项"一站办结"。

结合机构改革，新成立的县退役军人事务局、医保局等部门积极进驻政务大厅，设立办事服务窗口。县住房城乡建设局积极做好与原房管局窗口整合，原规划局、国土局窗口整合设立自然资源局窗口；县人力资源社会保障局加强社保局、人事局等二级局审批科室整合；县公安局加强治安大队等内部业务整合进驻；县交通运输局从综合窗口剥离设置为常驻窗口；县市场监管局为优化企业开办业务增加企业银行开户办理窗口，有效推进部门及事项集中进驻合理授权。县委、县政府主要领导多次到县政务中心调研指导，强力推进部门及事项集中进驻。

(三)"一门导引"细化办事指南

针对行政审批和公共服务事项办理指南公开中存在的多头发布、内容不规范、要求不明确等造成群众"跑冤枉路"问题，设计推出统一的办事导引系统，依托政务服务网和微信为群众提供办事导引服务。按照《贵州省行政审批事项办事指南》编制说明及编制实例以及《贵州省行政许可 行政征收 行政给付 行政确认及其他类办事指南编制说明及编制实例》要求，龙里县各部门在贵州政务服务网精准编制发布5339项办事指南①，方便申办人在"不见面"情况下也能快速、清晰地准备材料。办事指南要素包括部门单位、事项名称、权力事项类型、设立依据、申请材料、办理流程、法定时限、承诺时限、收费标准、办理窗口、办理人员等诸多细节，持续对办事指南进行修订优化，取消模糊表述，力求做到让办事对象一目了然。办事指南之外不得增加其他要求；办事条件发生变化的事项，应在完成审批程序后1个工作日内公开变更后的相关信息和具体实施时间。

龙里县在政务大厅安装3台自助查询设备，方便群众自行查询各部门办理事项及办事指南。同时在窗口将办事指南由"一本书"精简为"一张纸"，逐项编制一次性告知书，切实减少群众跑腿次数。如税务窗口创新便民利民新举措，推出二维码办事服务指南，掌握办事流程，保证办事群众"扫"到的办事指南不滞后，推进窗口服务向数字化、便利化提升。县教育局依托县政务网站、微信公众号等平台，进一步完善政府信息公开目录及指南，努力建设公开、透明、高效的政府信息公开主渠道。县卫健局清理并公开卫生健康领域群众和企业办事需要提供的各类证照、证明材料等，可以精简的一律精简。

(四)"一网通办"优化审批事项

龙里县以国家政务平台为枢纽，依托"云上贵州"大数据平台，建立线上一张网，各行业部门主动依托各类信息平台提供便民服务，促进政务服务线上线下全面融合。结合工程建设项目审批制度改革要求，对

---

① 数据来源：贵州政务服务网系统。

政务大厅窗口进行重新规划,将涉及工程建设项目审批的县住房城乡建设局、县自然资源局、县发展改革局等部门窗口集中整合到一个区域,推行工程建设项目一窗受理,不断优化审批流程。税务局窗口实行办理事项"无差别受理"模式,实现"一窗通办",有效减少群众排队等候时间;文化广电旅游局窗口创新建立联合初勘工作机制,一次性组织教育、市监、环保等相关部门执法人员到现场对项目申请作出初勘决定,一次性对许可项目进行联合终审,为项目申办企业大大减少申请办理相关手续时间。不动产窗口加强整合,实行不动产登记、交易、征税"一窗式"服务,2019年6月底将不动产一般登记、抵押登记业务压缩在5个工作日以内,实现查封、异议、变更、预告等登记业务即时办理。市场监管窗口进一步深化企业登记"全程电子化"模式,实现工商登记全程不见面审批,企业足不出户即可办理市场主体的设立、变更、注销。人社窗口推出老来网App,群众在家就可完成生存认证享受社保服务;环保、发改等部门实行网上备案,方便企业进行申报;日常水电气等费用通过多彩宝App,实现随时随地网上缴费;公积金中心推出网上办事大厅、手机App、微信公众号,不断丰富服务渠道。

(五)"一个平台"强化媒体作用

新闻媒体作为党和政府联系群众的桥梁纽带,主要是及时发布信息,解读政策,引领社会舆论。龙里县积极强化政府门户网站信息公开第一平台作用,开设"扶贫工作、环境保护、社会公益、财政信息"等栏目,及时公开脱贫攻坚资金使用、扶贫政策、扶贫项目、社会公益、社会救助等有关信息,主动公开本级财政预决算、"三公"经费预决算、专项资金拨付情况、政府债务情况等。并加快政府信息系统互联互通,推动大数据与民生服务、社会治理深度融合。在门户网站设立"依申请公开"栏目,方便群众办理查阅,严格规范做好依申请公开答复办理工作。针对其他公民、法人或者组织申请获取相关政府信息,认真履行政府信息公开申请受理义务,不断规范依申请公开的受理、审查、处理、答复程序。同时积极发挥微博微信、移动客户端等新媒体的网络传播力和社会影响力,提高宣传引导的针对性和有效性。积极探索建设"媒体+政务""媒体+服务"的综合服务平台。入驻《天眼》

《众望》客户端，创建《新龙里》官方抖音，与微信、报刊、广播、电视、网站等媒体逐步融合，充分发挥移动新媒体优势，重点在速度上下功夫，在服务上有新突破，推动新闻媒体与政务服务融合发展。

（六）"一体联动"深化服务质量

网上政务服务"功夫在线下"。通过线上线下宣传、制度保障等方面持续发力，推进线上线下深度融合发展，形成功能互补、相辅相成的政务服务新模式。

完善功能设施。推动政务大厅升级改造，新建的政务大厅划分窗口服务区、咨询服务区、等候区、自助申报区等区域，部署贵州政务服务网一号管理系统，具备刷脸取号、智能评价等功能，并在大厅入口摆放亲情茶，及时更换便民药箱药品及雨伞，做到服务"暖心"。增设便民服务区、哺乳区、儿童乐园、读书角、休息座椅等便民设施；税务窗口设置离厅式24小时自助办税厅，填补窗口"8小时"以外的服务盲区，实现发票代开等日常业务的自助办理；公安窗口安装办证自助受理照相机，实现免费采集出入境证件电子照片、自助填写办理出入境证件申请表，极大方便群众办事；市监、住建、自然资源等窗口设置自主申报窗口，引导群众在网上申报业务12000余件。[①] 加大推进政务服务向镇级延伸。全力打造龙里县易地扶贫搬迁县级安置点奋进社区综合服务中心政务大厅，规范大厅建设、合理设置窗口、优化事项办理、深化政务公开，为易地扶贫搬迁群众打造更为综合、便利的政务服务平台，并以此为复制推广样板，全面推进镇级示范点政务大厅标准化建设。

强化培训督促。2019年以来，组织50名业务人员赴四川大学举办政务服务专题培训，不断提高政务公开工作人员的综合素质和理论素养。并把政务公开工作纳入窗口部门年度目标绩效管理，推动各部门紧盯考核指标及时间节点要求，强化责任分工，落实考核要求。同时加强对推进落实政务公开重点任务措施的检查力度，及时安排专人对政务公开工作落实情况开展检查，适时通报。

---

① 数据来源：贵州政务服务网系统。

(七)"一库共享"量化精准服务

大数据的一个重要应用是推动县域政治经济发展，致力于打破各部门之间的数据壁垒，促进相关数据的开放共享，使决策更多地依赖精准数据，实现"用数据说话"。在数据与阳光政务并轨的新环境下，政务公开与大数据联通之间的关系变得越来越紧密。在阳光政务常态化和明晰化的背景下，加快大数据发展，深化大数据应用，已成为稳增长、促改革、调结构、惠民生和推动政府政务公开现代化的内在需要和必要选择。紧紧抓住国家新一轮大发展战略机遇，夯实大数据的发展基础，有利于引导龙里县政务体系的高端化、生态化、透明化发展，把大数据联通政务培育成支撑龙里县政治生态发展新的立足点。

近年来，龙里县积极抓住全省大数据发展战略机遇，着力推进龙里县大数据发展战略，大数据产业得到长足发展。推动大数据与民生服务深度融合，不断提高为民便民利民服务水平。一是在全省率先建成民生监督大数据平台。平台分民生政策公示、民生资金公示、民生诉求受理等12个模块，内设30余个功能。通过平台建设和投入运行，实现了民生监督工作数据化、信息化、公开化，织牢民生监督"数据铁笼"。自2013年以来，平台共收录全县45个部门产生的数据832万余条，涉及资金18.28亿余元，提供查询74万余次，收集群众举报投诉、咨询建议311条，平台获批贵州省"数据铁笼"示范项目。[①] 二是在全省率先推出"数字司法"综合性网络平台。结合"三中心合一"建设，着力打造"安全、实用、便民、融合、互通"的一体化"数字司法"信息化平台，将各级法律服务实体平台有机联结起来，形成实体平台和网络平台对接互通、有机融合的服务机制，让群众享受优质高效的法律服务。三是加快政府信息系统互联互通，推动大数据与民生服务、社会治理深度融合。2013年以来，共投入3.23亿元建成龙里智慧警务平台；建立龙里县中小企业大数据服务平台，截至目前，共85家民营规模企业、71个单位（部门）使用平台，用户累计访问量达12061人次，重大工程及重点项目累计更新4131条；41家企业通过平台提出诉求75

---

① 数据来源：2020年3月龙里县民生监督大数据平台。

条，解决 75 条，解决率 100%。①

三　"七个一"模式取得的成效

（一）行政服务更加便民利民

龙里县政务服务中心自 2009 年成立以来，不断推进部门及事项集中进驻，夯实"一站式"服务基础。为推动政务服务标准化建设，新建面积 5000 余平方米的龙里县人民政府政务大厅。按照"应进必进"的原则，已进驻单位 38 家，设置窗口 94 个，窗口工作人员 145 名，进驻审批服务事项 656 项。2019 年以来，政务大厅窗口受理业务 83.09 万件，同比增长 72.23%；办结 82.63 万件，同比增长 71.62%。②

（二）平台建设更加全面精准

龙里县政府门户网站于 2019 年 8 月改版上线后，截至同年 11 月底，共开展县级政策解读 52 期，政务公开栏目按 2019 年政务公开工作要点进行梳理和开设。将互动交流信件功能整合到黔南州政务 110，原网站 2019 年共受理信件 1250 余件，均已全部按期办结，办结率 100%。2019 年共收到申请公开数 18 件，均已按时办结，办结率 100%。根据政务新媒体建设要求，开办"龙里县人民政府网"微信公众号，按要求及时发布信息，2019 年 7 月启用"龙里县人民政府"微博。政府门户网站于 2018 年请第三方公司开发数据开放功能，提供数据接口、下载等功能，目前共收集各类资源 74 个。全县企事业单位加强政务公开工作，定期在龙里县政务门户网站公开部门政策执行情况。2019 年全年度主动公开政府信息 13998 条，县政府门户网站发布关于卫生健康、自然资源、行政执法、招商引资、社会救助等动态信息 7399 条。并组织开展"四级四同"政务服务事项关联试点，各部门按照要求配合做好事项关联，进一步统一事项名称，加快全国一体化政务服务平台建

---

① 数据来源：2017—2020 年 3 月龙里县中小企业大数据服务平台。
② 数据来源：龙里县政务服务中心日常统计。

成，目前关联事项467项。截至目前，县融媒体中心共更新新闻信息17714条，视频新闻1895条、通知公告2628条、便民服务提示902条，促进政府信息公开实现良好的传播效果。①

（三）工作方式更加有效迅速

将政务公开结合服务在线下延展，通过创新实施"企业特派员"工作制度，2013年以来，全县累计选派"企业特派员"227名，为409个重点项目和企业代办项目申报及各类审批手续2670余件，协调解决用地、迁坟、供水、供电、通信等事项5490余件次，协调有关部门解决大小工群纠纷566次，争取项目资金3.03亿元，争取贷款18.39亿元，协助申报各项专利71项②。持续开展全程陪同服务，将值班企业特派员、中心干部作为"服务员"，为全县企业、贫困户、残疾人和老年人提供"一对一、点对点、面对面"个性化服务，累计开展陪同服务5000余次，获得企业和群众赠送感谢信50封、锦旗10面，得到《贵阳晚报》和多彩贵州网等媒体和网站的转载报道③。企业特派员做法得到省领导的充分肯定。

四 下步打算

实现"十三五"时期发展目标，破解发展难题，厚植发展优势，必须牢固树立并切实贯彻创新、协调、绿色、开放、共享的发展新理念，这为完善政务公开体系提供了路径和方向。随着时代的发展，越来越多的人开始关注政务公开，也将对政府的政务公开工作提出新的期望和要求，促进政务公开工作更趋精准、详细、快速、透明。下步，龙里县将坚持创新发展是动力，借助"互联网+"的东风，依靠创新来激发主体的活力与动力，营造良好氛围，引领公开工作的理念、制度、政策的

---

① 数据来源：2015—2020年3月龙里县人民政府门户网站。
② 数据来源：龙里县企业特派员工作周报表主管部门汇总表。
③ 数据来源：龙里县政务服务中心日常统计。

持续更新。

一是继续强化主体作用。龙里县按照党委统一领导、政府主抓、纪检监察机关督促检查的原则,将主动适应新要求,树立新理念,建立健全政府信息公开工作考核制度、社会评议制度和责任追究制度,定期对政府信息公开工作进行考核、评议。把政务公开工作列入重要议事日程,保证公开体系的有序运行。

二是全面做实政务服务。将依靠互联网和现代信息技术,发展有序的在线民主,逐渐建立一套"上下一致、左右平衡、纵向到底、横向到边"的工作机制,把人民群众关心的事情作为政务公开工作的重点,提升政务服务便捷力度。将认真落实《政府信息公开条例》(国务院711号令)以及《优化营商环境条例》(国务院令第722号)等法规文件,优化政务服务,严格完善政府信息公开工作年度报告制度,促进政府工作更加公开透明,接受公众监督。

三是全力提升公开平台。充分发挥政府门户网站信息公开第一平台作用,整合政府网站信息资源,将政府门户网站打造成更加全面的信息公开平台、更加权威的政策发布解读和舆论引导平台、更加及时地回应关切和便民服务平台。以期政务公开工作适应公众信息需求变化,扩大公众参与范围,增进公众对政府工作的认同和支持。

Ⅳ 政务公开平台与保障

贵州省政府网站集约化建设调研报告

李先进　王　红　彭玉新　段细建[*]

摘　要： 集约化是解决政府网站"信息孤岛""数据烟囱"等问题的有效途径。2014年，贵州率先在全国建设了首个省级统筹、面向全省政府网站的统一技术平台，强力推进政府网站集约化建设，取得了明显成效。2018年纳入政府网站集约化试点后，贵州采用"基础平台统一建设、共性应用统一支撑、特色应用整合接入、运维服务自主选择"的省级统建模式，全面推进试点工作。本文介绍了贵州省政府网站集约化建设的背景、做法、成效等内容，对其他地方推进政府网站集约化建设具有一定借鉴意义和参考价值。

关键词： 政府网站；集约化；大数据

贵州作为国家大数据综合试验区，省委省政府高度重视大数据发展应用，搭建了云上贵州系统平台，出台了系列标准规范，推动各级各部门建设了一大批业务系统，为政府网站集约化建设创造了良好条件。2014年，贵州省政府办公厅在全国率先建设省级统筹、面向全省政府网站的统一技术平台，编制了《贵州省电子政务云顶层设计2.0》，发布《政务云政府网站建设规范》和《政务云政府网站数据交换规范》两项地方标准，强力推进政府网站集约化建设，取得了明显成效。2018

---

[*] 李先进，贵州省政府办公厅副主任、党组成员；王红，贵州省政府办公厅电子政务处处长、一级调研员、高级工程师；彭玉新，贵州省政府办公厅电子政务处副处长、二级调研员；段细建，贵州省政府办公厅电子政务处三级主任科员。

年10月,国务院办公厅将贵州纳入政府网站集约化试点,对试点工作提出了新的更高的要求。

一 建设背景

(一)国家政策要求

2014年,《国务院办公厅关于加强政府网站信息内容建设的意见》(国办发〔2014〕57号)明确提出"推进集约化建设",并要求"在确保安全的前提下,各省(区、市)要建设本地区统一的政府网站技术平台"。2017年5月,《国务院办公厅关于印发政府网站发展指引的通知》(国办发〔2017〕47号),首次从国家层面对全国政府网站的建设、管理和发展作出顶层设计、提出规范性要求,其中对政府网站集约化建设提出了明确要求。2018年10月,《国务院办公厅关于印发〈政府网站集约化试点工作方案〉的通知》(国办函〔2018〕71号),将贵州等10个省(自治区、直辖市)和西藏自治区拉萨市作为试点地区。

(二)省里安排部署

2014年,贵州省政府办公厅印发《关于加强政府网站信息内容建设的实施意见》(黔府办发〔2014〕48号),提出"2015年12月底前,由省政府办公厅牵头,建设全省政府网站统一数据和省政府网站群平台"。2015年7月,中国·贵州政府门户网站云平台正式上线运行,比预期提前近5个月。在此基础上,将2016年确定为"应用推广年",强力推进政府网站集约化建设,取得了显著成绩。2018年列入试点后,贵州省制定《贵州省政府网站集约化试点工作实施方案》,全面推进试点工作。

(三)实际工作需要

基层政府网站由于缺乏强有力的支撑保障,弱小散问题比较突出。从历次抽查和日常监测情况来看,影响政府网站整体水平的主要是少数基层部门网站,而推进全省政府网站集约化建设,能在短期内有效解决这些问题，快速提升政府网站建设管理水平。同时，贵州省政务服务、互动交流、行政办公等均使用全省一体化平台，采取省级统建模式推进全省政府网站集约化建设，具有较好基础。此外，2014年以来，贵州省大力发展大数据应用，将大数据作为三大战略行动之一，通过政府网站集约化建设整合全省政府网站技术平台，汇集全省政府网站数据并进行深化分析应用，也是推动大数据发展的具体举措。

二　主要做法

贵州省政府网站集约化采用"基础平台统一建设、共性应用统一支撑、特色应用整合接入、运维服务自主选择"的省级统建模式，建设统一集约化平台，各级各部门共性应用按需配置，个性化应用和服务展现基于统一平台资源按需开发、灵活接入、共建共享、迭代发展，不断增强平台的融合服务能力，构建全省政府网站共建共享共用共赢的良性生态圈，实现全省各级各部门政府网站资源优化融合、平台整合安全、数据互认共享、管理统筹规范、服务便捷高效。

（一）建设集约化平台

贵州省政府网站集约化平台在2014年平台建设等的基础上，进一步完善平台功能，优化平台服务，整合提供统一内容管理、统一政务公开、统一互动交流、统一政务服务、统一智能搜索、统一新媒体管理、统一个性化应用、统一融合服务、统一运维监管等十大共性支撑应用。2019年8月建成并开放测试，2019年10月正式启用。截至2019年12月31日，全省416个政府网站均迁移到了贵州省政府网站集约化平台。全省政府网站总数从2015年普查时的4579个减少到2020年的416个。

（二）编制标准规范

任何一个系统都不可能满足所有需求，必然要与其他系统进行数据交换。平台上数百个网站要与各种各样的系统进行数据交换，这里面既有系统内的数据交换，也有跨系统的数据交换，需要有标准规范。2018

年4月16日，贵州省政府办公厅编制发布《政务云政府网站建设规范》《政务云政府网站数据交换规范》两项地方标准，实现了贵州省政府网站集约化平台与其他政府网站技术平台、云工程之间数据交换共享制度化、规范化。2018年列入试点后，贵州围绕"1+5+N"总体思路①，以《贵州省政府网站管理办法》为统领，从建设、运维、服务、数据、安全等五个方面编制标准规范，同步梳理了大量的使用手册，进一步完善了标准体系。

（三）构建信息资源库

数据汇聚是数据深化分析利用的基础，各地各部门自建政府网站技术平台，数据标准各不相同，制约了政府网站数据共享。贵州省政府网站集约化平台通过构建分类科学、集中规范、共享共用和互为主备、相互融通的统一信息资源库，实现了全省各级各类政府网站信息资源的统一管控和分级应用。截至2020年4月，按照"先入库，后使用"原则，入库数据达800万条。此外，统一信息资源库还提供了数据梳理清洗功能，对入库数据进行清洗，为数据深化应用提供了支撑。

（四）提供一体化服务

贵州政务服务网于2015年5月23日正式运行，2016年底覆盖到了省市县乡村五级，各项功能都比较齐全。对此，贵州提出了"三统两用"（用户统一、界面统一、搜索统一，数据互用、功能共用）的融合思路。截至2020年4月，贵州政务服务网已与贵州省政府网站集约化平台统一了用户体系、用户空间。全省政府网站通过嵌套形式展现贵州政务服务网有关内容，贵州政务服务网相关数据在部分网站可检索。为推动政务信息数据资源向"两微一端"等延伸拓展，借鉴"今日头条"等平台做法，建设全省政府网站统一移动应用平台，为全省各级各类政府网站提供统一移动应用客户端。

---

① 即一个管理办法，五个标准规范，若干使用手册。

（五）强化安全保障

基于云上贵州系统平台，按照等级保护三级测评要求，部署了防篡改、防病毒、防攻击等安全产品，并引入第三方专业安全机构开展 7×24 小时常态化监测，及时处置发现的相关问题。域名规范管理方面，通过完善域名审核机制、优化域名备案流程、实施域名集中解析，实现了统一审核、统一备案、统一解析，有力规范了全省政府网站域名管理，提升了域名备案工作效率，强化了政府网站整体安全防护水平。截至 2019 年底，全省 416 家政府网站全部完成域名集中解析，支持 IPv6 访问。此外，还与网信等部门建立了联动机制，加强信息共享，确保平台安全稳定运行。

三　初步成效

（一）提高了工作效率

以往的政府网站建设，需要承担从硬件采购到设备维护，从软件管理到内容保障等政府网站"建设、管理、应用"全流程业务，不仅内容复杂，而且需耗费大量精力，对建设运维人员要求也比较高。集约化建设后，通过细化分工，让专业的人干专业的事，给各地各部门减轻了以往自建网站而产生的建设、运维负担和安全风险，让大家能够集中精力抓好内容建设。与此同时，贵州省政府网站绩效评估重心也从怎么建向怎么用转变，更加注重引导各地部门为广大网民提供优质的政府网站服务。从 2018 年起，贵州省每年举办政府网站优秀案例评选活动，引领推动全省政府网站创新发展。

（二）深化了功能应用

政府网站集约化建设后，数据统一在一个平台汇聚，通过数据交换平台实现了资源的共享共用，可进行后台推送和抓取，实现了全媒体一键推送，即同一条信息可推送至移动端、微博、微信等政务新媒体。不仅一条信息可分发到微信、微博等平台，还可同时分享到不同的站点及其栏目，不仅减少了重复劳动，还避免了重复编辑过程可能产生的新问题。如抗击新冠肺炎疫情期间，贵州省人民政府门户网站与贵州省卫生健康委员会网站实现了信息资源共享，只要贵州省卫生健康委员会网站相关栏目更新信息，贵州省人民政府门户网站即自动同步，无须二次录入，增强了信息内容的准确性和时效性。此外，基于统一信息资源库，还可从图片、视频等维度动态分类汇聚展现全省政府网站数据，这是传统自建模式难以做到的。

（三）强化了监督管理

以往政府网站的监管，主要针对前端页面，大多是事后监管，往往是问题发生后才能发现。政府网站集约化后，监管工作关口前移，监督管理的内容从前端向后端延伸，及时发现问题并进行处理。比如在处理严重错别字方面，不仅仅加强前端值班读网，集约化后可在后端文档编辑时提前介入检测。对有害信息，必要时可直接查删，提高了问题处理的效率。贵州省政府网站集约化平台不仅强化了政府网站监督管理，还为新媒体管理提供了平台支撑，新媒体往往都在第三方平台开设，相互之间数据分散，难以实现统一管理，贵州省政府网站集约化平台面向采编人员提供新媒体内容管理、新媒体矩阵管理、新媒体运营等业务支持。各地各部门将新媒体接入贵州省政府网站集约化平台后，实现"备案、运营、管理"一网支撑。

（四）得到了广泛认可

贵州省政府网站集约化建设基础好、启动早、推进快、效果好。基于在政府网站集约化建设方面的实践探索和经验积累，贵州参与了《政府网站发展指引》的编制工作，有关做法经验写入了国务院办公厅正式印发的文件。贵州省政府网站集约化建设引起了媒体的广泛关注，《人民日报》《经济日报》《贵州日报》《南方都市报》等进行了报道。国务院办公厅2019年半年度政府网站和政府系统政务新媒体检查情况通报显示，贵州省政府门户网站得分靠前，"政府数据"栏目在通报典型经验中得到肯定。

四 经验启示

其经验启示可归纳如下:

科学的顶层设计是前提。贵州省政府网站集约化建设启动于2014年,在此之前并没有类似的案例借鉴和经验参考,要高标准、高质量推进政府网站集约化建设,顶层设计十分必要。2018年列入试点后,贵州在采取省级统建模式的基础上,按照以统为主、统分结合的原则,提出"1+N"(1个平台+多个运维单位)政府网站集约化模式。"1"指全省政府网站基于统一平台建设,主要是便于数据汇聚和资源利用。"N"指各地各部门可自主选择运维单位,基于统一平台搭建本地区、本部门政府网站,打造政府网站发展良性生态圈。既发挥了集约化的优势,又保护了积极性。

强力的政策措施是关键。开展政府网站集约化建设,特别是实施整体迁移,没有强有力的政策引导,很难取得实质性进展。为加快全省政府网站的集约化建设,贵州省政府办公厅出台了一系列政策,明确了全省政府网站的集约化建设的总目标、时间表、线路图。同时,鼓励南明、息烽等县(市、区)迁移至统一平台,引导六盘水市、黔东南州等整体向平台迁移,通过样板先行、政策引导等方式,加快了全省政府网站集约化建设步伐。

完备的工作机制是保障。推进政府网站集约化建设,需建立完善资金、运维、安全等机制。资金方面,贵州采取省级统筹、分级购买服务的方式进行,技术平台由省级负责,各地各部门自主选择运维单位并承担相应费用。为厘清责任边界,贵州编制"1+5+N"标准规范体系。此外,为确保需求和问题得到及时响应和解决,搭建了运维服务平台,对各地各部门提出的服务需求实行统一受理、自动分办、跟踪处理,确保各地各部门政府网站迁得进、用得好。

五　下步打算

一是做大，继续拓展全省平台。继续推进全省网站集约化建设，鼓励各地区、各部门将部署在互联网端的应用系统整合到门户网站统一集中展示、统一入口。动态开展政府网站梳理清理工作，做到应进全进、应退则退，确保全省政府网站底数清、情况明。打通政府网站集约化平台与其他各云应用、云工程以及单位业务系统的数据壁垒，畅通应用整合、数据共享的渠道，提升平台的覆盖面。

二是做强，不断完善平台功能。加强对集约化平台建设需要、技术路线、系统架构、部署策略、运维机制、安全防护体系等研究，进一步完善"统一电话受理、专人驻场服务、线上适时收集、定期上门巡访"四位一体的运维服务体系，确保相关需求能得到及时响应。与此同时，按照《政府网站发展指引》要求，进一步优化提升集约化平台功能，完善工作机制，构建政府网站集约化建设的良性生态圈。

三是做优，深化数据分析应用。优化完善统一信息资源库功能，提高数据治理水平，提升数据利用能力，着力建设大数据时代背景下的政府网站集约化平台。鼓励各地各部门基于统一信息资源库，创新内容服务方式，提升政府网站服务水平。探索建设统一信息资源库前端平台，引导第三方力量基于统一平台和开放数据开发新的应用。

贵州省政府系统政务新媒体发展报告

李先进　刘文国　杨　雪
金元哲　杜　丹　张　弛[*]

摘　要： 贵州政务新媒体起步早、发展快，在省政府积极推动下，全省政务新媒体健康有序发展。贵州省政府系统政务新媒体正在从单纯的信息发布平台向政民互动、便民服务平台转变。但与此同时，"冷热不均"、管理粗放等问题也不同程度存在。如何适应新形势，提高政务新媒体运维管理水平，充分发挥政务新媒体在推进政务公开、优化政务服务、凝聚社会共识、创新社会治理等领域的积极作用，是贵州政务新媒体下步工作的重点。

关键词： 政务新媒体；社会化运营；矩阵发展

人类的信息传播史，正在因为智能手机的普及和移动互联网的到来而发生翻天覆地的变化。2019年，中国移动电话用户全年净增3525万户，总数达16亿户，移动电话用户普及率达114.4部/百人，比上年年末提高2.2部/百人。全国已有26个省（区、市）的移动电话普及率超过100部/百人。贵州省通信管理局发布的《2019年贵州省互联网发展报告》显示，截至2019年12月，贵州省移动电话用户数为4386.2万户，移动互联网月户均流量超12G。人民网研究院组织编写的移动互联

---

[*] 李先进，贵州省政府办公厅党组成员、副主任；刘文国，贵州省人民政府办公厅政务公开处处长；杨雪，贵州省人民政府办公厅政务公开处副处长；金元哲，贵州省人民政府办公厅政务公开处副处长；杜丹，贵州省人民政府办公厅政务公开处二级调研员；张弛，贵州省人民政府办公厅政务公开处一级主任科员。

网蓝皮书《中国移动互联网发展报告（2019）》指出，"Z世代"（20世纪90年代中期至2000年前出生的人群），正在成长为中国互联网文化消费的主力群体。

近年来，贵州省政务公开和政府信息公开主动拥抱这一时代潮流，通过充分借助微博、微信和客户端等政务新媒体，让政府"好声音"的传播更加广泛、更加便捷、更加精准，揭开了全省政务公开和政府信息公开工作的新篇章。充分总结贵州省政务新媒体近年来建设发展所取得的成绩和当前仍然存在的不足，对于观察新时代政务新媒体在政务公开和政府信息公开中的重要作用，不断提升政务公开和政府信息公开工作水平，不无意义和启迪。

一 贵州政府系统政务新媒体发展概况

政府工作的权威性、严肃性、严谨性，决定了政府在信息传播上，在政务新媒体等新生事物、工具的应用上，天然具有一定滞后性。贵州省虽然地处西部内陆，属于不沿海、不沿江、不沿边的"三不沿"省份，但是在被称为"微博元年"的2010年，在全省GDP总量在全国仍处于靠后水平时，当微博这一中国互联网应用席卷全国之后不久，贵州政务微博的建设应用工作也迅速开启。在经过贵州省政府新闻办公室、原贵州省旅游局等省级部门一段时间的探索后，2012年，贵州省政府办公厅政务微博"黔办之声"正式上线运行，成为全国省级政府办公厅第一家正式上线的政务微博。2013年，在国务院办公厅微信公众号"中国政府网"上线运行不久，贵州省政府办公厅微信公众号"贵州省人民政府网"也正式上线运行，成为全国省级政府办公厅中第一家上线运行的微信公众号。

省级政府办公厅主动当好"带头大哥"，对推动全省政府系统政务新媒体建设从"自发"状态走向"自觉"状态，发挥了关键性的作用。2013年初，按照省领导要求，贵州省政府办公厅先后两次召开政务微博建设工作座谈会，对省直各部门、各单位政务微博开通工作进行安排部署。截至2013年6月，省政府部门、单位政务微博上线单位包括省政府办公厅在内，迅速增加到47家。贵州省发展改革委、省教育厅、省科技厅、省公安厅、省民政厅、省财政厅等省政府部门，均开设了自己的官方微博。各部门的积极作为，掀起了贵州政务新媒体建设的第一轮热潮。

省政府办公厅主动带头，省级政府部门积极"跟进"，使得全省行业、系统、区域政务微博"成建制"开通步伐加快。如在贵州省公安厅的带动下，当年6月，贵州省公安系统政务微博从省公安厅到各市（州）公安局、各县（市、区、特区）公安局全部开通，贵州省卫生健康、市场监管等部门对本系统的政务微博开设，也分别作了部署。市（州）政府中，黔西南州人民政府的政务微博也在当年6月正式上线。

2013年底，贵州省印发《省人民政府办公厅关于进一步加强政府信息公开 回应社会关切 提升政府公信力的实施意见》（黔府办发〔2013〕57号），把政务新媒体的建设正式纳入全省政务公开平台建设，明确提出全省各市、自治州人民政府，贵安新区管委会，各县（市、区、特区）人民政府，省政府各部门、各直属机构均应依托新媒体发布政府信息，并要求尚未开设政务微博、微信的省直部门和市（州）、县（市、区）政府要抓紧开设，并制定和完善相关管理办法，2014年3月底前，实现市（州）政府、与民生相关的省直部门政务微博、微信全覆盖，2014年6月底前，实现县（市、区）政府政务微博、微信全覆盖。这一意见还对贵州省如何建设政务微博发布厅和"微直播"平台作出了安排和部署，要求从2014年起，省政府办公厅要利用政务微博、微信对省政府常务会议等重要会议、全省性重大活动开展"微直播"，各地各部门要充分利用政务微博、微信实时发布各类重要政府信息。这一意见的印发，首次为贵州省政务新媒体的建设提供了充分的政策依据，进一步奠定了贵州省政务新媒体建设发展的基础。

此后，贵州省各级政府、部门对政务新媒体的应用，开始步入"全面开花"阶段，微信、微博、客户端、微信小程序等政务新媒体，在与民生密切相关的部门，得到了比较广泛的应用。截至2018年上半年，全省政府系统共开设各类政务新媒体3976个，其中，政务微博951个，政务微信2728个，移动客户端85个，其他类型的政务新媒体212个。

政务新媒体全方位、广覆盖、多类型,"从无到有"的阶段性工作基本完成,各市(州)政府,各县(市、区、特区)政府,省政府各部门、各直属机构,基本都有了自己的政务新媒体账号。

二 贵州政府系统政务新媒体建设取得的主要成就

微博是基于用户关系的信息分享、传播以及获取的平台,具有信息传递快、保真性强的特点,在创造性解决信息传递点对点问题方面,做出了开创性的贡献。微博留言评论功能,也为网民向政府部门建言献策、反映问题等提供了便捷的渠道。微信程序在为智能终端提供即时通信服务,通过网络快速发送免费语音短信、视频、图片和文字等方面,一定程度上又弥补了微博的不足。客户端、小程序等在便民服务功能的提供上,又具有自己独特的优势。不同类型新媒体的应用,既畅通了公开渠道,也使得信息公开更加绚烂多彩。

(一)及时发布权威信息,让党和政府的"好声音"得到有效传播

发布权威信息,公开政府工作,是政务新媒体的基本功能。贵州省政务新媒体从起步建设阶段到现在,这一功能始终是主要功能。为确保、强化这一功能,贵州省在2016年印发的《中共贵州省委办公厅贵州省人民政府办公厅〈关于全面推进政务公开工作的实施意见〉的通知》中,明确要求各级政府、部门必须加强"两微一端"内容保障,各市(州)政府的政务微博、微信必须保持每个工作日更新,省直部门、县级政府的政务微博、微信必须每周更新不少于2次。在相关政策、文件的推动下,在省级政府、部门的督促下,贵州省政府系统政务新媒体信息发布工作已基本实现常态化,与民生相关的教育、民政等部门,政务微博、微信的更新不仅早已实现日更新目标,日多次更新目标也已经实现。在信息发布数量上,仅"贵州省人民政府网"一个微信公众号,2013年以来发布稿件次数就已经超过3000次,按每次发稿平均4条计算,总发稿量已超过12000条,发稿字数以千万计。与此同

时，各级政府部门的微信公众号在推送文字稿件的同时，还推送了大量反映各地政治、经济、社会、文化发展和生态文明建设的图片，多角度展示了贵州近年来政治、经济、社会、文化发展和生态文明建设的成果。其中仅"贵州省人民政府网"微信公众号，推送的相关照片就超过3万张，贵州省委、省政府主要领导会见、活动、深入基层调研的照片，贵州举办"生态文明贵阳国际论坛"、中国（贵州）国际酒类博览会、中国东盟教育周等重要活动的照片，"贵州省人民政府网"微信公众号都作了大量展示，为省内省外社会各界充分了解贵州、认识贵州发挥了积极作用。据第三方监测，2019年4月，贵州省政府系统政务新媒体，仅9个市（州）政府、88个县（市、区、特区）政府和44个省级政府部门（不含省政府办公厅）141个微信公众号推送的稿件，就达10274条，月阅读总数超过1570万。作为全省政府系统政务新媒体微信公众号"龙头"的贵州省政府办公厅微信公众号"贵州省人民政府网"，月均发稿量基本保持在100条以上，周阅读量基本保持在10万以上。2020年新冠肺炎疫情期间，初步统计，仅从1月21日至4月20日，"贵州省人民政府网"微信公众号累计发布稿件295次，发稿745条，累计阅读数近900万，其中超过10万次阅读量的稿件近10条。另外，"贵州教育发布""贵州市场监管""毕节市人民政府"等账号在信息发布上，还能结合自身工作紧跟热点，综合运用文字、图片、H5、小视频等形式，配上贴切"吸睛"的标题，充分发挥政务新媒体灵活、丰富、好看的特点，在第一时间将群众关心的信息精准"投送"到群众手中，显示出传统门户网站难以比拟的优势。

（二）急群众所急，想群众所想，走好"网上群众路线"

《国务院办公厅关于推进政务新媒体健康有序发展的意见》（国办发〔2018〕123号）明确指出：政务新媒体是移动互联网时代党和政府联系群众、服务群众、凝聚群众的重要渠道，是加快转变政府职能、建设服务型政府的重要手段，是引导网上舆论、构建清朗网络空间的重要阵地，是探索社会治理新模式、提高社会治理能力的重要途径。在智能手机已经基本上人手一部的新时代，走好网上群众路线，政务新媒体无疑是最有效的桥梁和载体。通过政务新媒体加强政民互动，贵州省在近年的政务新媒体建设中，也做了大量积极有效的探索。以省政府办公厅政务新媒体为例，近年来在政民互动方面，就做了以下探索：

其一是对网民反映的热点问题，及时转请相关地方政府和部门关注处理，推动了相关工作的开展。如 2013 年初，有网民反映，称贵州省高速公路路牌标识不清，"高速公路上还需问路"，收到这一留言后，省政府办公厅将这一情况转请贵州省交通运输厅关注。贵州省交通运输厅接函后，立即责成贵州高速公路开发总公司针对相应情况进行现场调查，发现网民反映情况属实，从贵州省贵阳市出发前往贵州省榕江县，虽然 G75、G60 两条高速公路都可到达，但通行距离两者之间相差52.32 公里。贵州省高速公路标识牌在设置上，虽然是按照《公路交通标志和标线设置规范》等进行设置的，符合道路使用需求，但因贵州地形特点，再加上近年公路建设发展，全省境内的路网纵横交错，会出现同一个地方有几条高速公路都经过的情况，使得少数地段在标识牌的显示上出现一些模糊的情况。针对这一情况，贵州省交通运输厅安排对全省高速公路进行排查，对发现的类似情况进行了纠正。这一情况反馈给网民后，得到了网民的认可。

其二是对网民反映的一些问题及时做了调查，避免了政务舆情的发生。如 2013 年 3 月，有网民通过微博反映，称海外中国教育基金会（OCEF）在贵州省织金县资助的两所民办学校被勒令关闭，造成部分孩子上学难。省政府办公厅将这一情况转请贵州省教育厅关注后，贵州省教育厅高度重视，立即责成厅民办教育处及时调查了解。经查，织金县关闭的这两所民办小学，被关闭前均未获得办学许可证，教师均无教师资格证，校舍均达不到基本办学要求，且存在无法消除或短时间内无法消除的安全隐患。为此，当地教育部门不得不对这两所学校进行了取缔。但在取缔前，为保证两校学生就近入学，织金县城关镇专门制定了学生分流方案并在织金电视台宣传，让学生家长及时将学生送到就近学校入学。同时，当年春季学期开学初，织金县教育局和城关镇人民政府、城关镇教育管理中心还特事特办，明确专人负责，按照学生（家长）自愿、就近和学校可容纳原则，全面统筹安排解决两学校学生入学问题，两所小学取缔前在校的 445 名学生全部分流到了织金四小、织金二小等小学就近入学。这些情况通过微博私信反馈给反映的网民后，反映的网民表示理解，事件未进一步发酵，未引发重大政务舆情。

其三是对网民关切的一些热点问题进行公开回应，提升了政府工作的透明度和影响力。如 2019 年初，有网民通过微博等新媒体发布信息，称贵州省各地酒席泛滥，严重打乱了百姓生活秩序，众多百姓上书政府，为此，贵州省政府近日下发"紧急整治通知"，开始对城乡居民操办酒席的行为进行规范。发布这一信息的网民，还配发了图片。但实际上，这一所谓"紧急整治通知"系伪造，贵州省人民政府从未下发过此类通知，此"紧急整治通知"中"对乱办酒席者和参与者"一经有人举报，将"坚决取消他（她）们的各种国家给予的优惠政策"等说法，也完全不属实。针对网民所发布信息中的相关内容，贵州省政府办公厅官方微博"黔办之声"和微信"贵州省人民政府网"迅速组织回应，明确表示这一文件纯属谣言，并组织新闻媒体跟进报道，不仅赢得了公众的信任，也使得原发帖者主动对自己所发内容进行了删除。

（三）让数据"多跑腿"，群众"少跑路"，办事更省心

突出民生事项，是国务院办公厅对于健康有序推进政务新媒体发展的基本要求。为抓好这一要求的落实，贵州省不仅在相关文件中，要求各地各部门强化政务新媒体办事服务功能，围绕利企便民，着力做好办事入口的汇聚整合和优化，统筹推进政务新媒体、政府网站、实体政务大厅的线上线下联通、数据互联共享，简化操作环节，为公众提供优质便捷的办事指引和多元化的办事渠道，还规定 2019 年 12 月底前，各地各部门都要梳理与群众生产生活密切相关的民生事项，制定本地本部门"掌上办"服务事项清单，同步在贵州政务服务网和本地本部门门户网站公开，实行动态调整更新。另外，贵州省还要求各地各部门的政务新媒体要注重创新服务模式，把握不同形态政务新媒体分众化、差异化的特点，通过建设完善微信小程序、提供办事平台的移动端适配版等办法，扩大服务受众，提升服务效果。经过一年多努力，目前贵州省教育厅的"贵州高考信息平台"微信小程序、贵州省公安厅的"贵州公安"政务服务 App、贵州省司法厅的"在线法律咨询服务"、贵州省卫生健康委的"预约挂号""生育登记"、贵州省人力资源和社会保障厅的"就业创业"、贵州省住房城乡建设厅的"公积金查询"、贵州省文化和旅游厅"一码游贵州"微信小程序等便民服务平台和事项等，已陆续推出或上线。其中贵州省公安厅交通管理局开设的"贵州交警"App，集成了交通违法处理、机动车违法交款、车辆年审预约等功能，群众不必到办事窗口也能办理相关业务，受到了众多车辆驾驶人员的欢迎。贵阳市公安局微信公众号"贵阳公安"下设三个子菜单"警务公开""服务大厅""一键报警"，在"警务公开"栏目，用户可以查询到户政业务办理指南、治安业务办理指南、出入境办理指南，还可以通过登录关联嵌入的"贵阳公安为民网"查询与自身相关的某个案件办理进度；在"服务大厅"栏目，用户可以快捷进行身份证进度办理查询等。此外，"贵阳公安"微信公众号还嵌入"一键报警"小程序，可以进行视频报警、图文报警、直拨110以及静音报警，为当地市民在遇到危险紧急情况时发出求救信息提供了便捷通道。

（四）拓展了政务公开的新渠道

政务新媒体的建设，客观上对贵州省政务公开平台的建设发挥了促进作用，丰富了贵州政务公开的渠道。如贵州省政府办公厅政务微博"黔办之声"，从2013年9月中旬起开始对省政府常务会议进行"微直播"，到2020年初，累计已直播省政府常务会议130余次。通过微博直播形式对省级政府常务会议相关信息进行公开，"黔办之声"在全国省级政府中仍是独此一家，7年多的实践表明，通过政务新媒体加大重要会议公开力度，是切实可行的，也容易得到群众认可。

（五）监管上形成了比较完善的制度，积累了一定经验

贵州政务新媒体建设之初，基本呈"放养"状态，审核把关不严引发网络舆情，或者长期不更新成为"僵尸""睡眠"账号等情况时有发生。国务院办公厅相关文件明确"地方各级人民政府办公厅（室）是本地区政务新媒体工作的主管部门"后，贵州省政府办公厅在与省委宣传部、省委网信办密切配合的基础上，不仅出台相关文件，要求"各地各部门要对主办的政务新媒体建立内容发布审核制度，坚持分级分类审核、先审后发，明确审核主体，严把政治关、法律关、政策关、保密关、文字关"，同时，还将省级部门、单位的政务新媒体建设纳入省直

机关政务公开专项目标考核,让考核的指挥棒充分发挥引导作用。除此之外,贵州省政府办公厅自2019年上半年起,还采取社会化购买服务的方式,委托第三方机构对照《国务院办公厅秘书局关于印发政府网站与政务新媒体检查指标、监管工作年度考核指标的通知》等指标要求,对省政府部门、市州政府、区县政府开设的政务新媒体进行监测,按月对监测发现的问题梳理总结,形成《贵州省政府系统政务新媒体运行监测报告》,印发各地各部门,要求各地各部门"有则改之,无则加勉"。监测结果显示,2020年第一季度,贵州省政府系统政务微博总体合格率94.77%,政务微信总体合格率98.76%。

三 贵州省政府系统政务新媒体建设面临的困难和存在的问题

贵州省政务新媒体经过近10年的建设和发展,目前全省政务微矩阵已初步形成。作为移动互联网时代政务公开的新平台,贵州省政务新媒体的建设和发展,在全国各省(区、市)中初步蹚出一条新路,为贵州省继续全面推进政务公开工作奠定了比较坚实的基础。但客观看,贵州省政务新媒体的建设运行,也还存在以下问题和不足:

一是信息发布的贴近性、及时性和丰富性还有较大提升空间。从发稿数量上看,贵州省各级政府、部门的政务新媒体目前发稿总数并不少,但是从内容的贴近性、趣味性、丰富性等方面审视,政务新媒体作为直接与群众"对接"的平台,贵州政务新媒体稿件的"亲民性"仍存在较大提升空间。无论是省级政府部门还是市(州)政府、县级政府的政务微博、微信,所发布信息大都还处在"粗加工"阶段,转载新闻媒体的信息,往往也是直接"搬运",简单复制粘贴,没有针对受众阅读特点,精心进行二次加工,最终使得稿件的可读性不足,难以吸附更多年轻受众。另外,还有部分政务新媒体账号长期用"标题+链接"形式发布信息,需要点击链接才能跳转到正文内容,不符合新媒体时代读者的阅读习惯;还有个别账号将未经格式转换的网页直接复制粘贴到微信推文中,出现乱码和排版错位。

二是政民互动还不够充分、及时。与网民的充分、及时互动，是政务新媒体区别于政府网站的一个显著特点，通过互动，不仅政府部门能充分听取群众心声，有利于改进工作，也能够不断赢得网民的信任、理解和支持，提高平台的权威性。但是由于多方面原因，目前贵州政府部门开设的政务新媒体，在主动加强与网民互动上，都还没有形成强大声势。从媒体的宣传报道来看，政府部门与网民的互动，实际上新闻媒体也非常关注，只要有比较重要的内容，媒体都会跟进报道，如贵阳地铁三号线中铁建国际城小区车站建设，政府对部分小区业主反映的问题作出回应后，《贵阳日报》等媒体即跟进报道。但总体上看，类似的政民互动还不多。

三是便民服务事项偏少，真正"掌上可办"的事项还不够多，部分事项的设置也还不够便民甚至不能用。国务院办公厅相关文件印发后，贵州省虽然加大了政务新媒体民生事项的力度，但目前全省政务新媒体真正可以"掌上办"的事项，仍显得过少，相当部分省级部门目前还是空白。另外，个别部门推出的便民服务事项，也不够"便民"。如"贵人服务"微信小程序提供的"黔路行"服务，实际上已停用，但仍然占据小程序热点服务突出位置；提供的"出生医学证明查询"功能，将出生证编码设置为唯一查询条件，由于出生证编码位数较多且在日常生活中使用频率低，大部分人难以准确记忆，用户多半是由于遗失了出生医学证明才使用该功能查询相关信息，如此设置查询条件，使得这部分用户无法完成查询。

四是缺乏专人维护，账号冷热不均。政务新媒体社会化运营方面，近年来贵州省交通运输厅等部门作了积极探索，但迄今为止，仍未找到一条完全适合的路。绝大部分单位开设的政务新媒体，仍然是本单位相关处室、单位的同志兼职运维。人手少，加上专业人手匮乏，使得领导重视、有人维护的部门开设的政务新媒体，不仅发稿及时，时不时还有不少独家信息发布，吸引网民甚至新闻媒体广泛关注，而领导重视不够、基本没有人维护的部门开设的政务新媒体，完成最基本的信息更新任务都显得吃力，发布的稿件阅读人数也只有几十人甚至几人。

五是宣传推广力度不够。由于开设以后没有进行有效的宣传推介，贵州省政务新媒体用户数偏少的问题也比较突出，据第三方监测，截至

2020年2月，贵州省纳入监测的132个政府部门政务微博账号，粉丝数量超过1万的仅有29个，占比22%；粉丝数量不足1000的账号共86个，占比66%。关注人数过少，"政府好声音"的传播效果被"打折扣"。

四　下步工作展望

全国各省区市政务新媒体建设方兴未艾，贵州省也不例外。为持续推进全省政务新媒体健康有序发展，贵州省在政务新媒体的建设上，正在着手加强以下工作：

一是加强政务新媒体权威信息的发布。尤其是，将政务新媒体作为突发公共事件信息发布和政务舆情回应引导的重要平台，及时发布权威信息，澄清事实，让各种谣言丧失传播空间。同时，结合工作实际，尝试将深入推进决策公开、执行公开、管理公开、服务公开、结果公开的相关信息，财政预决算、公共资源配置、重大建设项目批准和实施、社会公益事业建设等重点领域公开的信息，通过政务新媒体同步公开，并通过运用视频、直播、图解、数说、问答等公众喜闻乐见的呈现方式，进一步增强公众对政府重大政策、决策等的理解和接受。

二是加强政务新媒体的管理。政务新媒体开设的平台多，账号多，有多少在正常运维，多少呈"睡眠状态"，往往难以统计缺乏底数。为解决这一问题，贵州省结合政府网站集约化试点建设，目前正在开发全省统一的政务新媒体管理及备案平台。这一平台开发完毕后，不仅可以做到对全省政务新媒体实际开设运营情况心里有数，而且各政务新媒体所发布的信息，还能集中到一个池子里，实现信息共享。另外，这一系统开发完毕后，还能及时提醒开设多个账号又无力运维的单位，进行关、停、并、转。

三是加强政务新媒体的政民互动和网上办事功能。政民互动方面，主要是引导各地各部门分别制定自己的政民互动办法，让政务新媒体的政民互动"有法可依"，规范高效，对网民疑问等能及时解答，对群众关切的问题能及时回应；网上办事方面，主要是加强与相关部门单位的对接，充分用好贵州"一网通办"工作成果，让贵州网上能办的事，通过政务新媒体，"掌上"也能办。

四是加强政务新媒体管理人员的培训和管理人员之间的交流沟通。政务新媒体的联动，核心是管理人员之间的联动，政务新媒体管理水平的高低，也与管理人员的水平高低直接相关。目前，贵州政务新媒体省级管理部门正在谋划通过专题培训班、座谈会等形式，让各部门、各单位的政务新媒体管理员真正动起来，最终让全省政务新媒体矩阵"动"起来，实现各新媒体之间资源的最大限度优化共享。

五是加强政务新媒体的社会化运营。造成贵州省政务新媒体社会化运营水平不高的原因，其一是政府系统政务新媒体推送的稿件普遍政策性强，选题策划、信息审核把关等工作难以完全委托给社会机构承担；其二是政务新媒体委托给社会机构运营后，政府部门与网民之间的互动和舆情处置等工作，难以及时有效开展；其三是贵州省政府部门开设的政务新媒体普遍缺少专项经费支持，有经费支持的，每年的费用多数也在10万元以下，对社会机构缺乏充分的吸引力。在充分考虑到行政机关政务新媒体特殊性的同时，贵州省在进一步探索通过部分采购社会服务等方式，用好社会力量，加强政务新媒体的运维管理。

六是加强政务新媒体精品账号的集中打造。贵州省推进政务新媒体健康有序发展的实施意见要求，与民生密切相关的教育、公安、民政、司法、人力资源和社会保障、生态环境、住房城乡建设、交通运输、文化和旅游、卫生健康、应急、医保、扶贫、大数据等省政府部门和直属机构，应带头加快政务新媒体建设步伐，尽快打造一批群众认可的优质精品账号及应用。总体上看，在这一实施意见推动下，贵州政务新媒体的精品账号打造已取得一批初步成果。但也应看到，在传播政府"好声音"、主动回应社会关切、充分提供便民利民服务方面，都已得到群众充分认可的精品账号，仍然屈指可数。对此，贵州省正在通过精心策划线上线下活动，提高群众对政务新媒体的关注度和知晓率，让一批精品政务新媒体账号成为利企便民、亮点纷呈、人民满意的"指尖上的网上政府"的目标早日实现。

贵州省能源局门户网站建设调研报告

万　键　魏天浩　李明心[*]

摘　要：政府门户网站作为政务公开的主渠道，具有十分重要的作用。报告以能源局为样本，对门户网站制度管理、内容建设的经验做法予以梳理，对门户网站建设普遍存在的友好性、便捷性等方面的问题予以研讨，从人才队伍、安全管理、改进体验、扩大影响力等方面提出了对策建议。

关键词：政府网站；网站建设；政务公开

一　背景与政策依据

政府门户网站是政府与社会沟通交流的重要平台，是政府利用现代信息技术和手段向社会公众提供各项服务的窗口，同时也是接受社会反馈的重要途径，是实现政府职能网络化管理和线上服务的媒介。

在中央、省、地方各级政府的强力推动下，各地政府门户网站建设工作取得了长足进步，但仍存在诸多问题亟待解决。诸如：政府门户网站的建设及运维水平在地域上分布极其不平衡，在东部经济相对较为发达的地区，政府门户网站建设和管理的水平显著优于西部经济欠发达地区。特别是，西部地区在线服务体验水平较低，管理体制机制尚不完善，运行和维护水平整体偏低，甚至部分政府门户网站仍存在职责定位

---

[*] 万键、魏天浩、李明心，均为贵州省能源局干部。

不明确、内容设置不合理、日常运行基本无人管理、网站存在被恶意攻击现象,这些问题极大制约了政府门户网站的发展进步。

为此,国务院办公厅于2017年印发了《政府网站发展指引》,对全国政府网站的建设发展作出明确规范。要求到2020年,将政府网站打造成更加全面的政务公开平台、更加权威的政策发布解读和舆论引导平台、更加及时的回应关切和便民服务平台,建设整体联动、高效惠民的网上政府;并明确规定政府网站功能主要包括信息发布、解读回应和互动交流,政府门户网站和具有对外服务职能的部门网站还要提供办事服务功能。同时还指出,集约化是解决政府网站"信息孤岛""数据烟囱"等问题的有效途径,明确了政府网站个性化服务、开放式架构、大数据支撑、多渠道拓展等创新发展方向。

《政府信息公开条例》要求政府部门要做到坚持公开为常态,不公开为例外,明确政府信息公开的范围,不断扩大主动公开。并要求完善依申请公开程序,切实保障申请人及相关各方的合法权益,并对少数申请人不当行使申请权,影响政府信息公开工作正常开展的行为作出必要规范。还强化便民服务要求,通过加强信息化手段的运用提高政府信息公开实效,切实发挥政府信息对人民群众生产、生活和经济社会活动的服务作用。而政府门户网站作为政府信息主要的电子信息传播渠道,其对政务公开效果的作用极为关键,加强政府门户网站建设也就势在必行。

随着大数据时代的来临,人们的工作生活越来越依赖于电子信息的传播,收集获取人民的所愿所求,与网民互动、引导舆论、跟踪网络态势也成为政府门户网站必须承担的重任,因此上至中央政府、下至省政府均发布了一系列促进网站建设的通知文件,强调建设透明开放、紧跟时代的政府门户网站,以倾听网络民意,认真服务各级人民群众,实现建设透明政府的目的和要求。

二 建设门户网站的现实意义

(一)政府职能转变的有效途径

随着国家治理体系和政府运行模式的改革进程加快,创建服务型政府是政府机构深化改革的方向。为适应政府职能转变，完善政府门户网站是服务社会公民及相关社会组织群体的有效途径。通过门户网站平台进行信息发布，同时在此平台上构建以公众为基础的在线服务及互动反馈模块，为社会群体（包括公民及企业、社会组织）提供方便、快捷、高效、优质的综合性信息化的服务平台，构建高效优质的服务型政府门户网站是深化政府体制机制改革的关键环节之一。

（二）提高行政效率的迫切需要

政府门户网站将极大提高政府公共服务的效率，是新时期地方政府依法行政和提高政府透明度的必然举措，政府门户网站是地方政府整体框架中不可或缺的关键性环节。完善政府信息公开目录机制，推广门户网站前台咨询后台运转的网上服务形式，完善网上服务目录体系的构建，真正提高网上服务的品质，大力维护政府与人民互动的制度化，逐步加强政府信息公开目录机制的构建和体系优化，逐步加强前台咨询、后台运转及维护设计的政务流转及互动框架，逐步提升政府网上服务的用户体验，提高政府行政效率。

（三）保障公众知情权与参与权

政府门户网站是保障公众参与政府活动的重要途径，是政府工作更加高效、透明、便捷、及时、科学、合理地运行的基础，是政府能够更好、更全面、更深层次地为人民服务，同时推动公民、社会组织对相关行政行为的知情权和参与权的实现。

（四）确保权力的合理合法使用

政府门户网站作为信息公开平台，保障信息易获取且透明，所有政府活动受到广大人民群众及相关社会组织的监督。由此，腐败在社会灯光下没有藏身之处，一定程度上杜绝了暗箱操作的空间；公众参与行政政策制定并进行监督，有利于增强政府行政管理的合法性。

（五）促进经济和社会持续发展

政府门户网站可以有效整合政府信息和政务服务资源，更好地为社会服务，将公开的政府信息与互联网联系起来将极大地方便政府和公众随时查询和使用相关信息，进一步推进当地经济、社会和文化发展。此外，政府门户网站的建设是促进市场经济和社会稳定可持续发展的重要关键性平台工具，使得各类行政审批透明高效，为企业发展创造良好的市场环境。

三　经验做法

门户网站开通以来，贵州省能源局坚持以公开透明、公平公正为主线，以服务中心、方便群众为立足点，不断完善政府信息公开平台建设，积极推进门户网站建设工作。省能源局将门户网站作为政务公开的第一平台，按照"公开为常态，不公开为例外"的要求，在局网站政务公开栏公布了信息公开指南、信息公开目录和非公开信息目录，定期发布各类年度报告。

（一）加强网站组织管理

1. 健全完善制度规范

根据省能源局职能变化及时修改完善了政府信息公开制度，重新修订《贵州省能源局信息公开指南》及《政府信息公开目录》，进一步规范信息公开的程序、内容。制定了《贵州省能源局信息宣传工作制度》《贵州省能源局信息公开保密审查制度》《贵州省能源局网站暂行管理办法》《贵州省能源局政府信息公开责任追究制度》《贵州省能源局信息报送督查工作制度》《省能源局互联网网站信息发布保密审查表》等制度，进一步规范了信息公开的宣传、保密审查和责任追究。

2. 进一步明确职责分工

省能源局制定的《贵州省能源局信息报送督查工作制度》将网站信息发布情况列入了局二级考核目标，明确各处室的职责分工，对提高各处室信息公开的积极性起到较大激励作用，既保障了网站内容的及时维护，又便于公众及时获取各类信息，网站访问量快速提升。

(二) 加强网站内容建设

1. 发布能源行业重要文件和资料，方便企业和群众查阅

门户网站设置"局内文件"专栏，发布了2010年以来省能源局有关文件信息662条[①]，其中：主动公开的规范性文件32条。并建立"政策规章"专栏，发布能源行业的各类政策信息295条。同时，门户网站"公共服务"栏目上专门建立了"兼并重组会议纪要"，将2015年以来的所有的《省煤矿企业兼并重组工作领导小组办公室会议纪要》158条和《省煤炭工业淘汰落后产能 加快转型升级工作领导小组办公室会议纪要》30条信息放入该栏目集中公开，方便公众及时查阅。

2. 公布权力清单、责任清单和办事项目，方便企业和群众办事

门户网站设置"权力清单和责任清单"栏目，及时在网站上发布局权力清单和责任清单情况，及时公布《贵州省能源局权力清单和责任清单目录》，根据省政府权责清单2019年版，权责事项由35项增加到76项。制定规范性文件时，通过在局门户网站广泛征求意见建议，并将局内已发、清理规范文件的情况向社会公布。同时，实现了局网站在线服务栏目与省政府网上政务大厅数据同源，方便了企业和群众在网上直接查询和办事。

3. 公开财政及"三公"经费预算、决算，接受企业和群众监督

门户网站及时公开了年度财政预算及"三公"经费预算情况和年度财政决算及"三公"经费决算情况。

4. 公开建议提案办理结果，服务企业和群众

门户网站设置"建议提案"专栏，从2015年开始截至2019年底，将省能源局主办的48件建议提案答复情况全部在网站上公开。

5. 发布重要政策解读信息，积极引导舆论

门户网站政策解读栏目不定期发布社会比较关注的相关政策解读性信息，及时有效开展舆论引导，截至2019年底，共发布政策解读性信息96条，内容涉及煤炭、电力、新能源、油气等方面。

---

① 网站数据均来源于贵州省能源局门户网站各栏目数据。

6. 发布"双随机一公开"执法检查情况，保证权力在阳光下运行

按照原省政府法制办的要求，在门户网站设置"依法行政"专栏，及时将省能源局开展的"双随机一公开"执法检查情况在网站上发布，方便相关地方、企业和群众知悉和查询。并将"双随机一公开""企业信用查询""双公示系统"链接放在网站首页，方便公众查询和阅知相关工作情况。

7. 及时解答各类问题，认真回应企业、群众关切

在门户网站公众参与栏目，答复企业、群众关心的热点问题，截至2019年底，共接收和回答了241条信件，主要涉及煤矿兼并重组、能源行业职称评定和能源项目等方面的内容。[①] 对于省能源局职责范围以外的咨询，也均通过电话告知咨询人。同时，通过及时将煤矿主体兼并重组相关情况进行公示，使得各煤矿利益方能及时获知相关变动信息，对一些存在问题的煤矿及时停止办理相关手续，避免了问题矛盾进一步扩大。截至2019年底，共发布煤矿主体兼并重组公示416次，接到并处理公示异议58次。[②]

8. 助力法治政府建设，发布相关工作情况，让企业和群众关注能源行业发展

为助力法治政府建设，门户网站及时发布各类法治工作信息，建立"网上征集"栏目，局内重大政策均征求各方意见，截至2019年底共计发布相关信息118期，局内重要文件征求意见15次。此外，还建立了"能源改革"等栏目，及时发布煤炭去产能、电力改革和油气改革方面的信息，以便能源行业企业、群众了解改革信息和煤矿兼并重组的情况。

四 存在困难和问题

通过门户网站加大政务公开力度，解决了企业、群众对政府工作不

---

① 数据来源于门户网站维护后台。
② 数据来源于局公文处理系统收文处理情况。

了解、信息不对称的情况，对构建透明政府大有裨益，但在网站建设维护过程中，也存在一些亟待解决的困难和问题，主要有以下方面。

（一）栏目设置不合理，查找使用不够便利

从网站建设情况来看，网站栏目设置缺乏合理性，各项功能发展存在很大的不平衡性。首先，政府网站因栏目设置需同时满足网站考核和政务公开要求，导致栏目设计因分类的不同而出现交叉、重叠，相同信息又可能因分类的不同而重复放置在网站上，需要科学合理统筹。其次，部门利用门户网站在做网上调查和征求意见的同时，未能及时反馈相应的处理意见，同时未构建激励措施体系，民众的积极性并不高。最后，在网上办事搜索方面，网站系统归类的模式单一，民众查找不方便，访问者查找时间成本大。整体上看，虽然政府门户网站互动沟通和信息采集工作已经取得了长足的进步，但这些短板仍需继续补齐。

（二）网站内容不实用，公众使用率低

从内容上看，门户网站上的新闻、动态类信息明显多于政府履职产生的信息，公众需要了解到的政府信息较缺乏，"公众监督"和"政策参与"常被忽视。另外，政府门户网站开放性程度也较低，网站的外部接口只是一个简单的网页链接，网站并没将外部网络和外部信息囊括在一起。

（三）网站安全系数低，可靠性不够

政府网站投入使用的过程中，随时面临着来自各种渠道的网络攻击。政府网站的运行安全系数仍较低，防线相对脆弱，容易被不法分子入侵。网络受到攻击，威胁政府门户网站系统，直接影响政府形象，进而影响公民网上事务的办理。

（四）相关部门线上协同办公效果差

政府门户网站互动能力有较大提高，政民互动、行政审批在线处理栏目建设相对完善，但在线访谈栏目难以实现市民与政府的双向互动、"一站式"服务体系建设尚需加快步伐，高效的双向互动和成熟的运行

机制还有很长的路要走。

五 未来展望

(一) 强化人才队伍建设，塑造以人为本的设计理念

目前地方政府网站建设人才奇缺，远不能满足政府信息公开的实际需要。因此，需要通过人才引进、队伍素质提升等手段，提高相关工作人员的工作能力和工作水平，逐步构建分配均匀、人才层次搭配合理的一流人才队伍。同时，在网站设计中要体现以人为本的理念，根据"网站验收，后台办公，网站反馈"模式，按照"一站式"使用要求，方便用户使用和查询，这样可以大大提高工作效率，缩短审批时间，为建设服务型政府、绩效型政府和阳光政府贡献力量。

(二) 发挥网络优势，加强网站内容与功能建设

随着社会的不断进步，公众的民主意识和政治参与意愿将继续提高，加强政府门户网站与公民之间的互动是极具现实意义的。实现与公众的互动沟通，关键环节就在于构建互动沟通机制。作为政府门户网站，要积极建好领导投诉信箱、公共监督信箱等基础性工作来及时获取民众意见，并建立一套健全的在线处理和及时反馈工作机制。要大力组织网上调查、网上听证，搜集网络评论，政府重大决策和与公共利益密切相关的事项都必须征求公众意见和相关建议，及时分析整理意见后作出相应的解释反馈。要定期开展网上访谈等节目，对相关政策法规进行解读，向社会公众解释和说明政府工作近期方向和战略部署，保障公众对政府具体行政行为的知情权和参与权。

(三) 完善门户网站安全管理机制，建立健全法制体系

安全稳定是政府门户网站建设的前提，为了保证信息和系统安全，保证网络政务的正常有效运行，政府门户网站要建立有效稳定可持续的安全防御体系架构并实时更新优化，网站在建设及运营过程中要时刻遵循"安全战略"原则，构建经济、安全、开放、实用的政府门户网站。

要完善政府门户网站法律法规和标准体系，从网站内容的规范性、网上服务顶层设计、信息接收和反馈机制、信息存储、网站运行维护管理等方面建立健全相应制度标准体系，确保做到有章可循且长期有效。

（四）提高使用体验，扩大政府门户网站的社会影响力

政府门户网站能否满足公众对相关信息及服务的要求是衡量政府门户网站效益的关键性环节。政府网站的建设要坚持服务老百姓的理念，突出服务功能，要在内容、资源和服务上贴近受众，加速整合和细化相关部门的各类信息，针对工作的重点方向、重点内容和重点战略，结合新时期公众较为关注的热点设置专栏，通过有层次有重点地推送相关信息，提高受众使用体验，扩大政府门户网站的社会影响力，为公众提供优质服务，树立政府网站的正面形象。

（五）妥善处理信息源和部门的关系，构建统一政府网站群

政府门户网站不仅要处理各种信息、确保各个政府部门协调，还要为公众提供信息公开、在线服务和公众参与，建立政府与公众之间的沟通及反馈渠道。同时，为了实现信息流链条完整通畅且正负反馈调节顺畅，政府门户网站也要及时向各相关部门反馈输出信息。为此，政府门户网站群应采用统一的顶层设计，建立在统一平台上，真正实现各部门相关信息的相互依存和相互统一，打通部门沟通交流渠道，完善长效联动机制。

优化管理打造黔南政务公开新样板

黄　青[*]

摘　要：政务公开作为现代行政的一项基本制度，是建设透明、阳光、服务、法治政府的重要基础，本身具有很强的开放性、平等性、信息化特点。为全面推进政务公开工作，有必要搭建智能化、便民化的政务公开平台，优化组织管理方式，积极探索科学路径，形成法治化、常态化的公开环境。黔南州为把政务公开工作做深做实做透，多措并举，打造了政务公开的新样板。

关键词：智能化；政务平台；优化管理

互联网的快速发展使新兴信息技术日新月异，既拓宽了社会公众获取信息的方式，更拓展了政府治理范畴。在新媒体日益改变舆论格局的背景下，深入推进政务公开，从完善政务公开制度入手，让政务运行和政务监督贯穿政务公开全过程，拓展政务公开范围、规范政务公开内容和形式、强化公开和监督机制是提高政府社会治理能力的现实需要。

"天下大事，必作于细。"为提高政府公信力，提升政府及其工作部门依法办事、按程序履行职责水平，规范服务意识，黔南州搭建智能化平台，不断优化政务公开管理事项，完善各项政务公开制度，让政务公开在阳光下不断前行，努力开创政务工作的新样板，从而真正做到走进民心、顺应民意，有效实现政府职能的转变。

---

[*] 黄青，黔南州人民政府经济发展研究中心综合调研科科长。

一 黔南州政务公开背景

黔南布依族苗族自治州成立于1956年,位于贵州省中南部,是国家"一带一路"和大西南地区连接华南、连接珠三角的重要节点,既是贵州的南大门,又是贵州南下出海的最近通道。黔南州下辖12个县(市)和都匀经济开发区,国土面积2.62万平方公里,总人口426.65万人,其中少数民族人口占总人口的59.8%。

在贵州省委、省政府坚强领导下,黔南州坚定不移地以"守底线、走新路、奔小康"为总纲,以"强创新、占高地、作示范"为主题,深学笃用五大新发展理念,深入实施工业强州、城镇化带动和一圈两翼"三大主战略",大力实施大扶贫、大数据、大健康、大旅游、大物流、大文化"六大战略行动"和农业"185"、生态环境、改革开放、创业创新、基础设施、民生福祉"六大提升工程",抢占区域开放合作、产业转型升级、城乡统筹改革、生态文明建设"四个制高点",为打造民族地区创新发展先行示范区而奋斗。

为贯彻落实中央和省里各项要求,结合当地实际情况,黔南州政府办公室出台《黔南州全面推进政务公开工作实施办法》(以下简称《实施办法》),通过丰富公开内容、搭建公开平台、强化公开便民、完善公开工作机制等措施,全面推进政务公开工作。

二 黔南州政务公开实践成效

(一) 工作体系逐步完善

黔南州政府经过不断摸索,提出了政务公开"五步工作法":一是以编制政务公开年度工作要点形成政策设计;二是以政务公开第三方评估推进工作部署;三是以政务公开和电子政务合训,开展干部培训;四是以监测政府网站和政务新媒体运营为抓手实施监督检查;五是以政务公开情况通报为体裁进行追责问责。"五步工作法"为高质量推进政务公开工作建立了工作机制。同时，黔南州组织各级各部门，陆续完善了信息公开指南、目录，规范了政务公开各项工作制度，并构建了各级领导小组组长、办公室主任、管理人员AB岗集体参与的政务公开联络机制，进一步保障了公开工作规范运转。黔南州政府以《贵州省政务公开标准规范（试行）》的市（州）标准规范为蓝本，结合实际，初步完成了《黔南州政务公开标准规范（试行）》的编制，共梳理出12大类，276个事项，涉及基本信息、信息公开专栏、建议提案、信息查询服务平台、政策文件、政民互动、政务新媒体、新闻发布、重点领域信息公开、政务服务、公共企事业等。黔南州各县（市）政府政务公开标准规范也陆续完成了编制工作。通过将政务公开标准规范执行情况作为工作考评的核心指标，黔南州强化了制度约束，从而大大提高了工作效率。

（二）公开质量显著提升

一是信息数量逐年提升。各级政府通过政务公开的第一平台——政府门户网站累计公开各类政府信息695141条，[①] 发布数量持续增长。二是信息分类逐年优化。公开类、服务类、互动类、数据类信息已成为政府信息的主流。以黔南州政府门户网站2019年发布的信息为例：截至2019年12月，黔南州政府门户网站共计发布信息121740条。其中，黔南州政府门户网站新闻类栏目信息660条，仅占网站信息总数的5.6%，其余均是公开类、服务类、互动类的信息。[②] 三是公开方式呈现多元化。除传统的文字展示、图片展示，黔南州各级政府网站和政务新媒体通过电子海报、视频动画、在线直播、数据可视化、智能问答机器人等多种方式向社会公众提供信息服务。

（三）渠道平台整合融通

黔南州政府网站集约化工作进展顺利。黔南州政府门户网站，12个县（市）政府门户网站、16家州级部门子站已顺利上线运行，其余

---

① 数据来源：黔南州政府门户网站公开发布数据。
② 同上。

网站在2020年内可以全部完成上线工作，整体实现州内各政府网站之间的数据整合共享，与省政府门户网站的数据实现互联互通。2019年，黔南州政府办公室会同黔南州大数据管理局，建设完成了能够融通政府网站、政务微信、政务微博的统一消息平台，从源头上实现了跨系统、跨平台的信息融合工作。通过该平台可以实现网站、政务微信、政务微博等不同互联网媒体的信息集中发布、业务的集中管理和数据的共享共用。州、县两级政府网站、政务微信、政务微博已通过该平台进行日常管理，已有部分单位和乡（镇）政府开始应用。在进一步完善功能后，该平台将成为黔南州开展政务公开日常管理的重要工作平台。

（四）服务能力日益增强

黔南州通过整合全州政务服务资源，升级服务体系，着力提高办事效率和服务质量，为黔南州经济社会发展提供了良好的政务环境。

1. 政务110服务平台推广应用成效显著

黔南政务110服务平台运行至今，成效显著、社会反响良好。实现了群众诉求事项跨区域远程办理、跨层级联动办理、跨部门协同办理的预期效果。通过搭建政务110平台，确保群众诉求能够第一时间集中反映到平台上并得到及时处理，有序引导群众借助更多渠道表达诉求，拓展了政务新媒体的诉求渠道，最大限度畅通民意诉求表达渠道。平台运行以来，除110报警电话外，群众还通过其他渠道反映诉求10.84万件。[①] 同时，政府各职能部门工作人员也将日常工作中发现的矛盾纠纷和治安隐患，及时反馈至平台进行集中受理和统一分流。做到第一时间回应群众关切，第一时间掌握最新动态，第一时间了解办理质效。紧紧围绕"一键管到底"这一核心，在强化职能部门规范办理的基础上，进一步加强受理、交办、回复、督办、问责等环节的衔接，方便群众能够随时通过网上（手机）了解处理进度，真正兑现了"民有所呼、我有所应"的庄严承诺。督办提醒、信息研判、督查考核、责任追究等一系列制度机制的建立健全，进一步压实了基层的主体责任，有效解决部

---

① 数据来源：黔南州政务110平台提供。

分职能部门工作敷衍、办事不力、效率低下等问题，确保群众合理诉求得到有效回应。平台对群众诉求类工单（含警务类、政务类、咨询类），通过一键转接公安机关、点对点派发政府各职能部门、利用知识库在线解答等方式，第一时间对群众诉求进行分类处置，在规定时限内依法回复处理并跟踪督办。通过分析研判、专项整治等措施，将数据结果充分运用到指导实践中。推动联动共融、多元共治，促使政府、部门、社会组织各归其位、各担其责。

2. "互联网+一站式服务"全面融入

一是强推部门进驻，实现"进一扇门，一个平台办所有事"。为实现高效率、高标准的政务服务，黔南州强力推动州级政务服务事项"应进必进"，将31个州直部门557项事项全部纳入黔南州政务服务中心受理办理[①]，全面取消了黔南州公积金中心、黔南州公安交管、黔南州道路运输3个州级分厅，实现了"进一扇门，一个平台办所有事"，企业、群众办事"满城跑"正式结束。

二是推行"一窗式"办理，助推政务服务"一次办成"。从"多个部门来回跑"到"一窗受理"，从"一窗一办"到一个窗办多家事，这正是"一次办成"改革红利的缩影。通过重新梳理事项，将事项及业务量较少的19个州直部门148项事项纳入综合窗口，通过"前台综合受理、后台分类审批、综合窗口出件"全流程监管留痕工作模式，推进流程优化、系统整合、数据共享、业务协同，实现审批更简、监管更强、服务更优，更多政务服务事项实现"一窗受理、一次办成"，推动企业群众办事"一站式"向"一窗式"转变，"多头式"向"集中式"转变。

三是精减材料压缩时限，力促审批服务再提速。一直以来，办事程序多、材料多、证明多、效率低、耗时久深受企业群众诟病，黔南州找准解决问题切入点，按照实事求是、删繁就简的原则，站在群众立场，结合实际与部门共同研究进一步压缩审批时限、精简审批要件、减少审批环节，对无法律法规依据、可通过网络核验、同一项目重复提交等情形的材料一律取消。同时大力推行承诺制容缺受理，电子证照共享互

---

① 数据来源：黔南州人民政府政务服务中心提供。

认,实现所有审批服务事项办理时限在法定时限上压缩50%以上,实现提供办事材料减少60%以上。如:黔南州市场监管局检验检测认证机构资质认定,从法定的45个工作日缩减至9个工作日(不含特殊环节),提供材料从原来的16项减少到5项,时限压缩了80%,申请材料减少了68.75%。

四是深化"互联网+一站式服务",打造"不见面审批"。在线递交材料、在线审批模式是有效解决企业群众办事难、办事慢、办事繁、跑多次的有效手段。黔南州坚持政府信息"公开为常态,不公开为例外""上网是原则、不上网是例外",加强政务信息资源跨层级、跨地域、跨系统、跨部门、跨业务互联互通和协同共享,推动政务服务向"两微一端"延伸拓展,以多彩宝智慧黔南App为平台,实现公安、社保、市场监管、公积金、公安消防、民政等14个部门111项高频政务服务事项在线办理和查询,实现住房公积金提取"掌上办"、异地就医备案"掌上办"、城乡居民医保费"掌上缴",切实为群众提供多样化、多渠道、便利化服务,让企业群众真真切切感受到了前所未有的便利。

3. 诚信建设初见成效

"人无信不立,国无信不强。"政务公开是加强对行政权力的监督制约,打造诚信政府的重要措施,加强政府信用体系建设的必要手段。在商事制度改革背景下,审批制度简化和准入"门槛"降低,市场主体呈现"井喷式"增长,"宽进"后的"严管"势在必行。特别是在全国机构改革后监管人员数量减少,面对庞大的市场主体数量,原有的监管方式已经不适用,加大信用监管已经成为改进监管方式的重要途径,通过信用信息公示手段,增加失信成本,提高企业、个人自律,实现市场有序运行,是现代法治政府建设的必要前提。

(五)公开助力脱贫攻坚

从2016年起,脱贫攻坚工作列入年度重点工作任务,相关信息公开写入政务公开工作要点,各年度政务公开工作报告均要对政务公开助力脱贫攻坚工作开展情况进行总结。黔南州州、县两级政府网站及部门子网站发布涉及脱贫攻坚的相关信息共计120349条,约占黔南州政府网站及各县(市)政府门户网站信息发布数量的18%。①

一是适应新形势下政务公开工作的需要,黔南州扶贫办公室开设"聚焦黔南脱贫攻坚"微信公众号,广泛宣传脱贫攻坚相关政策,发布脱贫攻坚工作信息,展示脱贫攻坚工作成效,用高效、便捷和群众喜闻乐见的形式推进扶贫信息公开工作。截至目前,微信公众号上共公开扶贫信息435条。二是完善机制深入推进脱贫攻坚政务公开工作,黔南州扶贫办公室通过建立健全扶贫信息规范化运转机制,不断拓展扶贫信息公开渠道,从目录编制、内容发布、制度公示等方面细化扶贫信息工作流程,在黔南州政府门户网站和黔南州扶贫办公室网站上及时公开了相关扶贫政策、扶贫项目资金使用情况、减贫责任书、脱贫计划、脱贫退出情况、产业扶贫情况、脱贫攻坚"春风行动"及"夏秋攻势"等重要信息445条。三是为解决农村贫困户普遍存在教育水平和家庭收入不高,对扶贫政策看不懂、网上扶贫信息看不见等问题,黔南州政府办公室将黔南州人民政府公报及时发放到全州698支扶贫一线驻村工作队人员手中,为宣传扶贫政策提供权威依据,确保扶贫政策宣传不跑偏、不走样,打通扶贫政策宣传的"最后一公里"。②

三 黔南州政务公开主要做法

(一)强化组织保障

根据机构改革调整情况,黔南州及时调整充实了政务公开领导机构、监督和办事机构。参照省级模式,由常务副州长任组长,州政府秘书长任副组长,各县(市)政府、各组成部门主要领导为成员的黔南州政务公开领导小组。明确黔南州政府办公室为政务公开主管部门,负责统筹协调推进黔南州政务公开工作。各县(市)政府、州直各部门结合实际,均成立了政务公开工作机构,为政务公开提供了强有力的组织保障。

---

① 数据来源:黔南州大数据管理局、黔南州扶贫开发办公室提供。
② 数据来源:黔南州扶贫开发办公室提供。

(二) 强化工作调度

黔南州政务公开领导小组成立了由黔南州政府办公室、黔南州司法局、黔南州市场监督管理局、黔南州大数据管理局、黔南州政务服务中心、黔南州公共交易中心等单位组成的工作专班，合力推进黔南州政务公开重点工作。工作专班实行工作情况通报机制，除了将重要事项和重大问题及时汇报主要领导和分管领导之外，还对黔南州政务公开推进整体情况按月进行通报。中央、省、州交办的重要事项由工作专班每周调度推进情况，并及时将发现的突出问题通报相关部门或县（市）政府主要领导，逐步形成了齐抓共管的工作局面。黔南州政府办公室党组发挥示范带头作用，将政务公开纳入中心工作来抓，党组会议定期组织学习政务公开相关政策，并对工作推进作出具体安排部署。

(三) 强化工作考评

黔南州政府办公室每年均根据中央、省部署安排，结合黔南工作实际，发布黔南州政务公开工作年度要点，制定年度目标，明确工作重点。同时，制定责任分解方案，细化目标任务，分解落实责任。将各年度政务公开工作要点和责任分解方案作为本年度政务公开年度考评的重要依据之一，部分目标任务还进一步量化，纳入日常考评。各县（市）政府办公室参照黔南州政府办公室将有关工作逐项分解到了县级相关单位和乡（镇）政府，形成一级管一级、层层抓落实的工作格局。

(四) 强化工作指导

黔南州政府办公室会同黔南州大数据管理局，针对政务公开及相关工作，定期对各县（市）政府和州直部门开展信息公开、平台建设、新媒体运营、依申请公开办理、网民留言办理等政务公开知识进行专题培训，并提供线上业务指导。培训除了进行政策解读、案例讲解、问题答疑环节外，还要进行实际操作。一是强化培训指导。以 2019 年第一期培训为例，采取小班制、多批次的培训方式。共安排了 4 个批次培训，培训了 38 家州级单位和 12 个县（市）政府办公室，共 102 人次。培训期间允许插班学习，即前批次培训学员可继续参加后批次培训。在实践操作中，布置了信息公开指南、非公开目录的问题整改工作任务。线上业务指导主要通过电话或者微信、QQ等渠道进行。工作专班成员单位掌握黔南州政务公开相关责任人联系方式，可主动向该单位质询工作问题、提供支持帮助。同时，在工作群中发挥集体智慧，既当学员，又当教员，互相沟通讨论，答疑解惑、提示提醒。各县（市）政府办公室基本上每年都能开展1次以上政务公开培训工作，业务指导也采取上述方式开展。二是加强沟通交流。黔南州政府办公室每年统计黔南州从事政务公开工作人员情况，并建立微信群、QQ工作群等，对政务公开推进情况和政务新媒体监管运行情况进行实时提醒，确保每一项工作抓细、抓实。

（五）强化结果运用

黔南州政府办公室每年根据工作开展情况，及时调整政务公开考评形式。2019年，出台了《黔南州政务公开考评工作规则（试行）》，将政务公开日常考评与年度目标绩效考核直接挂钩，分值权重比例达13%，比贵州省提出的要求高出9%。在执行过程中坚持"一警二查三问四必究"。[①] 黔南州政府办公室为落实政务新媒体健康有序发展的工作任务，还将日常检查范围下沉到了乡（镇）政府及县级部门开设的政务新媒体。各县（市）政府也通过情况通报、年度考评、负面清单等不同方式将政务公开工作以不低于4%的分值权重纳入年度目标绩效考核体系。

（六）强化平台建设

以强化管理为保障，不断创新政务公开新渠道。为全面推进政务公开工作，黔南州采取搭建智能化、便民化的政务公开平台，通过黔南政

[①] "一警二查三问四必究"制度，由黔南州政府办公室制定。其中，一警：实行预警机制，全面调度工作情况，及时提醒存在问题的相关单位；二查：检查过去的问题是否整改，检查当前是否出现新的问题；三问：询问工作责任是否落实、工作态度是否端正、工作措施是否得当，对于责任不落实的督促整改、态度不端正的批评教育、措施不得当的指导完善；四必究：对重要事项不落实、多次提醒不整改、工作持续出状况以及出现严重错误的等四类情况严肃追究责任，并通报批评，送黔南州委督查考评局备案，在年度目标考核中扣分。

务110办事系统、"互联网+一站式服务"平台办事系统、征信系统的运用等实现政务公开多元化。

四 黔南州政务公开创新实践

(一)完善政务公开基础载体建设

1. 统一黔南州政府网站建设

根据省"一云一网一平台"和"省电子政务云"等相关工作部署,启动黔南州政府网站集约化建设。黔南州已有29家政府网站完成迁移改版上线,并按要求整体迁移至云上贵州系统平台第三节点,基本实现政府网站资源融合、统筹管理。

2. 打造统一信息公开目录

为了有效管理黔南州政务公开信息,方便群众及时、准确查询,对信息目录进行分散和集中展示。按照《黔南州州级政务公开标准规范清单(试行)》的要求,把各领域的政务公开工作分解到各个部门,并梳理各部门信息公开目录,同时,将各部门的政务公开信息同步到政府信息公开目录下,集中展示黔南州政务公开工作成果。

3. 积极开设运行政务新媒体

政务新媒体已成为各级政府及其部门推行政务公开、优化政务服务、凝聚社会共识、创新社会治理的新载体。黔南州开设了"黔南州人民政府网"微信公众号、"中国黔南"微博等政务新媒体,依托黔南州人民政府门户网站及时公开各种政府信息,全面接受社会监督,让群众及时了解政府工作动态。截至2019年12月,"黔南州人民政府网"微信公众号用户数27800个,发布信息6304条;"中国黔南"微博粉丝数61105个,发布信息6899条。[①]

4. 建设统一信息管理平台

采用"统一信息采集、统一规范编辑、统一发布渠道"的模式,对各类信息集中管理。解决了信息发布过程中多个媒体系统切换的问题,

---

① 数据来源:黔南州大数据管理局提供。

节约了人力成本，同时，实现对现有发布的信息进行源信息数据的追溯功能，提高了信息的准确性。另外，通过黔南州统一信息管理平台的数据统计功能，可以对各政务新媒体进行监管，对出现"僵尸""睡眠"和"不更新""无服务"等问题的政务新媒体账号及时处理，提高政务服务水平和政府公信力。

（二）拓宽政务公开延伸载体建设

1. 上下齐心，全力打造"黔南政务110"办事系统

黔南州以人民为中心，依托智慧城市建设，应用"互联网＋"的思维，联通了110、119、122、120、12345、12369、95598等政府应急及热线服务电话，拓展了微信、短信、微博、手机App等多种诉求渠道，联动政府各职能部门，采取了"一个中心、一个平台、一个指令、一套机制、一管到底"的工作模式，打造"为民服务中心"——黔南州政务110服务平台。

（1）数据作为支撑。通过多平台合一、多部门联动、多中心整合，黔南州政务110服务平台受理渠道更多、服务范围更广、处置时效更快、监督管理更严、服务质量更优，实现了建设集约、服务集聚、数据集中、管理集成的智能化建设初衷。从2017年6月开通至2019年12月31日，平台通过多个渠道接收群众反映问题203.45万件，涉及政务类群众诉求11.32万件，已办结10.96万件，办结率96.82%，群众满意率95.85%。[①]

（2）方法措施有效。黔南州政务110为社会治理找准了方向、构建了平台、畅通了渠道，不仅成为解决群众诉求事项的诚信平台、提升群众安全感满意度的互动平台、凝聚社情民意的民生平台，也是预防打击违法犯罪、化解基层矛盾纠纷、提高干部履职能力的多功能平台。

一是坚持上下联动抓推进。黔南州56个职能部门644个机构15030名工作人员安装了政务110手机客户端，平台已建立起横向联动政府各职能部门、纵向贯通州、县（市）、镇（乡、街道）、村（居）的扁平

---

① 数据来源，黔南州政务110平台提供。

化指挥体系，全天候为人民群众服务。对各县（市）"四率"指标①进行考核，对不达标的县（市）进行通报扣分，对排名靠后的进行集中约谈。二是坚持问题导向强运用。强化平台数据的收集分析研判及结果运用，及时了解各部门业务受理情况、诉求问题解决情况、群众评议评价情况等。对数据反映的突出问题，及时列出整改措施，明确办理时限，跟踪督办直至办结，并推动形成常态化工作机制。平台组织对非诉求类数据进行专项整治，对比较集中的问题。如将涉及乡村环境整治的数据推送至黔南州文明办，用于城乡环境整治研判，指导基层工作实践。针对民生类广泛关注的问题，集中在城市拆迁、讨薪欠薪等领域的基础数据，推送到相关主管部门追踪督办。三是坚持剑指作风抓整改。平台对推诿扯皮、敷衍搪塞、态度恶劣、不作为慢作为，同一事件多次诉求未得到有效解决，针对上月通报下月仍未整改落实的部门或人员，提交黔南州纪委监察委处理。四是坚持多措并举抓推广。平台综合运用传统媒体加上新兴媒体，多形式多渠道加强宣传推广，为下一步工作的开展，指明道路，让此项工作更便捷、更高效。

2. 大力推广"互联网+一站式服务"平台系统

黔南州"互联网+一站式服务"平台是在贵州政务服务网功能的基础上，根据黔南州实际运用需求定制开发的一套一窗受理平台。"互联网+一站式服务"平台项目自立项实施以来，已基本实现与贵州政务服务网接入，系统间基础数据与业务数据互联互通。目前，通过"互联网+一站式服务"平台项目，在贵州政务服务网的基础上强化了"四个一"，即一窗综合受理、一网通办就近办理、一站同城通办、统一事项标准。

3. 运用征信系统，提升诚实守信社会秩序

2014年3月1日，全国企业信用信息公示系统正式上线。这是中国互联网上第一个国家级的工商信息公示系统，公示的主要内容有各类市场主体的注册登记、许可审批、行政处罚、年度报告、抽查结果等信息，供公众免费查询。这标志着企业信用机制的发展和社会信用体系建设进入到一个新的时期。黔南州从加强市场主体年报、经营异常名录和

---

① "四率"指签收率、反馈率、办结率和满意率。

严重失信违法企业名单管理等方面着力构建黔南市场主体诚信体系建设，企业年报率连续5年蝉联全省第一，为黔南州市场主体信用监管夯实了数据基础。经营异常名录管理工作自2015年6月开始启动，按照《严重违法失信企业名单管理暂行办法》规定："对被纳入经营异常名录管理三年且拒不改正的企业须纳入严重违法失信企业名单管理。"（以下简称"黑名单"）2018年是经营异常名录管理实施的第三年，同年9月7日黔南州首批"黑名单"公布。列入"黑名单"的企业是严重违背诚实信用原则，破坏正常市场竞争秩序的主体，是市场风险的主要来源，市场监管部门将对此类企业实施重点监管，其法定代表人、负责人3年内不得担任其他企业的法定代表人、负责人；不予授予荣誉称号，同时将其信息推送至相关部门实施协同监管和失信联合惩戒。

五 黔南州政务公开工作提升路径

政务公开，是政府刀刃向内的自我革命，是政府向社会公开政务活动的主要方式，让人民群众了解、知情，使行政行为在社会的监督下进行，体现了立党为公、执政为民的宗旨。同时，也是为了实现好、维护好和发展好最广大人民群众根本利益的重要措施。黔南州坚持把政务公开平台建设作为政府施政的重要支撑，通过平台搭建的方式，倒逼办事流程，多措并举，规范实施，全面落实，以建设法治政府、服务型政府和廉洁政府为目标，黔南州政务公开工作将围绕加强平台建设、提升政务公开规范化标准化水平，加强体制机制建设等方面继续努力。

（一）进一步加强信息公开平台建设

依托智慧黔南综合平台建设，进一步完善网上政务公开平台各项功能，加强政府网站信息内容建设管理，提升政府网站发布信息、解读政策、回应关切、引导舆论的能力和水平，将政府网站打造成更加及时、准确、有效的政府信息发布、互动交流和公共服务平台，为转变政府职能、提高管理和服务效能，推进政府治理体系和治理能力现代化发挥积极作用。

（二）进一步提升政务公开标准化规范化水平

继续推进基层政务公开标准化、规范化工作，严格按照《贵州省政务公开标准规范（试行）》《黔南州基层政务公开标准规范指引》《黔南州政府信息公开基本目录内容规范》和年度政务公开工作要点等要求，加强政务公开平台、内容规范化建设。

（三）进一步强化创新机制

一是加强制度创新。探索建立政府信息公开社会监督制度。二是加强渠道创新。建立政府信息公开直通车，通过与黔南广播电视台合作，邀请黔南州州直有关单位主要负责人接受访谈等形式，做好回应关切工作。三是加强体制创新。从百姓关注的视角，结合"最多跑一次"改革要求，创新建立集成式、全周期、精准化的"政务公开"模式。集成编制《黔南州公民办事手册》，为公民提供系统化的公开服务。

（四）进一步规范流程办理制度

推进政务公开，是坚持以人民为中心的发展思想，满足人民对美好生活需要的应有之义。黔南州将立足需求导向，进一步完善对依申请公开办理、网民留言的办理等一系列相关制度，满足人民对政务公开的更多期待。

参考文献

(一) 学术专著类

陈甦、田禾主编:《法治蓝皮书:中国法治发展报告 No.17 (2019)》,社会科学文献出版社 2019 年版。

段尧清、汪银霞:《政府信息公开机制研究》,高等教育出版社 2014 年版。

后向东:《信息公开法基础理论》,中国法制出版社 2017 年版。

李林、田禾主编:《法治蓝皮书:中国地方法治发展报告 No.4 (2018)》,社会科学文献出版社 2018 年版。

李林、田禾主编:《法治蓝皮书:中国法治发展报告 No.16 (2018)》,社会科学文献出版社 2018 年版。

吕艳滨、田禾:《中国政府透明度 (2009~2016)》,社会科学文献出版社 2017 年版。

吕艳滨:《透明政府:理念、方法与路径》,社会科学文献出版社 2015 年版。

吕艳滨:《信息法治:政府治理新视角》,社会科学文献出版社 2009 年版。

钱弘道:《法治评估及其中国应用》,人民出版社 2017 年版。

田禾、吕艳滨主编:《法治的尺度》,社会科学文献出版社 2018 年版。

田禾、吕艳滨主编:《中国政府透明度 (2018)》,中国社会科学出版社 2018 年版。

田禾、吕艳滨主编:《中国政府透明度 (2019)》,中国社会科学出版社 2019 年版。

田禾、吕艳滨主编：《中国政府透明度（2019）：义务教育透明度报告》，中国社会科学出版社2020年版。

王敬波：《政府信息公开：国际视野与中国发展》，法律出版社2016年版。

王少辉：《迈向阳光政府：我国政府信息公开制度研究》，武汉大学出版社2010年版。

王万华：《知情权与政府信息公开制度研究》，中国政法大学出版社2013年版。

王益民：《电子政务环境下的政府信息公开》，国家行政学院出版社2016年版。

肖卫兵：《政府信息公开热点专题实证研究：针对条例修改》，中国法制出版社2017年版。

杨小军：《政府信息公开实证问题研究》，国家行政学院出版社2014年版。

姚坚：《重大行政决策过程信息公开研究》，清华大学出版社2018年版。

叶必丰等：《〈政府信息公开条例〉评估报告》，中国法制出版社2018年版。

余凌云主编：《开放政府的中国实践——〈政府信息公开条例〉实施的问题与出路》，清华大学出版社2016年版。

张明杰：《开放的政府——政府信息公开法律制度研究》，中国政法大学出版社2003年版。

赵正群等：《政府信息公开法制比较研究》，南开大学出版社2013年版。

中国社会科学院法学研究所：《中国政务公开第三方评估报告（2016）》，中国社会科学出版社2017年版。

中国社会科学院国家法治指数研究中心、中国社会科学院法学研究所法治指数创新工程项目组：《政府信息公开工作年度报告发布情况评估报告（2017）》，中国社会科学出版社2017年版。

中国社会科学院国家法治指数研究中心、中国社会科学院法学研究所法治指数创新工程项目组：《政府信息公开工作年度报告发布情况评估报告（2018）》，中国社会科学出版社2018年版。

中国社会科学院国家法治指数研究中心、中国社会科学院法学研究所法治指数创新工程项目组：《中国政务公开第三方评估报告（2017）》，中国社会科学出版社2018年版。

中国社会科学院国家法治指数研究中心、中国社会科学院法学研究所法治指数创新工程项目组：《中国政务公开第三方评估报告（2018）》，中国社会科学出版社2019年版。

中国政法大学法治政府研究院编：《法治政府蓝皮书：中国法治政府发展报告（2017）》，社会科学文献出版社2018年版。

中国政法大学法治政府研究院编：《法治政府蓝皮书：中国法治政府评估报告（2018）》，社会科学文献出版社2018年版。

周尚君：《法治定量：法治指数及其中国应用》，中国法制出版社2018年版。

朱景文主编：《中国人民大学中国法律发展报告（2018）：2015—2017年中国法治满意度评估》，中国人民大学出版社2018年版。

（二）学术论文类

董志强、魏下海、汤灿晴：《制度软环境与经济发展——基于30个大城市营商环境的经验研究》，《管理世界》2012年第4期。

高秦伟：《美国政府信息公开申请的商业利用及其应对》，《环球法律评论》2018年第4期。

胡仙芝：《历史回顾与未来展望：中国政务公开与政府治理》，《政治学研究》2008年第6期。

蒋立山：《中国法治指数设计的理论问题》，《法学家》2014年第1期。

栗燕杰：《大数据背景下的政府信息公开法律制度完善研究》，《重庆邮电大学学报》（社会科学版）2016年第6期。

吕艳滨：《网络时代政府信息公开制度的问题与应对》，《重庆邮电大学学报》（社会科学版）2016年第6期。

吕艳滨：《依申请公开制度的实施现状与完善路径——基于政府信息公开实证研究的分析》，《行政法学研究》2014年第3期。

吕艳滨：《政府信息公开制度实施状况——基于政府透明度测评的实证

分析》,《清华法学》2014 年第 3 期。

马怀德:《政府信息公开制度的发展与完善》,《中国行政管理》2018 年第 5 期。

钱弘道、杜维超:《法治评估模式辨异》,《法学研究》2015 年第 6 期。

秦小建:《政府信息公开的宪法逻辑》,《中国法学》2016 年第 3 期。

田禾:《法治指数及其研究方法》,《中国社会科学院研究生院学报》2015 年第 3 期。

田禾:《量化研究:衡量法治的尺度》,《中国应用法学》2017 年第 1 期。

王敬波:《政府信息公开中的公共利益衡量》,《中国社会科学》2014 年第 9 期。

王锡锌:《政府信息公开制度十年:迈向治理导向的公开》,《中国行政管理》2018 年第 5 期。

杨永纯、高一飞:《比较视野下的中国信息公开立法》,《法学研究》2013 年第 4 期。

余凌云:《政府信息公开的若干问题——基于 315 起案件的分析》,《中外法学》2014 年第 4 期。

张志铭、王美舒:《中国语境下的营商环境评估》,《中国应用法学》2018 年第 5 期。

郑方辉、尚虎平:《中国法治政府建设进程中的政府绩效评价》,《中国社会科学》2016 年第 1 期。

曾宇辉:《服务行政视域中的政府信息公开——基于政民关系的视角》,《政治学研究》2013 年第 3 期。

后　记

　　关于公开透明的意义认知，经历了不断发展、不断深化的历程。从十多年前学者对阳光政府、知情权的鼓与呼，到有法可依以及上级年年三令五申，于是，各级政府机关也知道了公开乃是大势所趋，而且，现在政府机关也希望群众知道政府的有关情况，通过公开畅通政民互动，打造良性政民关系。一步一步走来，一点一滴推进，积少成多而集腋成裘，政务公开的进步在不知不觉间已翻天覆地。公开是个好东西，这已逐步成为政府、群众、司法机关的普遍共识。

　　贵州是全国各地推进政务公开的缩影。虽处于西南腹地，政务公开近年来着力甚巨而一以贯之，全面推进、创新和探索，其勇气值得嘉许、其做法值得总结、其经验值得总结。

　　新时代背景下，中央对政务公开的定位前所未有之高。中办、国办2016年《关于全面推进政务公开工作的意见》提出"公开透明是法治政府的基本特征"。国务院办公厅《2018年政务公开工作要点》提出，"要把公开透明作为政府工作的基本要求"。以公开促法治政府、建设服务型政府、优化营商环境等，更在中央文件中不厌其烦地反复提及。更进一步，人民群众的新期待、新需要空前高涨，贵州"大扶贫、大数据、大生态"三大战略行动，均离不开高质量政务公开的支撑。

　　2020年是一个很特殊的年份。一方面，修改后的《政府信息公开条例》已正式实施一年有余，《法治政府建设实施纲要（2015—2020年）》进入收官之年。诸此种种，标志着中国阳光政府和法治政府建设进入新的历史阶段。另一方面，突如其来的新型冠状病毒疫情，让世界各国措手不及。各国、各地的疫情防控表明，越是遮遮掩掩，越容易谣言满天飞，各种捕风捉影、揣测猜疑，严重损害国家公信力和社会安定和谐；而越是公开做得好，越有利于遏制疫情发展，越有助于形成全社会共同参与共渡难关的氛围，越有助于化解谣言稳定民心于无形。

"徒法不足以自行、徒善不足以为政"。虽然"以公开为常态、以不公开为例外"已入中央文件、入修改后的《政府信息公开条例》。但长期以来，政务公开"说起来重要、做起来次要、忙起来不要"；关于公开的标准、深度，规定得较为笼统，申请人振振有词而行政机关左右为难，主动公开的边界、方式难以操作；一些政务新媒体或言语乏味，或成为"转发狂魔"，或无所作为"僵尸化"，或动辄得咎各种"神回复、乱回应"不一而足。对此，贵州全面推进政务公开不是说说而已，而是注重加强组织领导高位推动，制度建设先行推进强化刚性约束，探索"双目录管理"源头管理，突出互动交流，着力保障体系建设……一轮轮"组合拳"打下来，贵州政务公开面貌焕然一新，公开效果全面开花。

《全面推进政务公开的贵州实践》作为中国社会科学院法学研究所"透明度"系列成果的一部，现重磅推出。该书立足一线实践经验，使用一手数据材料，对近年来贵州全面推进政务公开的做法和探索，经验和创新进行了客观梳理和客观总结。在内容上较为全面、丰富和立体：既有各领域的做法，也有市州、县区的探索；既有经验创新的提炼总结，也有问题挑战的清醒剖析；既关注公开的内容、深度和边界，也研讨制度建设、平台管理、效果发挥、保障体系的完善，进而增强公开的可持续、高质量，避免人走茶凉，且不断增强传播力、影响力、公信力，服务大局。

真心希望《全面推进政务公开的贵州实践》帮助世界关注中国，帮助各界关注贵州，或来投资、或来旅游、或来看看政务公开的做法经验、探索创新，都想必是极好的。通过本书和后续推出的"透明度"系列成果，期望帮助理论研究者找到研究素材，帮助各地政府找到推进工作的方向，凝固更多公开共识，推广更多公开做法，形成各地、各领域政务公开你追我赶的良性互动格局。

编　者
2020 年 8 月